中国与国际经济法治

美国经贸单边主义及国际应对

AMERICAN ECONOMIC UNILATERALISM
AND LEGAL DISCOURSE

孙南翔　著

社会科学文献出版社
SOCIAL SCIENCES ACADEMIC PRESS (CHINA)

目 录

导论　美国经贸单边主义的兴起 ……………………………………… 001

上编　美国经贸单边主义的表现

第一章　美国去多边主义对WTO体制的威胁 ………………………… 013
　第一节　多边贸易谈判的困境与美国去多边化 ……………………… 013
　　一　多哈回合谈判的演进与美国的场所转向 ……………………… 014
　　二　美国区域贸易安排对多边贸易体制的冲击 …………………… 020
　　三　美国区域贸易安排对多边贸易谈判的威胁 …………………… 027
　第二节　多边贸易争端解决机制的困境与美国去多边化 …………… 031
　　一　美国破坏WTO争端解决机制的举措 ………………………… 031
　　二　美国对WTO争端解决机制的质疑 …………………………… 036
　第三节　国家市场经济模式与美国去多边化 ………………………… 039
　　一　特定国家市场经济制度与WTO规则的相容性 ……………… 041
　　二　特定国家市场经济模式的适用与WTO争端解决机制 ……… 043
　　三　政企关系与WTO规则的相关性：基于"中国双反案"的
　　　　分析 …………………………………………………………… 047
　本章小结 …………………………………………………………… 051

第二章　美国新互惠主义对"非市场经济国"的约束 ………………… 053
　第一节　美国对贸易对象国区别对待的传统 ………………………… 053

第二节 《美墨加协定》对非市场经济国的特殊规则及其影响 …… 057
　　一　投资者争端解决中对合格投资者的认定 …… 057
　　二　限制缔约方与非市场经济国开展条约谈判的条款 …… 059
　　三　约束国有企业非商业支持的体系化规则 …… 060
　　四　《美墨加协定》对非市场经济国的特殊规则的影响 …… 062
第三节 美国新互惠主义与国际法的不相符性 …… 064
　　一　区域贸易协定应进一步自由化 …… 064
　　二　条约不干涉第三国权利与义务 …… 071
　　三　作为习惯国际法的善意原则 …… 072
　　四　基于保护信赖利益的禁反言要求 …… 074
本章小结 …… 076

第三章　美国单边经贸政策及对中国经贸发展的挑战 …… 079
第一节　美国单边经贸政策的历史沿革与发展 …… 079
　　一　美欧单边经贸政策的历史概述 …… 080
　　二　美国301调查政策违法性争议：基于"美国301案"的分析 …… 086
　　三　美国单边经贸政策的形式与特征 …… 092
第二节　美国单边对华发动301调查及其违法性 …… 098
　　一　美国单边对华发动301调查的历史沿革 …… 098
　　二　2018年美国单边对华发动301调查的违法性 …… 104
第三节　美国单边经贸政策的新动向及其实质 …… 110
　　一　美国单边经贸政策的新动向：从贸易领域到"贸易+"领域 …… 110
　　二　美国单边经贸政策的实质：从贸易摩擦到制度摩擦 …… 115
本章小结 …… 117

下编 美国经贸单边主义的国际应对

第四章 推进数字贸易谈判 提升全球公共产品的治理价值 …… 121
 第一节 以 WTO 改革为契机解决数字贸易问题 …… 122
  一 数字贸易规则具有全球公共产品的属性 …… 123
  二 跨境数据流动对国际贸易规则的影响 …… 125
  三 国家数据治理规则需要国际机制的协调 …… 127
 第二节 WTO 协定对数字贸易活动的规范与约束 …… 130
  一 WTO 协定对数字贸易活动的可适用性 …… 130
  二 WTO 协定对数据跨境流动的合法性限制 …… 134
  三 传统多边贸易协定的局限性 …… 139
 第三节 数字贸易问题的规则创新路径 …… 140
  一 数字贸易问题的新规则及其类型 …… 141
  二 借鉴新兴区域贸易协定建构 WTO 数字贸易规则 …… 146
 本章小结 …… 152

第五章 重塑 WTO 争端解决机制 维护多边贸易机制的功能价值 …… 153
 第一节 认真对待 WTO 争端解决机制的改革 …… 153
  一 WTO 争端解决机制所引发的困境 …… 155
  二 WTO 争端解决规则所引发的困境 …… 160
  三 WTO 争端解决机制正面临体系性危机 …… 173
 第二节 WTO 争端解决机制合法性危机的层次分析 …… 174
  一 国际争端解决中的裁决者偏好：信托模型下的代理人懈怠 …… 175
  二 国际争端解决中的组织文化：合作而非竞争的模式 …… 177
  三 国际争端解决中的国家作用：缺乏呼吁的制衡机制 …… 178
 第三节 改革 WTO 争端解决机制的理念与外部路径 …… 181
  一 基本理念：约束国际裁决机构的自主行为 …… 181

二　外部修复路径：改革 WTO 争端解决的组织文化 …………… 182
　第四节　完善 WTO 争端解决规则的经验与内部路径 ………… 186
　　一　经验借鉴：认可国家管制权的国际性裁决……………… 186
　　二　内部修复路径：发挥成员方的剩余事项认定权………… 192
　本章小结………………………………………………………… 205

第六章　深化改革开放　消解美国经贸单边主义的消极影响……… 208
　第一节　以落实公平市场竞争机制为手段完善市场经济制度………… 209
　　一　我国现行公平市场竞争机制存在的问题………………… 209
　　二　优化我国公平市场竞争机制的实施路径………………… 213
　第二节　以中国自由贸易试验区（港）建设为重点实施高水平的
　　　　　自主开放政策……………………………………………… 217
　　一　中国自由贸易试验区和自由贸易港的既有成果及不足……… 217
　　二　未来我国自主开放政策应解决的重点内容……………… 222
　　三　中国实施自主开放政策的制度性难题及其解决………… 224
　第三节　以"一带一路"建设为契机创新对外经济合作模式 ……… 233
　　一　"一带一路"建设中面临的主要风险 …………………… 234
　　二　"一带一路"建设中的制度性框架与升级路径 ………… 237
　本章小结………………………………………………………… 241

结　论…………………………………………………………………… 242

参考文献………………………………………………………………… 247

后　记…………………………………………………………………… 264

导论　美国经贸单边主义的兴起

2017年，世界政治经济中的"黑天鹅"不断出现。英国脱欧、美国特朗普上台等事件的发生使得全球化的理论和观点备受质疑。传统的贸易保护主义主要涉及民族主义、环保、劳工和人权组织等问题。[①] 例如，在西雅图、香港等地召开世界贸易组织（WTO）部长级会议时，发展中国家和环境保护者等一起抗议全球化的威胁。然而，此轮去多边化的焦点在于质疑、挑战多边机制的合法性，甚至还涉及对国家经济制度的批评。在实践中，各国纷纷提出强化多边体制解决贸易扭曲，使用严格解释解决与WTO协定相关的争议，以及发挥WTO功能的效率性等主张。[②] 虽然国内外学者开始探讨去多边化的形成原因，[③] 但仍鲜见从法律层面对此轮美国经贸单边主义的原因、表现进行的研究。作为成熟的法治国家，美国实施的单边经贸政策仍在其法律机制的范畴内。鉴于此，本书将探讨美国实现经贸单边主义的法律工具，对多边贸易机制失灵等理由进行分析，证明中国经济模式并没有挑战多边贸易机制，并提出应对美国经贸单边主义的策略与建议。

[①] 参见〔英〕安德鲁·朗《世界贸易法律和新自由主义：重塑全球经济秩序》，王缙凌等译，法律出版社，2016，第60~80页。
[②] 参见USTR, "Joint Readout from Meeting of the United States, European Union and Japan in Brussels", https://ustr.gov/about-us/policy-offices/press-office/press-releases/2018/march/joint-readout-meeting-united-states#，最后访问时间：2018年3月12日。
[③] 例如，王浩：《特朗普政府对华战略调整的双重逻辑及其互动》，《世界经济与政治》2018年第3期；达巍：《美国对华战略逻辑的演进与"特朗普冲击"》，《世界经济与政治》2017年第5期；田丰：《解决中美贸易争端的探讨》，《国际经济合作》2017年第9期；尹继武、郑建君、李宏洲：《特朗普的政治人格特质及其政策偏好分析》，《现代国际关系》2017年第2期。

经济学家早已证明，全球化将使人们的生活更美好。① 但事实上，发达国家和发展中国家有太多证据表明，上述两类国家都存在全球化的受害者。由于发展中国家在全球化过程中的获益相对较少，因此，传统上，发展中国家一直是反全球化运动的积极倡导者。发展中国家指责说，为实现经济全球化而制定的制度规则不公平，尤其是那些为维护发达工业化国家的利益而专门制定的国际规则；全球化的管理方式已经剥夺了发展中国家相当多的主权权力；发展中国家被迫构建的（在某些情况下是被强制推行的）经济体系是不合理的，全球化不应该演变为经济政策或文化的美国化。② 相对地，作为全球化的既得利益者，发达国家一直是全球化的拥护者，长期充当全球化的压舱石。

然而，随着英国脱欧、美国特朗普上台等事件的发生，发达国家成为去多边化的主导力量。其中，随着特朗普就任总统，美国已成为实施经贸单边主义的旗手。自2017年底以来，美国白宫、国防部、贸易代表办公室先后发布多份文件，阐述美国优先以及美国利益至上的对外经贸关系理念，③ 这些主张直接威胁第二次世界大战后建立起来的国际贸易机制，并直接危害多边主义。因此，确有必要对美国的主张进行分析。

有学者指出，美国去全球化的做法实际体现为国家降低相互依赖和一体化的程度，并非完全背离所有的全球化机制，因此，美国实施的是"去全球化"战略。④ 也有学者指出，美国的做法是逆全球化主义。⑤ 甚至还有

---

① 参见〔美〕约瑟夫·E. 斯蒂格利茨《让全球化造福全球》，雷达等译，中国人民大学出版社，2013，第1页。
② 参见〔美〕约瑟夫·E. 斯蒂格利茨《让全球化造福全球》，雷达等译，中国人民大学出版社，2013，第6页。
③ 参见 The White House, "National Security Strategy of the United States of America", https://www.whitehouse.gov/wp-content/uploads/2017/12/NSS-Final-12-18-2017-0905.pdf, 最后访问时间：2018年12月1日；U. S. Department of Defense, "Summary of the 2018 National Defense Strategy of the United States of America", https://dod.defense.gov/Portals/1/Documents/pubs/2018-National-Defense-Strategy-Summary.pdf, 最后访问时间：2018年12月1日。
④ 参见李丹《"去全球化"：表现、原因与中国应对之策》，《中国人民大学学报》2017年第3期，第99页。
⑤ 参见吴志成、吴宇《逆全球化的演进及其应对》，《红旗文稿》2018年第3期。

学者指出，美国的做法并非"逆全球化"，而是"全球化中的漩涡"。① 笔者认为，从本意上，"逆全球化"是对现有的全球化机制采取反其道而行之的措施；"去全球化"体现了美国背离全球经贸一体化的动向。当前，美国尚未使用诸如退出WTO的极端背离全球化机制的手段，而是对现有全球化机制进行选择性背离。尽管对美国做法的概念学表达具有不同的理解，绝大多数学者仍认为美国的行为具有单边主义特征。因此，本书以"美国经贸单边主义"这一表述刻画近期美国扭曲乃至破坏国际经贸体制的行为。

归纳而言，美国使用三种方式实施单边经贸政策。

第一，在国际层面，阻碍多边经贸机制的正常运转。

美国去多边化对多边贸易体系冲击最显著的是对WTO争端解决机制的挑战。美国成功阻碍了WTO上诉机构成员的正常性甄选，冲击了WTO争端解决的独立性与权威性。截至2018年，WTO上诉机构已有3位成员空缺，美国在争端解决机构会议上多次阻挠根据《关于争端解决规则与程序的谅解》（以下简称"DSU"）成立甄选委员会以填补空缺，严重影响了WTO争端解决机制的正常运行。由于美国的阻挠，截至目前，WTO上诉机构已停摆。

由此，美国去多边主义成为全球瞩目的焦点。第二次世界大战之后，以美国为首的西方世界建构起以关贸总协定（世界贸易组织）、国际货币基金组织和世界银行为主体的布雷顿森林体系。然而，自进入21世纪以来，美国逐步探索去多边化的单边经贸政策。早在奥巴马任期内，美国就试图通过《跨太平洋伙伴关系协定》（以下简称"TPP"）取代多边的世贸组织协定，以此实现其新的利益取向。

第二，在双边层面，大力倡导以新互惠方式取代最惠国待遇。

2017年4月29日，特朗普签发总统令要求审查所有的贸易协定。②

---

① 参见薛力《是"全球化中的涡流"而非"逆全球化"》，《世界知识》2018年第23期。
② 参见 The White House, "Presidential Executive Order Addressing Trade Agreement Violations and Abuses", https://www.whitehouse.gov/presidential-actions/presidential-executive-order-addressing-trade-agreement-violations-abuses/，最后访问时间：2018年4月10日。

在所有的贸易协定中,《北美自由贸易协定》（以下简称"NAFTA"）和《美韩自由贸易协定》（以下简称"美韩FTA"）成为重新谈判的主要对象。针对NAFTA，特朗普指出，由于NAFTA增加了美国的贸易赤字，因而它是最糟糕的贸易协定。特别是，在签署NAFTA之前，美国对墨西哥的贸易处于盈余状态；而在签署NAFTA之后，美国成了贸易赤字国。因此，重新谈判NAFTA的关键目标包括削减不公平的补贴，减少由国有企业引发的扭曲实践，并解决对知识产权的限制。①

美韩FTA也正经历着重新谈判。实际上，在与韩国、秘鲁、哥伦比亚和巴拿马同时期签署的协定中，特朗普政府只选择美韩FTA进行重新谈判，根本原因在于其认为美国产品进入韩国市场的比例显著偏低。美国指出，美韩FTA竞争章节、服务章节、原产地章节、海关程序、汽车进口、摩托车销售、医药和医疗设备定价、额外的信息技术产品安全认证、数据本地化要求等规则应进一步更新。②

本质上，美国试图将多边的非歧视待遇削弱为双边的互惠待遇。根据美国商务部部长威尔伯·罗斯（Wilbur Ross）的说法，现有WTO体制的问题在于，"最惠国待遇条款"使得国家难以使用互惠的关税手段。③ 由此，美国试图通过其强大的经济实力，通过双边谈判中的优势地位强迫他国作出让步，进而获得额外利益。不仅如此，美国还推动外国政府和企业自愿减少对美国市场的出口。④ 讽刺的是，美国富兰克林·罗斯福总统曾对外宣

---

① 参见 USTR, "Summary of Objectives for the NAFTA Renegotiation", https：//ustr.gov/sites/default/files/files/Press/Releases/NAFTAObjectives.pdf, 最后访问时间：2017年7月17日。
② 参见 Jaemin Lee, "Skepticism, Unilateralism or Ultimatumism: Trump Administration's Trade Policy and the Korea-U. S. FTA", Asian Journal of WTO & International Health Law and Policy, Vol. 12, 2017, pp. 435-439。
③ 参见 Office of the Press Secretary, "Press Briefing by Secretary of Commerce Wilbur Ross on an Executive Order on Trade Agreement Violations and Abuses", https：//www.whitehouse.gov/the-press-office/2017/04/28/press-briefing-secretary-commerce-wilbur-ross-executive-order-trade, 最后访问时间：2018年2月10日。
④ 参见 Jaemin Lee, "Skepticism, Unilateralism or Ultimatumism: Trump Administration's Trade Policy and the Korea-U. S. FTA", Asian Journal of WTO & International Health Law and Policy, Vol. 12, 2017, p. 443。

布，第二次世界大战的重要性在于结束了单边行动体系。[1] 在贸易领域，从双边互惠关系发展为以最惠国待遇和国民待遇为表现的非歧视原则本身是多边贸易自由化的一次飞跃。然而，时至今日，在双边关系中，美国试图将非歧视待遇削弱为单边互惠待遇，并破坏美国在第二次世界大战后推崇和建立起的多边机制，这无疑是国际贸易秩序的一股逆流。

第三，在国内层面，鼓吹中国破坏多边机制，重新使用单边经贸政策。

在多边贸易体制之外，美国公然指责中国市场经济模式危害多边贸易机制，更将自己去多边化的行为正当化。例如，有学者辩称，在中国加入WTO时，众多成员并未预见中国经济体制的发展，因此，中国市场经济体制削弱了多边贸易机制的合法性。[2] 也有西方学者直言，中国公司制的经济模式扭曲了全球贸易。[3]

更深层次而言，美国指出："事实上，简单地相信WTO能够对中国如此体量的经济体产生显著影响是不现实的，除非中国政府真正致力于以市场为基础的改革。关于美国与中国的问题能够通过WTO单独提起诉讼而解决的想法是天真的。"[4] 从根本上，美国认为，WTO争端解决机制并不能解决WTO成员实施以国家为主导的贸易制度问题，也无法纠正成员追求重商主义的政策。[5] 同时，美国也强调，WTO可以解决指令性问题，但是解决贸易体制性问题缺乏效率。因此，美国将中国视为战略性竞争者，大肆指责中国对多边贸易机制的危害，以此论证其单边政策的合法性。它还联合其他盟友，要求中国市场经济模式朝着美国设定的方向进行改革。

---

[1] 参见 The White House, "Address to the Congress Reporting on the Yalta Conference on March 1, 1945", http://www.presidency.ucsb.edu/ws/?pid=16591，最后访问时间：2018年4月29日。

[2] 参见 Gregory Shaffer, Henry Gao, "China's Rise: How It Took on the U.S. at the WTO", *University of Illinois Law Review*, Vol. 2018, No. 1, 2018, p. 115。

[3] 参见 Mark Wu, "The 'China, Inc.' Challenge to Global Trade Governance", *Harvard Journal of International Law*, Vol. 57, No. 2, 2016, p. 261。

[4] USTR, "2017 Report to Congress on China's WTO Compliance", https://ustr.gov/sites/default/files/files/Press/Reports/China%202017%20WTO%20Report.pdf，最后访问时间：2018年3月1日，p. 5。

[5] 参见 USTR, "2017 Report to Congress on China's WTO Compliance", https://ustr.gov/sites/default/files/files/Press/Reports/China%202017%20WTO%20Report.pdf，最后访问时间：2018年3月1日，p. 5。

与此相应地，在国内层面，美国主张 WTO 协定的解释与适用应受国内法的制约和国内法院的审查，进而弱化国际条约的约束。例如，2017 年 3 月，美国贸易代表办公室发布《总统贸易政策议程》，强调要严格执行国内贸易法规，捍卫美国贸易政策主权。美国甚至直接指出，如果 WTO 的争端解决结果不利于美国，美国将不会遵守 WTO 裁决。

美国安全报告强调，"我们人民"是美国力量的来源。[1]"我们人民"的概念来自美国宪法，它指出："宪法授权我们政府不仅是具体地保护我们上帝赋予的权利和必要的权力，而且也通过限制政府的规模和范围保护我们，包括通过将联邦权力分开，以及通过法治保护个人的权利。所有的政治力量最终都代表，并向人民负责。"[2] 美国认为国内宪法是国际法权力的来源，可赋予"我们人民"至上的地位，国际法理应服从于国内法的核心原则规定。

在实践中，美国以国内法律法规代替多边贸易协定，惩罚从事"不公平"贸易实践的国家。例如，美国 2017 年宣称将继续依据国内法认定中国不符合市场经济体制，并以明显违反《中国加入世界贸易组织议定书》第 15 条规定的方式，在反倾销案件中继续使用替代国价格。[3] 更为出人意料的是，美国绕开多边机制，对中国实施单边的 301 调查。欧共体曾将美国 301 条款相关规定起诉到 WTO 争端解决机构。由于美国发布由其国会批准且总统签字的行政申明保证 301 条款适用不违反 WTO 协定，该案专家组认定，美国 301 条款表面违反 WTO 协定，并且认定美国不应在 WTO 框架内实行单边行动。[4] 美国恢复单边的 301 调查无疑公然违反了 WTO 协定并违背了其

---

[1] 参见 U. S. Department of Defense, "Summary of the 2018 National Defense Strategy of the United States of America", https：//dod. defense. gov/Portals/1/Documents/pubs/2018 - National-Defense-Strategy-Summary. pdf, 最后访问时间：2018 年 12 月 1 日。

[2] 〔美〕布鲁斯·阿克曼：《我们人民：宪法的变革》（修订版），孙文恺译，法律出版社，2009 年，第 10~11 页。

[3] 参见 USTR, "Price Comparison Methodologies（DS516）U. S. Third Party Submission on November 21, 2017", https：//ustr. gov/sites/default/files/enforcement/DS/US. 3d. Pty. Su. pdf, 最后访问时间：2018 年 4 月 29 日。

[4] 参见 Panel Report, "United States — Sections 301-310 of the Trade Act of 1974", WT/DS152/R, 22 December 1999, pp. 350-351。

国内行政承诺。①

本质上，美国以单边主义方式推行其经贸政策，核心在于背离现有的国际经贸机制，实现国家利益最大化。张宇燕等提出，宗教热情、商业理念与集团政治是理解美国行为根源的三个基本维度，美国行为的目标在于价值诉求和现实力量。② 在外部层面，美国经贸单边主义实际上存在三大动因：其一，国际经贸格局的变动，包括中美、欧盟和日本利益格局的变化导致经济格局的变化，甚至有观点认为此为400年未有之变局；③ 其二，多边贸易协定文本的滞后性，WTO诸多规则文本自1995年制定之后并无修正，这也导致了WTO争端解决机制的困境；其三，区域经贸协定的勃兴在一定程度上弱化了多边贸易协定的价值和功能。

作为世界唯一的多边贸易机制，WTO正面临改革动议。不管是美日欧三方联合声明、中国商务部立场文件，还是欧盟WTO现代化方案，WTO改革议题都可以归为三类：第一类是以更新原有规则为导向的议题，主要是增加效率和民主的程度，包括争端解决机制和透明度，核心是解决WTO成员与世贸组织权力分配和制衡的矛盾；第二类是以构建新规则为导向的议题，包括数字贸易、投资、发展阶段等，主要是解决目前客观情势变化和法律规则之间的矛盾冲突；第三类是跟中国相关，且更为棘手、更难以谈拢的议题，涉及特定市场模式，包括补贴、国有企业、竞争政策、产业政策等规则。

当然，WTO并没有对国家市场模式进行规定，但以美国为首的西方国家在新的区域经贸协定中约束所谓的"非市场经济国家"。具体而言，美国提出关于市场经济的六大考量因素，④ 最为核心的规则包括三类：第一类是关于市场准入的规则，主要是货币自由兑换、外资自由进入；第二类是劳动权利和人权，包括工资自由议价、劳动力议价水平；第三类涉及市场机制的

---

① 参见《商务部新闻发言人就美301调查决定发表谈话》，http://www.mofcom.gov.cn/article/ae/ag/201803/20180302722679.shtml，最后访问时间：2018年4月19日。
② 参见张宇燕、高程《美国行为的根源》，中国社会科学出版社，2016，第13页。
③ 参见袁鹏《四百年未有之变局：中国、美国与世界新秩序》，中信出版集团，2016。
④ 参见 United States Department of Commerce,"China's Status as a Non-Market Economy", https://fas.org/sgp/crs/row/IF10385.pdf，最后访问时间：2018年12月1日。

问题，比如政府对企业的控制，政府对资源配置、价格以及企业产量决策的影响等问题。欧盟提出，如果一个市场不存在重大扭曲，那么政府不应该实施歧视性政策，也不能带歧视性地进行法律适用。除此之外，经济合作与发展组织也提出了关于国有企业透明度和中立的规则，要求国有企业应实现竞争中立，执行企业经营形式、成本确认、商业回报率、公共服务义务、税收中性、监管中性、债务中性与补贴约束以及政府采购等八个方面的标准。毫无疑问，美国所实施的市场经济认定政策更具有单边色彩。

《美国－墨西哥－加拿大协定》（The United States-Mexico-Canada Agreement，USMCA，以下简称《美墨加协定》）对非市场经济体设置了特殊规则，主要包括三个方面：一是限制对投资者的救济机制，特别是非市场经济体企业投资的救济机制；二是限制非市场经济体谈判的机制；三是在国有企业议题里面增加了更为严格的要求。以国有企业为例，美式FTAs规则并非中性。具体而言，第一，肆意扩大对国有企业的定义，致使一些私有企业被归为国有企业，而受到严格保护；第二，对国有企业在全球市场中的份额进行了规定，如果国有企业超出既定份额，就被变相认定接受政府补贴或非商业支持；第三，对与国有企业相关的支持政策进行限制。特别是在一个行业中，如果国有企业较多，那么对该行业的补贴将被视为非商业性质。由此，美国对所谓的"非市场经济体"设置了严格的要求，甚至突破了竞争中性和竞争中立的传统理念。

美国经贸单边主义政策违背多边贸易协定。一方面，WTO协定并没有区分资本主义的市场经济和社会主义的市场经济。在现有的区域经贸协定中，也并没有对社会主义市场经济进行界定。本质上，社会主义市场经济是全球市场经济体制的一种形式。正因为如此，解决美国经贸单边主义政策要发挥以WTO为核心的国际经贸协定的作用和功能。从理论上讲，多边经贸机制能够对双边和区域机制进行约束，而且双边和区域协定里面要求的区域贸易协定自由化水平比WTO更高。由此，对国有企业的非中性规则和阻止缔约谈判的"毒丸"条款涉嫌违背WTO协定的义务。

另一方面，在应对美国经贸单边主义时，我们仍有必要从政府和市场的关系等角度解决市场经济定位的问题。我们必须认清当前的国际经济秩序变局，继续完善社会主义市场经济体制。不管是党的十九大报告还是十八届三中全会决议，对全面深化改革的重大决定都是逐步减少政府对资源的直接配置，准确界定国有企业的不同功能，推动国有企业现代化改革。从某种意义上讲，在市场准入和制度运行层面，中国的政策文件并不背离经济合作与发展组织的指导性文件。正基于此，我国应该推动竞争中性制度落地。

  本书依据"提出问题—分析问题—解决问题—中国方案"的思路而展开，通过运用历史研究方法、实证研究方法、比较研究方法、跨学科研究方法等，对2018年以来美国经贸单边主义的表现、发展以及法律应对进行分析。除导论和结论外，本书共计6章。前3章分析了美国经贸单边主义在多边贸易体制、区域贸易协定以及单边经贸政策上的体现及其实质意义；后3章分析在美国经贸单边主义盛行以及中美经贸摩擦的背景下，应如何通过数字贸易新议题谈判、改革WTO争端解决机制以及进一步深化改革开放应对美国单边主义政策的挑战。

上编　美国经贸单边主义的表现

第一章 美国去多边主义对 WTO 体制的威胁

随着特朗普上台,美国对外贸易政策逐步体现出去多边化的特点。美国不仅阻碍多边争端解决机制的正常运转,鼓吹以互惠待遇取代最惠国待遇,持续加强国内法对国际法的约束功能,而且频繁指责他国的经济制度破坏多边贸易体系。本质上,美国经贸单边主义才是形成多边贸易机制困境的主要原因。因此,为解决美国经贸单边主义带来的挑战,一方面,应系统分析多边贸易谈判机制与多边贸易争端解决机制困境产生的原因;另一方面,也应探寻美国实施经贸单边主义的借口,以此论证美国经贸单边主义政策的危害性与破坏性。

第一节 多边贸易谈判的困境与美国去多边化

美国通过实施单边主义政策,试图阻碍多边贸易机制的正常运行。从根本上,美国认为多边贸易机制缺乏效率,更不符合其利益。因此,确有必要对美国去多边化的动因进行分析。多哈发展回合(Doha Development Agenda,以下简称"多哈回合")困境并非新话题。自 2001 年 11 月多哈回合启动以来,国内外的研究成果层出不穷。[1] 然而,与学界高涨的学术热

---

[1] 研究成果众多成为共识,在此不赘述。国外研究如 Mike Moore, *Doha and Beyond: The Future of the Multilateral Trading System*, Cambridge University Press, 2004; Manfred Elsig, Thomas Cottier, *Governing the World Trade Organization: Past, Present and Beyond Doha*, Cambridge University Press, 2011。国内研究如孙振宇《WTO 多哈回合谈判中期回顾》,人民出版社,2005;陈雨松《中国参与多哈发展议程谈判 10 年综述》,《国际经济法学刊》2011 年第 3 期,第 23~84 页。

情形成对比的却是该轮谈判困难重重，原定谈判结束日期一再逾期。[①] 在多边体制遭遇困境时，作为 WTO 体制合法例外的区域贸易安排逐渐兴起，以至于英国《卫报》记者直言"多哈已死"。[②] 但是问题远非如此简单。多哈回合谈判困境是短期的还是将长期存在？多哈回合谈判与美国经贸单边主义之间具有何种关联？这一系列问题均亟待回应。[③]

一 多哈回合谈判的演进与美国的场所转向

多哈回合是 WTO 成立以来的第一轮谈判，凝聚了各成员方的共识与期待。若是多哈回合能够按预期取得进展，那么所有货物的关税保护范围将受到限制，工业化国家禁止农业出口补贴并显著减少扭曲市场的国内支持，农业品平均关税将降至 12%，工业品关税将低于 2.5%，全球环境福利也将提升，特别是对鼓励过度捕捞的补贴的规制以及降低减缓全球变暖趋势的技术税收；贸易便利化也将通过简化程序增加成员方的贸易机会；对最不发达国家的免税收免配额（duty free and quota free）措施和贸易援助（aid for trade）行动可以增进其市场准入能力。[④] 然而，多哈回合谈判近乎颗粒无收。[⑤] 显而易见，未来的部长级会议仍难以有效地缩小成员方的分歧。[⑥] 因此，理解多哈回合困境应追本溯源，先从其历史沿革入手。

[①] 参见 Surendra Bhandari, "Doha Round Negotiations: Problems, Potential Outcomes, and Possible Implications", *Trade Law and Development*, Vol. 4, No. 2, 2012, pp. 362-363。

[②] 参见 Larry Elliott, "Doha Trade Talks' Killing Has No Shortage of Suspects", http://www.theguardian.com/business/2011/apr/25/doha-trade-talks-death-suspects, 最后访问时间：2018 年 10 月 1 日。美国前贸易代表施瓦布也有类似言论。相比于官员或记者，学者们可能更为乐观。例如，有学者认为 WTO 需要进行体制改革以走出困境，因此将因体制原因而拖延的该谈判回合称为"多哈忧虑"（Doha Blues）。参见 Kent Jones, *The Doha Blues: Institutional Crisis and Reform in the WTO*, Oxford University Press, 2010。

[③] 参见孙南翔《跨区域贸易安排的勃兴与中国的因应》，《汕头大学学报》（人文社会科学版）2015 年第 2 期。

[④] 参见 Bernard Hoekman, Will Martin, Aaditya Mattoo, "Conclude Doha: It Matters!", *World Trade Review*, Vol. 9, No. 3, 2010, p. 505。

[⑤] 多哈回合谈判也取得过成果（如第八次部长级会议通过的给予最不发达国家的服务和服务提供者以更优惠待遇的豁免），但是与其宏大的目标相比，现有成果实在微不足道。

[⑥] 参见 Surendra Bhandari, "Doha Round Negotiations: Problems, Potential Outcomes, and Possible Implications", *Trade Law and Development*, Vol. 4, No. 2, 2012, p. 364。

(一) 多哈回合谈判的历史沿革

历经 8 年，1994 年 4 月乌拉圭回合谈判终于圆满结束。虽然乌拉圭回合取得了前所未有的成果，[1] 但发达成员方和发展中成员方在众多领域谈判中的分歧并没有消弭，特别是在知识产权、服务、投资和农产品贸易等领域；同时，美国和欧盟对农产品问题也有不同见解。[2] 由此遗留的诸多未决议题给其后的多哈回合谈判陷入僵局埋下伏笔。1995 年，WTO 成立后，各方随即展开新回合谈判，然而谈判并不顺利。1999 年底，在美国西雅图举行的第三次部长级会议由于内部成员方的巨大分歧与"反全球化"组织的抗议，"千年回合"（Millennium Round）最终流产。

在 2001 年"9·11"恐怖事件以及全球经济不景气的背景下，多哈回合谈判启动，该回合的集体承诺建立在开放贸易和繁荣（open trade and prosperity）之上，[3] 特别是针对发展中国家和最不发达国家而言。作为一个发展回合，多哈回合的主要关注点是降低或削减农业贸易壁垒，比如 WTO 成立后富裕国家不断增加的农产品补贴和农产品关税。[4] 此外，谈判各方也将多哈回合谈判的结束日期定在 2005 年 1 月 1 日。2003 年，WTO 第五次部长级会议在坎昆召开。按照原定计划，坎昆会议将达成针对成员方在 2004 年末执行多哈回合要求的开放市场承诺的一系列基础性框架。由于发达成

---

[1] 乌拉圭回合最终达成一系列成果文件，统称"乌拉圭回合多边贸易谈判结果法律文件"，标志着 WTO 取代了原先临时适用的关税与贸易总协定。乌拉圭回合的成果具有重要的历史意义，这已在各国间形成广泛共识。参见 Kevin C. Kennedy, "The GATT-WTO System at Fifty", *Wisconsin International Law Journal*, Vol. 16, 1998, pp. 442–443。

[2] 参见 John Croome, *Reshaping the World Trading System: A History of The Uruguay Round*, Kluwer Law International, 1998; Robert Parlberg, "Agriculture Policy Reform and the Uruguay Round: Synergistic Linkage in a Two-Level Game?", *International Origanization*, Vol. 51, 1997, pp. 413–444。

[3] 参见 Sungjoon Cho, "The Demise of Development in the Doha Round Negotiations", *Texas International Law Journal*, Vol. 45, 2010, p. 577。

[4] 当然，多哈回合谈判的内容丰富多样，涉及农业、非农产品市场准入、服务贸易、规则谈判、贸易与发展、争端解决、知识产权、贸易与环境等议题。其中，减少发达国家成员对农业的补贴是多边机制取得成果的重要前提。参见 Fredrick M. Abbott, "A New Dominant Trade Species Emerges: Is Bilateralism A Threat?", *Journal of International Economic Law*, Vol. 10, 2007, pp. 581–582。

员方不愿改革长期施行的农业保护政策,坎昆会议最终无疾而终。① 坎昆会议的失败也预示着多哈回合按期实现原定目标的计划成为空想。2004 年 7 月,WTO 总理事会对多哈回合原定计划进行修改,这被称为"七月框架"(July Package)。"七月框架"将贸易与投资、竞争政策和政府采购的透明度等三项新加坡议题排除出谈判范围。②

在重重压力下,2005 年举行的香港部长级会议仍取得了部分成果,例如至 2013 年取消所有农业出口补贴,至 2006 年发达国家成员取消棉花出口补贴,以及至 2008 年至少给予 97% 的原产于最不发达国家的产品以免税收、免配额准入待遇等。但是,该会议并未解决诸如农业或非农业产品市场准入等争议较大的问题。随后,由于核心成员在农业补贴、特殊保障措施等问题上的严重分歧,多哈回合谈判再次陷入僵局。③ 2009 年在日内瓦召开的第七次部长级会议上,成员方同意暂时中止非违方之诉和电子商务关税相关的议题,④ 但这次会议仍未取得实质性进展,仅重新确认了 2010 年的谈判最终期限。

(二) 多哈回合谈判的新动向

2011 年第八次部长级会议在日内瓦举行。在此次会议召开前,时任 WTO 总干事拉米提出了旨在使多哈回合重焕生机的"三速法"(Three-Speed Search)机制。在该机制下,多哈回合谈判议题将分为快速通道、中

---

① 参见 Sungjoon Cho, "The Demise of Development in the Doha Round Negotiations", Texas International Law Journal, Vol. 45, 2010, p. 578。
② 参见 World Trade Organization, "Text of the 'July Package' — The General Council's Post-Cancún Decision", http://www.wto.org/english/tratop_e/dda_e/draft_text_gc_dg_31july04_e.htm,最后访问时间:2017 年 10 月 2 日。
③ 参见 World Trade Organization, "Day 9: Talks Collapse Despite Progress on a List of Issues", http://www.wto.org/english/news_e/news08_e/meet08_chair_29july08_e.htm,最后访问时间:2017 年 10 月 1 日。
④ 2004 年"七月框架"的议题中止与日内瓦部长级会议的议题中止并不完全相同。"七月框架"将新加坡议题排除在多哈回合谈判之外,也就是其不属于该回合谈判的内容;而日内瓦部长级会议的议题只是暂时性中止,是推迟到 2011 年第八次部长级会议进行谈判(其后,2011 年部长级会议又将该议题推迟至 2013 年)。

第一章　美国去多边主义对 WTO 体制的威胁

速通道和慢速通道三个类别。① 然而,"三速法"并未给第八次部长级会议带来太多的福音。该次会议最终通过了在《服务贸易总协定》(GATS) 第 19.3 条项下给予最不发达国家的服务和服务提供者以更优惠待遇的豁免 (waiver) 而不违反 GATS 中的最惠国待遇,② 该规定并没有为最不发达国家成员创造新权利。除此之外,第八次部长级会议几乎没有取得任何实质性成果。此后,有更多的学者认为,基于当前谈判者的消极态度,2013 年部长级会议最多达成一些宣言式的措施 (demagogic measures)。③ 曾对多哈回合抱有极高热情的拉米甚至也放弃了给谈判设置固定的结束日期,在 2012 年 9 月的贸易谈判委员会上也仅仅表示将致力于在巴厘岛部长级会议上取得切实的成果 ("credible" results)。④

2013 年 9 月,罗伯托·阿泽维多 (Roberto Azevêdo) 就任 WTO 总干事。履新后,阿泽维多着手解决实现多哈回合谈判预期成果的难题。在一次贸易谈判委员会会议上,阿泽维多认为巴厘岛部长级会议能够取得潜在成果的三个领域分别为贸易便利化、农业和发展。⑤

阿泽维多对上述三个领域的具体分析是:其一,在贸易便利化上,目前仍未形成共识的主要领域在于关税合作 (customs co-operation)、对发展中

---

① WTO 前总干事拉米主张,快速通道议题应是与最不发达国家相关的事项,如免关税免配额、包括原产地规则、最不发达国家服务豁免和棉花问题;在最不发达国家议题外,其他有望达成协议的议题进入中速通道;以非农产品市场准入、农业和服务、贸易救济和 TRIPS 问题为代表的在 2011 年无望达成共识的议题归入慢速通道,留待将来解决。参见 World Trade Organization, "Members Support Lamy's Proposed Three-Speed Search for Doha Outcome in December", http://www.wto.org/english/news_e/news11_e/tnc_infstat_31may11_e.htm, 最后访问时间: 2018 年 10 月 1 日。
② 参见 World Trade Organization, "WTO Ministers Adopt Waiver to Permit Preferential Treatment of LDC Service Suppliers", http://www.wto.org/english/news_e/news11_e/serv_17dec11_e.htm, 最后访问时间: 2018 年 10 月 1 日。
③ 参见 Surendra Bhandari, "Doha Round Negotiations: Problems, Potential Outcomes, and Possible Implications", *Trade Law and Development*, Vol. 4, No. 2, 2012, p. 364。
④ 参见 World Trade Organization, "Lamy Urges 'Credible' Results at Bali Ministerial", http://www.wto.org/english/news_e/news12_e/tnc_stat_07dec12_e.htm, 最后访问时间: 2017 年 10 月 1 日。
⑤ 参见 World Trade Organization, "Director-General Roberto Azevêdo's Statement on Informal Trade Negotiations Committee Meeting (23 September 2013)", http://www.wto.org/english/news_e/news13_e/tnc_infstat_23sep13_e.htm, 最后访问时间: 2016 年 10 月 1 日。

国家和最不发达国家的灵活规定及其执行计划、一系列特殊纪律问题（报关经纪人、装运前检验、领事签货行为、特定运输问题等）；其二，在农业问题上，三十三国集团（G33）主张制订可以作为临时措施的适当限制条款，① 二十国集团（G20）则要求在出口竞争和关税配额管理（TRQ administration）上有所突破；② 其三，在发展中成员和最不发达成员方议题上，与特殊和差别待遇条款等相关的监督机制的分歧有所减少，但是监督机制与WTO技术部门之间的衔接等实际问题仍有待进一步谈判。除此之外，更大的分歧在于关于最不发达成员方的更优惠的原产地规则、棉花和服务豁免、免关税免配额市场准入等议题。尽管阿泽维多对巴厘岛部长级会议寄予极高的期望，但从其讲话中仍可看出，在多哈回合的关键议题上成员之间仍存有巨大分歧，更为遗憾的是至今仍无切实可行的解决方案。

（三）多哈回合困境下美国的谈判场所转向

基于多哈回合的走向，各方调低对部长级会议的期望，取得多哈回合的阶段性成果尚且困难重重，更遑论实现多哈宣言中的既定目标。即便多哈回合谈判能在短期内结束，那么还需要4年的时间根据谈判结果修改多边规则，③ 而多边规则在成员方国内适用则需要更长的时间。各成员方对多哈回合热情不高的原因还在于其利益诉求不能体现在谈判中：多哈回合谈判排除了发达国家成员方高度关注的新加坡议题等内容。④ 即使在现有的议题

---

① 其内容包括该限制条款的本质、特征、适用范围，以及执行透明度和报告制度、保障措施如何将市场扭曲最小化、执行期限、如何重新审查等问题。
② 出口竞争主要包括平行消除所有形式的农业出口补贴及其他所有等值效果的出口纪律措施。关税配额管理被视为巴厘岛会议能够最终达成共识的内容，但是特殊和差别待遇的要求可能导致该领域的突破难度加大。
③ 参见 Rafael Leal-Arcas, "Proliferation of Regional Trade Agreements: Complementing or Supplanting Multilateralism?", Chicago Journal of International Law, Vol. 11, 2011, p. 623.
④ 有专家认为，排除三项新加坡议题的"七月框架"终结了发达国家成员方在WTO内探寻更重要的全新自由化领域的意图。参见 Martin Khor, "Analysis of the Doha Negotiations and the Functioning of the WTO（Nov. 25 2009）", https://portal.forumsyd.net/upload/tmp/glufs/handel/MKhorAnalysisoftheDohaNegotiations2009.pdf, 最后访问时间：2017年10月3日。

上，各成员方的分歧也相当严重。① 因此，在多哈回合困境难以有效破解的背景下，美国将目光转向区域贸易安排。

以 1999 年西雅图会议和 2003 年坎昆会议的失败为代表，WTO 谈判持续性中断导致发达国家将主要精力转向区域和双边层面，以期在区域和双边层面实现因 WTO 谈判延迟而受挫的目标。这一变化也随之带动发展中国家的被动转向。上述现象可以称为场所转向（Forum Shifting）。场所转向是通过转变国际性场所，以变动条约谈判、立法行为或标准设定活动（standard setting activities）的方式改变现状的一种策略。② 事实上，场所转向已经给发达国家带来了福利。以新加坡议题为例，虽然多哈回合通过"七月框架"将其排除在外，但是，在欧美国家与发展中国家谈判的双边和区域贸易协定中，它仍是重要内容之一。同时，在全球欧洲战略（Global Europe Strategy）中，欧盟也将投资、竞争政策、政府采购等内容作为与非洲、加勒比和太平洋地区国家伙伴协定的优先谈判事项。③ 除新加坡议题外，在知识产权保护和金融自由化领域，发达国家也在区域贸易安排中获益。

分析 WTO 的相关数据，区域贸易安排和双边贸易安排加速的时期是在 20 世纪 90 年代。进入 21 世纪，在 WTO 谈判陷入僵局时，各成员方对区域或双边贸易安排的热情更是一路高涨。美国和欧盟更是频繁地将区域主义和双边主义作为巩固和执行各自贸易政策的重要路径。④ 不同于欧美，亚洲国家间安全和经济合作起步较晚。⑤ 直到 20 世纪 90 年代末期，东亚各国才开始着手构建区域间合作。有学者认为，其潜在原因之一是该时期的贸易

---

① 比如在农产品议题上，针对出口补贴和国内支持，WTO 各成员方至今未达成实质性削减的共识。
② 参见 James Thuo Gathii, "The Neoliberal Turn in Regional Trade Agreements", *Washington Law Review*, Vol. 86, 2011, p. 443.
③ 参见 James Thuo Gathii, "The Neoliberal Turn in Regional Trade Agreements", *Washington Law Review*, Vol. 86, 2011, p. 444.
④ 参见 C. O'Neal Taylor, "The U. S. Approach to Regionalism: Recent Past and Future", *ILSA Journal of International and Comparative Law*, Vol. 15, 2009, p. 418.
⑤ 虽然东南亚国家联盟自由贸易区成立于 1992 年，但谈判分部门分行业及冗长的自由化议程使得其在区域内的示范作用并不强。

机制缺乏实质性进展,包括WTO西雅图会议和坎昆会议的惨败(fiascos)。[1] 此外,也有其他地区的发展中国家对区域贸易安排充满了热情,如南部非洲关税同盟、南方共同市场等。

二 美国区域贸易安排对多边贸易体制的冲击

(一) 区域贸易安排的基础及美国区域贸易安排的实践

传统观点认为,推动区域主义和双边主义的关键是基于地缘(geographical location)的程序简化(ease of implementation)、文化与政治相近(cultural and political proximity)和GATT与WTO协定规则相符性。[2] 地理位置相邻是产生传统经济贸易安排的基石。由于文化的相似性以及运输的便利,地理上相近的国家倾向于进行更为深入的贸易活动,而距离远的国家间的贸易面临着运输和文化上的挑战。[3] 同时,在同一区域内的国家需要相互协调以增进共同福利,沿海国家和内陆国家之间的利益诉求可能存在不一致,而沿海国家之间就特定事项达成协议就比较容易。[4] 正是基于地理、文化等因素的相关性,WTO对成员方之间形成的更优惠的区域贸易安排给予许可。[5]

截至2019年3月10日,美国与20个国家签署了自由贸易协定。在可

---

[1] 其他的原因还包括东南亚金融危机的影响以及联合抵抗欧美等大经济体的压力。参见 S. N. Katada, "Permeated Regionalism in East Asia: Cross-Regional Trade Agreements in Theory and Practice", in M. Solis (ed.), *Cross Regional Trade Agreements: Understanding Permeated Regionalism in East Asia*, Springer-Verlag Berlin Heidelberg, 2008, p. 7。

[2] 参见 James Thuo Gathii, "The Neoliberal Turn in Regional Trade Agreements", *Washington Law Review*, Vol. 86, 2011, p. 439。

[3] 参见 Robert Devlin, Ricardo French-Davis, "Towards an Evaluation of Regional Integration in Latin America in the 1990s", in Jan Joost Teunissen (ed.), *Regional Integration and Multilateral Cooperation in the Global Economy*, The Hague Publishing, 1998。

[4] 参见 James Thuo Gathii, "The Neoliberal Turn in Regional Trade Agreements", *Washington Law Review*, Vol. 86, 2011, p. 440。

[5] GATT和WTO都将区域贸易安排视为最惠国待遇的例外,相关规定体现在GATT 1994第24条、授权条款和GATS第5条。参见 World Trade Organization, "Regional Trade Agreements: Rules", http://www.wto.org/english/tratop_e/region_e/regrul_e.htm, 最后访问时间:2017年10月1日。

预见的未来,美国将继续推进跨区域贸易安排。表1-1列举了美国区域贸易协定签署情况。从表1-1中可以看出,2001年之前,美国较少作出区域贸易安排,仅与以色列、加拿大、墨西哥三个国家开展合作;2001年之后,美国区域贸易安排加速,与智利、韩国、新加坡等广泛开展合作。由上可知,在多哈回合陷入僵局时,美国对区域贸易安排的热情相对高涨。

表1-1 美国区域贸易协定签署情况

协定名称	生效时间	备注
《美国和巴拿马自由贸易协定》	2012年10月31日	
《美国和哥伦比亚自由贸易协定》	2012年5月15日	
《美国和韩国自由贸易协定》	2012年3月15日	
《美国和秘鲁自由贸易协定》	2009年2月1日	
《美国和阿曼自由贸易协定》	2009年1月1日	
《美国和巴林自由贸易协定》	2006年8月1日	
《美国和哥斯达黎加自由贸易协定》	2006年3月1日	《美国-多米尼加-中美洲自由贸易协定》
《美国和多米尼加共和国自由贸易协定》	2006年3月1日	《美国-多米尼加-中美洲自由贸易协定》
《美国和萨尔瓦多自由贸易协定》	2006年3月1日	《美国-多米尼加-中美洲自由贸易协定》
《美国和危地马拉自由贸易协定》	2006年3月1日	《美国-多米尼加-中美洲自由贸易协定》
《美国和洪都拉斯自由贸易协定》	2006年3月1日	《美国-多米尼加-中美洲自由贸易协定》
《美国和尼加拉瓜自由贸易协定》	2006年3月1日	《美国-多米尼加-中美洲自由贸易协定》
《美国和摩洛哥自由贸易协定》	2006年1月1日	
《美国和澳大利亚自由贸易协定》	2005年1月1日	
《美国和智利自由贸易协定》	2004年1月1日	
《美国和新加坡自由贸易协定》	2004年1月1日	

续表

协定名称	生效时间	备注
《美国和约旦自由贸易协定》	2001年12月17日	
《美国和加拿大自由贸易协定》	1994年1月1日	《北美自由贸易协定》
《美国和墨西哥自由贸易协定》	1994年1月1日	《北美自由贸易协定》
《美国和以色列自由贸易协定》	1985年8月19日	

资料来源：https://ustr.gov/trade-agreements/free-trade-agreements，最后访问时间：2019年3月10日。

（二）美国区域贸易安排对多边贸易体制的替代性

经济一体化应是世界各国福祉所在。经济一体化存在两个向度：一是全球一体化，二是区域一体化。作为当今世界最大的经济体，美国的对外贸易政策直接影响全球一体化与区域一体化的进程。近年来，由于利益诉求在多哈回合谈判中远不能得到满足，美国将视野转向区域层面，其中最为重要的便属奥巴马和特朗普积极推动的两大区域贸易安排：《跨太平洋伙伴关系协定》（Trans-Pacific Partnership Agreement，以下简称"TPP协定"）和《美墨加协定》。

1. TPP和USMCA的由来及发展

一些学者认为，美国经贸代表办公室（Office of the U. S. Trade Representative，以下简称"USTR"）并没有将精力放在多哈回合的贸易谈判上，而是将TPP协定视为美国对外贸易的"唯一博弈规则"（only game in town），[1] 而事实亦是如此。奥巴马曾在国情咨文中说："实施贸易协定的目的在于使我们的贸易伙伴依照这些规则行事。我们不能落后，否则将失去更多的机会。"[2] 奥巴马时期的美国贸易政策也确实更加倾向于区域主义或双边主义。

TPP的前身是2005年7月由智利、新西兰、新加坡和文莱四国签订的

---

[1] 参见 Meredith Kolsky Lewis, "The Trans-Pacific Partnership: New Paradigm or Wolf in Sheep's Clothing?", *Boston College International and Comparative Law Review*, Vol. 34, 2011, p. 35。

[2] Barack Obama, "State of the Union Address", http://www.whitehouse.gov/the-press-office/remarks-president-state-union-address，最后访问时间：2018年10月4日。

《跨太平洋战略经济伙伴关系协定》(Trans-Pacific Strategic Economic Partnership Agreement，以下简称"P4协定")①。随着美国2009年高调宣布加入谈判，该协定随即改称TPP。② 此后，秘鲁、越南、澳大利亚、马来西亚、墨西哥、加拿大、日本先后加入TPP谈判。韩国也于2013年9月宣布加入TPP谈判。在亚太地区，随着美国加入谈判，TPP逐渐释放出巨大的影响力。美国对TPP的期望值相当高，根据USTR所言，该协定代表着"面向21世纪的新型贸易协定"(new kind of trade agreement for the 21st century)。③ 虽然美国最终没有签署该协定，但是该协定依然代表了美国区域贸易协定的战略意图及其动向。④

特朗普上台伊始，就签发行政令要求审查所有的经贸协定。⑤ 其中，NAFTA率先成为重新谈判的对象。2018年9月30日，美国、加拿大和墨西哥历时13个月的自由贸易协定谈判落下帷幕。三国一致同意将其重新命名为《美墨加协定》，并于2018年11月30日共同签署新贸易协定。从某种意义上说，《美墨加协定》是NAFTA的升级版，保留了原协议的主要框架。除了对传统议题规则进行补充和调整外，《美墨加协定》还规定了限制非市场经济体及其贸易与投资者权利的特殊规则。

---

① 由于创始成员国只有4个国家，《跨太平洋战略经济伙伴关系协定》也被称为P4协定。
② 参见 New Zealand Ministry of Foreign Affairs & Trade, "Understanding the TPP — The Path to Expansion", http://www.mfat.govt.nz/Trade-and-Economic-Relations/Trade-Relationships-and-Agreements/Trans-Pacific/index.php, 最后访问时间：2018年10月4日。
③ 参见 Office of the U.S. Trade Representative, "Trans-Pacific Partnership Announcement", http://www.ustr.gov/about-us/press-office/press-releases/2009/december/trans-pacific-partnership-announcement, 最后访问时间：2018年10月1日。
④ 作为世界上两个重要的经济体，美国和欧盟之间的经贸安排受到各国关注。2013年2月，美国宣布与欧盟进行贸易安排谈判，《跨大西洋贸易与投资伙伴关系协定》(Transatlantic Trade and Investment Partnership，以下简称TTIP) 首轮谈判启动。根据USTR，TTIP旨在建立有抱负的、全面的和高水平的贸易和投资协定，为促进美国国际竞争力、就业和经济增长提供实质性帮助。欧盟国家对TTIP同样持有极高的热情，如时任英国首相卡梅伦就将TTIP视为近期最重点关注的双边贸易事项。虽然TTIP谈判刚刚启动，但是其达成后将对世界贸易产生巨大的影响。参见 USTR，"Transatlantic Trade and Investment Partnership", http://www.ustr.gov/ttip, 最后访问时间：2018年10月4日。
⑤ 参见 The White House, "Presidential Executive Order Addressing Trade Agreement Violations and Abuses", https://www.whitehouse.gov/presidential-actions/presidential-executive-order-addressing-trade-agreement-violations-abuses/, 最后访问时间：2018年10月4日。

2. TPP 和 USMCA 具有显著的去多边化的特征

TPP 和 USMCA 是研究区域贸易安排对全球贸易体制影响的绝佳范本:一方面,二者都是当前时兴的区域贸易安排;另一方面,TPP 和 USMCA 的谈判各方都是 WTO 成员方。具体而言,TPP 和 USMCA 的显著特征如下。

(1) 区域贸易安排体现高标准

与其他 FTAs 不同,P4 协定的"高标准"体现在贸易领域全覆盖及深层次的承诺。P4 协定没有排除敏感部门,全面覆盖所有领域,其中包括农业部门;同时,协定一经生效,区域内绝大多数的关税已经降为零,其余的于 2017 年降为零。TPP 成为史上第一个公开声明将转变为更大、更自由的贸易协定的非关税同盟贸易协定。[①] TPP 协定标准设置得极高,旨在设置面向 21 世纪的协定,在贸易协定中,以新的方式处理之前的贸易关切和未能很好解决的跨领域问题(cross-cutting issues),进而使得所有利益攸关方取得前所未有的福利。[②] 在如此高标准方针的指导下,TPP 协定的自由化和便利化水平极高,USMCA 则称得上是在 TPP 之上更具美国特色的贸易协定。

(2) 议题的重合与创新

多哈回合谈判在追求更大自由化的目标下,议题内容具有宽泛化的特征。[③] 但是,对比 TPP 和 USMCA 的议题,可以明显发现多哈回合谈判的绝大多数议题在 TPP 和 USMCA 中有所规定(见表 1-2)。多哈回合谈判的议题中,只剩下与发展有关的部分议题——特殊和差别待遇、最不发达成员方等未被纳入 USMCA。另外,在 TPP 谈判中,关于"合作与能力建设"的

[①] 参见 Meredith Kolsky Lewis,"The Trans-Pacific Partnership: New Paradigm or Wolf in Sheep's Clothing?",*Boston College International and Comparative Law Review*,Vol. 34,2011,p. 29。

[②] 参见 USTR,"Trans-Pacific Partnership Negotiations in Chicago",http://www.ustr.gov/about-us/press-office/blog/2011/september/friday-september-9-trans-pacific-partnership-negotiations,最后访问时间:2018 年 10 月 4 日。

[③] 参见张晓君、温融《多边贸易谈判新议题的产生背景、发展及其启示——以"新加坡议题"为例》,《重庆师范大学学报》(哲学社会科学版)2005 年第 3 期,第 103 页。

框架也专门谈到促进发展中国家参与并达到 TPP 协定的要求,并提供援助。① 除了谈判议题与多哈回合谈判基本重合外,TPP 和 USMCA 还包括多哈回合谈判议题之外的内容,如投资、竞争政策等。更明显的是,USMCA 还保留了美国与加拿大间具有重大分歧的文化例外条款。

表 1-2　多哈回合谈判、TPP 协定和 USMCA 谈判内容对比

多哈回合谈判	TPP 协定	USMCA
货物市场准入(含农产品)	货物市场准入(含农产品)	货物市场准入(含农产品)
贸易便利化	海关措施等	海关措施等
原产地规则	原产地规则	原产地规则
贸易救济	贸易救济	贸易救济
服务	跨境服务	跨境服务
电子商务	电子商务	数字贸易
知识产权	知识产权	知识产权
—	投资	投资
SPS	SPS	SPS
TBT	TBT	TBT
国内规制	法律议题(国内规制)	法律议题(国内规制)
贸易与环境	环境	环境
—	劳工	劳工
—	政府购买	政府购买
—	竞争政策	竞争政策
技术合作与能力建设	合作与能力建设	合作与能力建设
争端解决机制协议	私人-国家间纠纷解决	私人-国家间纠纷解决
其他:特殊和差别待遇、FTAs、LDCs、贸易援助等	金融服务、通信、临时入境等	金融服务、通信、临时入境等

资料来源:世界贸易组织官网、美国贸易代表办公室官网信息

---

① 参见 USTR, "Outlines of the Trans-Pacific Partnership Agreement", http://www.ustr.gov/about-us/press-office/fact-sheets/2011/november/outlines-trans-pacific-partnership-agreement, 最后访问时间:2018 年 10 月 5 日。

（3）区域贸易安排的特殊价值

区域贸易安排并不仅仅是国际贸易体制的替代品，它还有自身独特的价值。TPP协定谈判的显著特征之一是该跨区域贸易安排谈判方已经存在大量的双边贸易协定。以美国为例，美国与智利、新加坡、澳大利亚和秘鲁都存在双边自由贸易协定（见表1-3）。在既有的FTAs上继续展开TPP谈判，美国抱有除经济外的其他目的。美国在TPP协定上的重要利益还在于重新确定在亚太地区的领导力，重塑亚太地区的大国格局。[①] 可见，当跨区域贸易安排不再以经济利益为着眼点或者是主要立足点时，美国区域贸易协定的发展前景可能就更复杂得多。

表1-3　TPP谈判方间贸易协定一览

协定名称	签署时间	生效时间
《美国-秘鲁自由贸易协定》	2006年4月12日	2009年2月1日
《美国-智利自由贸易协定》	2003年6月6日	2004年1月1日
《美国-新加坡自由贸易协定》	2003年5月6日	2004年1月1日
《美国-澳大利亚自由贸易协定》	2004年5月18日	2005年1月1日
《新加坡-澳大利亚自由贸易协定》	2003年2月17日	2003年7月28日
《澳大利亚与新西兰更紧密经贸关系协定》	—	1983年1月1日
《澳大利亚-智利自由贸易协定》	2008年7月30日	2009年3月6日
《东盟-澳大利亚-新西兰自由贸易区协定》	2009年2月27日	2010年1月1日
《新西兰和新加坡间更紧密经贸关系协定》	2000年11月14日	2001年1月1日
《秘鲁-新加坡自由贸易协定》	2008年5月29日	2009年8月1日
《秘鲁-智利自由贸易协定》	2006年8月22日	2009年3月1日

资料来源：WTO区域贸易协定数据库

[①] 参见 Meredith Kolsky Lewis, "The Trans-Pacific Partnership: New Paradigm or Wolf in Sheep's Clothing?", *Boston College International and Comparative Law Review*, Vol.34, 2011, pp.35-40.

需要说明的是，绝大多数 FTAs 没有"开放准入条款"（open accession provisions）。① 所谓的"开放准入条款"是指在 FTAs 中提供其他国家加入谈判或加入协定的权利，其主要存在于亚洲太平洋经济合作组织（APEC）成员方之间达成的协议。② 一般 FTAs 并不允许其他国家加入。以《全面且先进的跨太平洋伙伴关系协定》（以下简称"CPTPP"）为例，其为美国退出 TPP 后，经缔约方重新调整并签署的协定名称。CPTPP 协定准入（Accession）条款规定：基于协定成员方同意，协定向任一 APEC 成员方或其他国家（any APEC Economy or other State）开放准入。CPTPP 协定旨在成为一个开放性的贸易安排，基于此，其也被称为"有生命力的协定"（living agreement），③ 甚至有取代 WTO 协定的可能。

三 美国区域贸易安排对多边贸易谈判的威胁

贾格迪什·巴格沃蒂（Jagdish Bhagwati）曾引发关于自由贸易区是国际统一贸易体的"垫脚石"还是"绊脚石"的争论。④ 区域贸易的倡导者认为自由贸易区的发展能够最终使全球一体化更为容易。但是，巴格沃蒂认为 FTAs 能够在汇总后形成多边贸易的"垫脚石"的观点是不切实际的。他尤其认为，不同的原产地规则和关税削减承诺水平及其他的 FTA 条款所形成的"意大利面条碗"（spaghetti bowl）现象将使 FTA 不能够吸引更多的国家加入。⑤ 根据上述若干显著特征，美国区域贸易安排对国际统一贸易体制的挑战将愈加明显。

---

① 参见 Meredith Kolsky Lewis, "The Prisoners' Dilemma Posed by Free Trade Agreements: Can Open Access Provisions Provide An Escape?", *Chicago Journal of International Law*, Vol. 11, 2011, p. 659。
② APEC 成员方之间缔结的 FTAs 中有些包含"开放准入条款"，如《泰国—新西兰更紧密经济伙伴协定》《澳大利亚—泰国自由贸易协定》《北美自由贸易协定》等。
③ 参见 Nadia Gire, "The Trans-Pacific Partnership Agreement: A Revival in United States Trade Policy Reform", *Currents: International Trade Law Journal*, Vol. 20, 2012, p. 70。
④ 巴格沃蒂的观点可参见 Jagdish Bhagwati, "Departures from Multilateralism: Regionalism and Aggressive Unilateralism", *Economic Journal*, Vol. 100, 1990; Jagdish Bhagwati, *Termites in the Trading System: How Preferential Agreements Undermine Free Trade*, Oxford University Press, 2008. 相关争论如 Sungjoon Cho, "Defragmenting World Trade", *Northwestern Journal of International Law and Business*, Vol. 27, 2006。
⑤ 参见 Jagdish Bhagwati, *Termites in the Trading System: How Preferential Agreements Undermine Free Trade*, Oxford University Press, 2008, pp. 92-97。

（一）美国区域贸易安排与 WTO 的竞争性

美国区域贸易安排谈判的议题和内容直接与多哈回合谈判重合，而且旨在建立新的贸易安排，这导致更多原本能在多哈回合或 WTO 解决的议题都转移到美国区域贸易安排谈判中，削弱了成员方对多哈回合谈判的热情。美国区域贸易安排还旨在解决新问题，如投资、竞争政策、劳工标准等。多哈回合谈判虽然将其排除在外，但是以美国为首的发达国家积极在其对外签署的 FTAs 中致力于实现这些目标。[①] 随着 TPP 和 TTIP 协定谈判启动，美国与其重要的经贸伙伴——欧盟、日本、加拿大等将在未来签署协定，多哈回合谈判将更显疲态。换句话说，美国区域贸易安排的兴起直接架空了 WTO 的全球功能及潜在价值。

（二）美国区域贸易安排促进贸易缔约方集团化

FTAs 对全球贸易体系具有"垫脚石"作用的有力依据之一便是"气泡理论"。"气泡理论"认为，WTO 体系下的众多 FTAs 正如大气泡里面包含着的小气泡，可以通过相邻小气泡的融合最终实现统一的贸易体系。然而，随着美国区域贸易安排（特别是跨区域贸易协定）的发轫与勃兴，上述理论失去了合理性的根基。跨区域贸易安排不再以区域为本质，不再简单地以地理相邻和文化相通为比较优势，跨区域贸易协定的缔约方可以位于全球任何区域。传统的区域贸易安排的缔约方是地理位置相邻的国家，这些国家地处同一区域，自然禀赋较为相似，在对外经贸发展中逐渐形成的比较优势也具有相似的特征。然而，跨区域贸易安排突破地域限制，缔约方能够在全球范围内寻找经贸合作伙伴，更加关注国外产业与本国产业的互补性，进而达到经济双赢的结果。从这个意义上讲，区域贸易安排的勃兴将导致经济互补性较强、发展水平相近的国家之间形成联盟，并最终导致

---

① 参见 U.S. Department of State, "2012 U.S. Model Bilateral Investment Treaty", http://www.state.gov/r/pa/prs/ps/2012/04/188199.htm，最后访问时间：2018 年 10 月 4 日。

集团对抗的格局,① 谈判各方的要价能力更强,统一贸易体制将难以实现。

(三) 多边贸易体制面临进一步碎片化

当前,全球主要经济体都参加了 FTAs。在区域层面,CPTPP 签署国均参加了多个 FTAs。毋庸置疑,在此基础上形成新的跨区域自由贸易协定将使得"意大利面条碗"现象更加难解,在相邻国家间形成多重规则,地区的经济秩序将更为混杂;在全球层面,随着美国区域贸易安排的兴起,并不存在地理相邻关系或原先经贸联系不密切的国家间缔结起贸易安排,基于其高标准和开放性,全球范围内将形成多个大型跨区域贸易体系,直接挑战现存的以 WTO 为中心的多边贸易体系。虽然开放区域主义使贸易协定更易形成多边共识,但另一方面,也使世界贸易体系更加碎片化。②

此外,如同阿泽维多所言,巴厘岛部长级会议很多悬而未决的问题是政治性的。在自由选择缔结协定的背景下,美国区域贸易安排的谈判方将考虑更多的政治因素,如美国的"重返亚太""美国优先"。在这种复杂的特殊价值背景下,美国区域贸易安排将不可能持续扩大化并最终推动国际贸易体制的一体化进程。③ 美国最新的区域贸易安排都是以高标准、严要求著称,其规定条件远远高于 WTO,也远离多哈回合谈判的内容。这意味着美国区域贸易安排的标准难以适用于 WTO 所有成员方,进而影响发展中成员方推进多哈回合谈判的积极性。

(四) 国际经贸领域谈判仍难以有新进展

在新议题上,多边贸易谈判几乎没有取得实质性的进展。多哈回合是

---

① 在多哈回合中,数量众多的谈判集团将集团利益诉求最大化,形成各自为营的局面,最终导致统一目标难以实现。
② 参见 Sungjoon Cho, "Breaking the Barrier between Regionalism and Multilateralism: A New Perspective on Trade Regionalism", *Harvard International Law Journal*, Vol. 42, 2001, pp. 437-438。
③ 有学者分析,美国主导 TPP 的目的在于重塑亚太地区领导权,显然包括制衡中国的影响力。从这一点上看,TPP 谈判短期内极有可能将中国排除在外。参见刘中伟、沈家文《跨太平洋伙伴关系协议(TPP):研究前沿与架构》,《当代亚太》2012 年第 1 期,第 42~46 页。

WTO 成立以来的第一轮谈判，凝聚了各成员的期待与希望。然而，多哈回合谈判近乎颗粒无收。多哈回合谈判是在 2001 年 "9·11" 恐怖事件以及全球经济不景气的背景下启动的，该回合的集体承诺建立在开放贸易和繁荣（open trade and prosperity）之上，特别是针对发展中国家和最不发达国家而言。多哈回合非常关注降低或削减农业贸易壁垒的问题，针对 WTO 成立之后富裕国家不断增加的农产品补贴和农产品关税，召开了多次部长级会议，但没有取得预期成果。

鉴于多哈回合的走向，达成多边体制的阶段性成果困难重重，各方调低了对全球多边体制的期望。各成员对多边体制热情度不高的原因还在于其利益诉求不能体现在谈判中，比如，多哈回合谈判排除了发达国家成员高度关注的新加坡议题等内容。① 即使在现有的议题上，各成员的分歧也相当严重。因此，在多哈回合困境难以有效破解的背景下，美国自然将目光转向双边或单边主义。

多哈回合不仅在新议题上举步维艰，对争端解决机制的改革也困难重重。美国长期主张，若缺乏争端解决机构的明确授权，上诉机构成员不应在任期结束后继续审理未完结的案件。实际上，WTO《上诉机构工作程序》第 15 号规则允许上诉机构成员在任期届满后继续完成其任期内未完成的工作，只要得到上诉机构的批准并通知争端解决机构。美国认为，该规则侵犯了争端解决机构决定上诉机构成员任命或续任的权力。② 此外，美国对上诉机构成员准自动续任的程序也多有诟病。③

总体上，美国等主要贸易大国与 WTO 其他成员的观点分歧与互不妥协

---

① 参见 Martin Khor, "Analysis of the Doha Negotiations and the Functioning of the WTO（Nov. 25 2009）", https：//portal. forumsyd. net/upload/tmp/glufs/handel/MKhorAnalysisoftheDoha Negotiations 2009. pdf, 最后访问时间：2018 年 3 月 14 日。
② 参见 U. S. Mission to International Organizations in Geneva, "Statements by the United States at the Meeting of the WTO Dispute Settlement Body", https：//geneva. usmission. gov/2017/08/31/statements-by-the-united-states-at-the-august-31-2017-dsb-meeting/, 最后访问时间：2018 年 3 月 14 日。
③ 参见 U. S. Mission to International Organizations in Geneva, "Statements by the United States at the Meeting of the WTO Dispute Settlement Body", https：//geneva. usmission. gov/2018/03/01/statements-by-the-united-states-at-the-february-28-2018-dsb-meeting/, 最后访问时间：2018 年 4 月 14 日。

导致了 WTO 协定及其争端解决机制新方案的流产。其中,美国一直是新议题的异议者和反对者。实际上,美国一方面妨碍多边贸易体系的更新;另一方面,又将多边贸易机制的困境视为去多边化的理由,美国的逻辑无疑是自我循环的论证。

第二节 多边贸易争端解决机制的困境与美国去多边化

一 美国破坏 WTO 争端解决机制的举措

(一) 美国持续阻碍 WTO 上诉机构的正常运转

美国去多边化对多边贸易体系冲击最明显的是对 WTO 争端解决机制的挑战。美国已经成功阻碍 WTO 上诉机构成员的正常甄选,冲击了 WTO 争端解决的独立性与权威性。截至 2018 年 1 月,WTO 上诉机构已出现 3 位成员空缺。美国在争端解决机构会议上多次阻挠根据 DSU 成立甄选委员会,解决上诉机构成员空缺的问题,严重影响了 WTO 争端解决机制的正常运行。由于美国的阻挠,截至 2018 年 9 月,WTO 上诉机构只剩下 3 名成员,这对 DSU 所规定的上诉机构在 90 天内裁决案件的要求形成了巨大的挑战。

进一步地,到 2019 年底,印度籍大法官 Ujal Singh Bhatia 和美国籍大法官 Thomas R. Graham 的任期将到期。[①] 如果仍未完成增补,WTO 上诉机构将停止上诉案件的审理,因为其组成将不再具有 WTO 成员资格的广泛代表性。事实上,2018 年初,WTO 争端解决机构的代表性已经岌岌可危。目前,WTO 上诉机构缺乏欧洲、拉丁美洲以及相关的民法系统背景的大法官。[②]

表面上看,美国对于 WTO 争端解决机制主要指责两项内容:一是《上

---

① 参见 WTO,"Appellate Body Members",https://www.wto.org/english/tratop_e/dispu_e/ab_members_descrp_e.htm,最后访问时间:2018 年 4 月 29 日。

② 参见 Pieter Jan Kuijper,"From the Board: The US Attack on the WTO Appellate Body",*Legal Issues of Economic Integration*,Vol. 45,2018,p. 4。

诉机构工作程序》第 15 条关于案件未结束可延长上诉机构成员任期的规定；二是实践中上诉机构审理期限普遍超过 90 天的做法。有美国学者指出，如果不解决美国的上述关切，上诉机构存在的可能性几乎为零，如果解决这些问题，起码还有磋商的可能。

然而，WTO 前上诉机构成员理查德·埃尔南德斯、乔治·萨切尔多蒂等学者纷纷指出，美国的关切明显不在上诉机构任期与审理期限上，即使上述两项关切得到满足，它仍会提出新的要价。根本上，美国质疑的是上诉机构的权力。在实践中，美国贸易代表一直宣称，上诉机构不是法官，不是仲裁庭，其行为应受到成员的约束。换言之，美国认为它可以不执行那些对本国利益造成损害的裁决。而遵守裁决是 WTO 协定规定的成员义务。因此，本质上，短期内美国和多边贸易体系之间的分歧难以消弭。[①]

（二）美国频繁使用国家安全例外致使 WTO 陷入裁决困境

尽管美国对 WTO 争端解决机制的合法性进行质疑并阻碍争端解决机制正常运行，但有趣的是，2017~2018 年，美国仍在 WTO 中提起对欧盟、中国、印度、加拿大、墨西哥等成员的申诉。例如，在 2018 年，WTO 争端解决机构史无前例地收到了 26 份与美国有关的争议，其中，美国申诉案件为 7 个，被诉案件为 19 个（见表 1-4）。在申诉与被诉中，美国频繁地援引国家安全例外作为抗辩理由。

表 1-4 2018 年 WTO 争端解决涉美案件

案号	申诉方	被诉方	争议事项	请求磋商时间
DS574	委内瑞拉	美国	与货物和服务贸易有关的措施	2018 年 12 月 28 日
DS566	美国	俄罗斯	对美国某些产品的附加税	2018 年 8 月 27 日
DS565	中国	美国	某些货物的关税措施	2018 年 8 月 23 日

---

① 参见孙南翔《美国经贸单边主义：形式、动因与法律应对》，《环球法律评论》2019 年第 1 期。

续表

案号	申诉方	被诉方	争议事项	请求磋商时间
DS564	土耳其	美国	钢铁和铝制品的某些措施	2018年8月15日
DS563	中国	美国	与可再生能源有关的某些措施	2018年8月14日
DS562	中国	美国	对进口晶体硅光伏产品的保护措施	2018年8月14日
DS561	美国	土耳其	对美国某些产品的附加税	2018年7月16日
DS560	美国	墨西哥	对美国某些产品的附加税	2018年7月16日
DS559	美国	欧盟	对美国某些产品的附加税	2018年7月16日
DS558	美国	中国	对美国某些产品的附加税	2018年7月16日
DS557	美国	加拿大	对美国某些产品的附加税	2018年7月16日
DS556	瑞士	美国	钢铁和铝制品的某些措施	2018年7月9日
DS554	俄罗斯	美国	钢铁和铝制品的某些措施	2018年6月29日
DS552	挪威	美国	钢铁和铝制品的某些措施	2018年6月12日
DS551	墨西哥	美国	钢铁和铝制品的某些措施	2018年6月5日
DS550	加拿大	美国	钢铁和铝制品的某些措施	2018年6月1日
DS548	欧盟	美国	钢铁和铝制品的某些措施	2018年6月1日
DS547	印度	美国	钢铁和铝制品的某些措施	2018年5月18日
DS546	韩国	美国	对大型家庭洗衣机进口的保障措施	2018年5月14日
DS545	韩国	美国	对进口晶体硅光伏产品的保障措施	2018年5月14日
DS544	中国	美国	钢铁和铝制品的某些措施	2018年4月5日
DS543	中国	美国	对中国某些商品的关税措施	2018年4月4日
DS542	美国	中国	关于知识产权保护的若干措施	2018年3月23日
DS540	越南	美国	关于越南海产品的某些措施	2018年2月22日
DS539	韩国	美国	对某些产品的反倾销和反补贴税与可用事实使用问题	2018年2月14日
DS536	越南	美国	越南鱼片的反倾销措施	2018年1月8日

资料来源：世界贸易组织官网

正如施勒曼所言，国家安全问题是国际法的"阿喀琉斯之踵"。不管在哪个场合制定的国际法，都具有某种形式的国家安全事项漏洞，通常以明确的国家安全例外为形式。① 从文本上，WTO 协定的安全例外规定反映了对国家主权及成员方自我保护权利的尊重。② 从概念上，安全例外被称为"逃避条款"（escape clause）。③

历史上，大国倾向于不使用安全例外条款，其理由在于，安全例外规定反映了对国家主权及成员自我保护权利的全面尊重，具有自裁决的属性，即国家可对国家安全事项进行认定，这将导致国家变相地扩大对国家安全的解释。④ 1975 年 11 月，瑞典推行了对特定雨衣的全球进口配额，主张国内生产的显著下滑将对瑞典构成实质性威胁，进而构成安全政策不可分割的一部分。然而，由于瑞典的解释并不符合善意原则，关贸总协定委员会认为瑞典所谓的雨衣进口禁止理由构成对安全例外的滥用。

当前，美国认为钢铝产品与军事用途相关，并将其纳入国家安全范畴。国内外大多数学者认为，美国对国家安全的界定明显违反 WTO 协定和善意原则。然而，美国仍一意孤行，并试图从实体层面破坏 WTO 争端解决机制。

（三）美国鼓动其他 WTO 成员认可"中国例外论"

在国际社会，美国正鼓吹"中国例外论"，认为多边贸易机制不能约束所谓的中国政府及其企业"非市场经济行为"。例如，美国外国贸易委员会主席鲁弗斯·耶克萨指出："中美经贸的核心是处理中国的市场和投资问题。中国问题和墨西哥等其他国家的问题不一样。对于中国，美国要施加压力推动其放开市场并进行改革；对于墨西哥，美国要与其共享利益。"

---

① 参见 Hannes L. Schloemann, Stefan Ohlhoff, "'Constitutionalization' and Dispute Settlement in the WTO: National Security as an Issue of Competence", *American Journal of International Law*, Vol. 93, 1999, p.424。
② 参见 Andrew Emmerson, "Conceptualizing Security Exceptions: Legal Doctrine or Political Excuse?", *Journal of International Economic Law*, Vol. 11, No. 1, 2008, p.135。
③ 参见 Michael J. Hahn, "Vital Interests and the Law of GATT: An Analysis of GATT's Security Exception", *Michigan Journal of International Law*, Vol. 12, 1991, p.602。
④ 参见孙南翔《国家安全例外在互联网贸易中的适用及展开》,《河北法学》2017 年第 6 期。

第一章 美国去多边主义对 WTO 体制的威胁

在多边层面，美国正以"中国例外论"鼓动其盟友对中国进行施压。虽然美国和欧盟在钢铝税收上存在严重的分歧，但欧盟驻美国代表团特别贸易顾问珍妮佛·里卡迪指出，欧盟和美国经贸关切是透明度和合作问题，但欧盟对中国的关切主要是中国产品安全以及倾销问题。换言之，欧盟也认为中国经贸问题与其他国家并不相同。

当前，"中国例外论"正在国外理论界和经贸界成为一种逐渐壮大的声音。总体上，一些美国学者坚定认为中国存在大规模补贴，中国市场发展模式构成国家资本主义，因此，中国问题无法在 WTO 解决。该观点将导致 WTO 争端解决机构在处理中美经贸摩擦时被边缘化。

（四）美国政策的实质在于阻碍 WTO 机制的运转

在竞选美国总统时，特朗普一再强调 WTO 对美国是一个"灾难"。当前，特朗普及其贸易团队正评估是否退出全球多边贸易体系。理论上，美国退出 WTO 具有国内法制上的"合法性"。美国加入 WTO 前就决定成立一个专门委员会，负责审查 WTO 争端解决机构可能通过的、不利于美国的裁决报告。如果该委员会认定未能达到美国审理标准的 WTO 裁决报告在 5 年内累计超过 3 份，那么，美国将考虑作出决定退出 WTO。[①] 截至 2019 年 6 月，美国至少在 12 起 WTO 归零措施案中败诉。然而，与特朗普在竞选时所宣称的退出 WTO 不同，2017 年 12 月发布的《美国国家安全报告》指出，支持美国利益和反映美国价值的世界将使美国更加安全和繁荣，因此，美国必须在多边组织中进行抗争并且掌握领导力，进而保护美国利益和原则。美国的核心诉求在于塑造和改革国际金融和贸易机制，要求 WTO 在解决不公正贸易实践上更有效率。[②]

事实上，美国的根本目的不在于退出 WTO，而是阻碍 WTO 及其争端解决机制的正常运作。从历史上看，将经济作为外交工具是美国在外交领域

[①] 参见田丰《解决中美贸易争端的探讨》，《国际经济合作》2017 年第 9 期，第 50 页。
[②] 参见 The White House, "National Security Strategy of the United States of America", https://www.whitehouse.gov/wp-content/uploads/2017/12/NSS-Final-12-18-2017-0905.pdf, 最后访问时间：2018 年 2 月 1 日。

的一贯做法。① 例如，美国指出，保持在全球经济中的主导地位能够加强使用经济外交工具的能力，并对抗以国家为主导的经济体，进而保护美国和国际经济免受非法行为体的干扰。它还进一步指出，经济手段（包括制裁、反洗钱和反腐败措施、执法行动）对于恫吓、强制和限制对手是重要的。多边经济压力时常有效，因为其限制目标国家采取规避措施并寻求解决问题的能力。② 由此，美国的目的昭然若揭，它就是要威胁、破坏、阻碍多边贸易机制，进而迫使多边贸易体系朝着有利于其利益的方向改革。

二 美国对 WTO 争端解决机制的质疑

虽然 DSU 规定上诉机构只负责审理法律问题，然而，在实践中，大国之间的博弈导致 WTO 上诉机构也不得不面对敏感的政治问题。虽然 WTO 上诉机构取得了一系列令人瞩目的成果，但美国仍对 WTO 争端解决机制提出了三个合法性问题：上诉机构和专家组的过度管辖，争端解决机构条约解释的能动主义，以及争端解决裁决损害了成员管制权的自主性。

（一）上诉机构和专家组的过度管辖

根据 DSU 第 3.2 条规定，上诉机构不能增加或减少成员的权利和义务。美国指责上诉机构"创造规则"，③ 具体而言，有以下三点。第一，美国认为，上诉机构有时在争端解决报告中提及与申诉无关的事项。④ 例如，美国指出，在"阿根廷货物和服务案"中，上诉机构报告中超过 2/3 的内容都属于附带意见（obiter dicta），即上诉机构大篇幅地分析 GATS 中的不同条

---

① 参见赵柯《试论大国经济外交的战略目标——美国经济外交与大英帝国的崩溃》，《欧洲研究》2014 年第 4 期，第 63~75 页。
② 参见 The White House, "National Security Strategy of the United States of America", https://www.whitehouse.gov/wp-content/uploads/2017/12/NSS-Final-12-18-2017-0905.pdf, 最后访问时间：2018 年 2 月 1 日。
③ 参见 DSB, "Minutes of the Meeting", WT/DSB/M/315, June 27 2012, paras.74-75。
④ 参见 U.S. Mission to International Organizations in Geneva, "Statements by the United States at the Meeting of the WTO Dispute Settlement Body", https://geneva.usmission.gov/2018/03/01/statements-by-the-united-states-at-the-february-28-2018-dsb-meeting/, 最后访问时间：2018 年 4 月 1 日。

款，但是这些解释对于解决争议而言是无意义的。① 第二，美国认为，上诉机构有时对专家组未认定的事实问题作出认定。例如，在"美国丁香烟案"中，美国认为，在解决不同香烟的不同待遇问题时，上诉机构管辖过度，因为上诉机构解决了那些专家组并没有解决的事实问题。第三，美国对上诉机构嗣后协定认定也持有异议。美国不同意《2001年多哈部长宣言》第5.2条构成嗣后协定。它认为，若是嗣后协定构成协定，那么根据美国法律，该协定应经过国会批准。②

在对上诉机构和专家组的过度管辖提出批评的过程中，美国试图通过谈判解决此类问题，并且提出若干修改 DSU 的方案。③ 但是 WTO 争端解决机构并没有采纳，主要是因为烦琐的协商一致的决策要求。本质上，这是一个需要各成员妥协的过程，然而，美国却提出针对专家组和上诉机构的技术性缺陷。因此，上诉机构和专家组的过度管辖问题仍未得到解决。

（二）争端解决机构条约解释的能动主义

条约解释长期存在文本主义和能动主义的论战。WTO 争端解决机构曾长期被指文牍主义盛行。④然而，2010 年以来，一些西方学者抨击 WTO 上诉机构存在"司法能动主义"。⑤ 有学者认为，上诉机构在"美国双反案"中的"公共机构"认定体现了能动主义倾向。在上诉机构发布该认定后，3

---

① 参见 U.S. Mission to International Organizations in Geneva, "Statements by the United States at the Meeting of the WTO Dispute Settlement Body", https://geneva.usmission.gov/2016/05/24/statement-by-the-united-states-at-the-may-23-2016-dsb-meeting/，最后访问时间：2018 年 4 月 1 日。
② 然而，必须要指明的是，嗣后协定是以解释为目的的，并非取代或修改被解释的协定。在不违背成员共同意图的前提下，嗣后协定无须履行国内立法程序。
③ 参见 DSB, "Negotiations on Improvements and Clarifications of the Dispute Settlement Understanding on Improving Flexibility and Member Control in WTO Dispute Settlement, Contribution by Chile and the United States", TN/DS/W/28, December 23, 2002; WTO DSB, "Negotiations on Improvements and Clarifications of the Dispute Settlement Understanding, Further Contribution of the United States on Improving Flexibility and Member Control in WTO Dispute Settlement, Communication from the United States", TN/DS/W/82, October 24, 2005, and Addendum, TN/DS/W/82/Add.1, October 25, 2005。
④ 参见张月姣《亲历世界贸易组织上诉机构》，社会科学文献出版社，2017，第 171 页。
⑤ 参见 Chad P. Bown, Petros C. Mavroidis, "One (Firm) is not Enough: A Legal-Economic Analysis of EC-Fasteners", *World Trade Review*, Vol. 12, 2013, p. 270。

名曾参与制定原始条文的专家学者谴责该上诉机构作出的背离条约字面和精义的解释,认为上诉机构混淆了其逻辑性和连贯性。[1]

本质上,随着时间的推移,国际条约本身都应经过条约解释而成为不断发展的活文件。[2] 更何况,WTO 上诉机构将条约解释严格限定在《维也纳条约法公约》及国际习惯法中,并未割裂 WTO 协定与国际法的关系。例如,上述案件中对"公共机构"的解释采用了《国家对国际不法行为的责任条款草案》(以下简称《国际责任条款草案》),并参考了制订该草案的詹姆斯·克劳福德(James Crawford)教授的观点。[3] 毫无疑问,若上诉机构和专家组在条约解释的框架内,它具有裁量权,其他成员不应因立场的不同而主张上诉机构"越界"。

更明显的是,在"中国视听产品案"中,WTO 上诉机构对音像产品包括电子音像产品的解释遭到学界关于能动解释的批评。[4] 然而,美国却是演化解释的拥趸。[5] 这也从侧面反映了美国并未坚持一贯的立场,而仅是以其利益为出发点考察上诉机构解释的合理性,有违反国际法原则——"禁反言"之嫌。

(三) 争端解决裁决损害了成员管制权的自主性

美国认为,WTO 上诉机构过多地使用了它的权力,损害了成员国内管制的自主性。[6] 这体现在上诉机构对国内法的适用上。丹尼·罗德里克

---

[1] 参见 Michael Cartland et al.,"Is Something Going Wrong in the WTO Dispute Settlement?",*Journal of World Trade*,Vol. 46,2012。
[2] 参见孙南翔《论"发展的条约解释"及其在世贸组织争端解决中的适用》,《环球法律评论》2015 年第 5 期。
[3] 参见 Paul Blustein,"China Inc. in the WTO Dock:Tales from a System under Fire",*Center for International Governance Inovation Papers*,No. 157,December 2017。
[4] 参见 Shin-yi Peng,"Regulating New Services through Litigation? Electronic Commerce as a Case Study on the Evaluation of 'Judicial Activism' in the WTO",*Journal of World Trade*,Vol. 48,No. 6,2014,pp. 1189-1222。
[5] 参见 Appellate Body Report,"China — Measures Affecting Trading Rights and Distribution Services for Certain Publications and Audiovisual Entertainment Products",21 December 2009,WT/DS 363,para. 342。
[6] 参见〔英〕安德鲁·朗《世界贸易法律和新自由主义:重塑全球经济秩序》,王缙凌等译,法律出版社,2016,第 313 页。

(Dani Rodrik)主张贸易协定应给政府提供更大的"政策空间",以追求国内政策目标。① 美国认为,WTO 裁决机构不应决定在国内法下是否"正确"的事项,也不应忽视成员国国内法律体系的核心宪法原则。美国提及"美国双反执行案",指出上诉机构使用了长达 60 页的笔墨分析国内法。② 而实际上,该案上诉机构并没有对国内法作出解释,而是将其作为事实问题,确认争议措施是否属于《1994 年关税与贸易总协定》(GATT 1994)第 10.2 条的适用范围。③

进一步地,美国认为争端解决裁决损害成员国的管制权(the right to regulate),因为 WTO 案件越来越多地涉及公共健康、公共道德、环境保护、人权和劳工权利等领域。"贸易+"问题的频繁出现使得争端解决机构不得不面对新的问题。当然,WTO 争端解决机构无法解决所有类型的新问题。WTO 争端解决机构的有限管辖权限制了其解决所有新问题的可能性。④ 理论上,所有的条约解释都有其管辖范围,期待 WTO 协定解决所有的新问题是不切实际的。

第三节　国家市场经济模式与美国去多边化

关于去多边化的动因,美国声称中国市场经济模式对多边贸易机制形成挑战。然而,从历史上看,美国以市场模式问题作为攻击全球化的借口并非新主张。早在 20 世纪 70 年代,当日本经济崛起对美国造成威胁时,美

---

① 参见 Dani Rodrik, *The Globalization Paradox: Democracy and the Future of the World Economy*, W. Norton & Company, 2012; Dani Rodrik, "How to Save Globalization from Its Cheerleaders", *Journal of International Trade and Dispute*, Vol. 1, 2007, p. 1.
② 参见 U. S. Mission to International Organizations in Geneva, "Statements by the United States at the Meeting of the WTO Dispute Settlement Body", https://geneva.usmission.gov/2016/05/24/statement-by-the-united-states-at-the-may-23-2016-dsb-meeting/, 最后访问时间:2018 年 4 月 1 日。
③ 参见张月姣《亲历世界贸易组织上诉机构》,社会科学文献出版社,2017,第 262~266 页。
④ 参见 Mark Wu, "The 'China, Inc.' Challenge to Global Trade Governance", *Harvard Journal of International Law*, Vol. 57, No. 2, 2016, pp. 309-312.

国指责日本政府对出口商给予大规模的扶持,构成国家资本主义。① 本质上,用皮尔逊的话说,对于一个处于压力下的政府来讲,将不断上升的贸易赤字归咎于外国政府的不当行为是一个"非常好用的借口"。② 同时,美国认为,它与外国不同的制度和管制差异构成美国出口商的贸易壁垒,因为这种差异"扭曲"了外国产品和美国产品之间的公平竞争环境。③ 随后,从1989年开始,日美达成《日美结构问题协议》《日美综合经济协议》《日美规制缓和协议》等解决日本制度性问题的协议,这引发了日本的革命性规制改革,④ 当然也导致了日本经济的停滞不前。

与国家资本主义不同,中国实行的是中国特色社会主义市场经济。中国特色社会主义市场经济属于市场经济范畴。当前,中国经济已经基本成为市场经济,主要表现在:中国所有制结构的重大变化与企业市场主体地位的确立,绝大多数商品和服务的价格已经由市场所决定,劳动力就业已经完全由市场供求关系决定,以及要素市场的发育很大程度上已经由市场配置。⑤ 更为重要的是,在中国加入世界贸易组织谈判过程中,⑥ 中国特色社会主义市场经济制度已得到各国的关注和认可。因此,确有必要厘清中国市场经济模式与多边贸易体制的相符性,反驳美国的错误观点。

---

① 国家资本主义是用来反映政府在经济中的影响或者政府干预对经济影响广泛的情形。参见 Musacchio, Sergio G. Lazzarini, "Leviathan in Business: Varieties of State Capitalism and their Implications for Economic Performance", *Harvard Business School Working Paper 12-108*, 2012, pp. 3-4。

② 参见 Charles S. Pearson, *Free Trade, Fair Trade? The Reagan Accord*, University Press of America, 1988, p. 53。

③ 参见〔英〕安德鲁·朗《世界贸易法律和新自由主义:重塑全球经济秩序》,王缙凌等译,法律出版社,2016,第229页。

④ 参见赵瑾《全球化与经济摩擦——日美经济摩擦的理论与实证研究》,商务印书馆,2002,第260~279页。

⑤ 参见裴长洪《法治经济:习近平社会主义市场经济理论新亮点》,《经济学动态》2015年第1期,第4~7页;谢海定《中国法治经济建设的逻辑》,《法学研究》2017年第6期,第22页;蔡昉《中国改革成功经验的逻辑》,《中国社会科学》2018年第1期,第35~41页。

⑥ 谈判资料是判断条约解释的重要的补充资料,特别是在条约术语含义不清时。参见《维也纳条约法公约》第32条。

一　特定国家市场经济制度与 WTO 规则的相容性

《1947年关税与贸易总协定》（GATT 1947）就有解决"国家资本主义"的规则，这表明各国早在20世纪40年代就已经认识到，应将不同的经济模式纳入多边贸易体系。这体现在：其一，GATT 1947第27条规定"国家贸易企业"；其二，GATT 1947第6.1条规定的解释涉及反倾销调查中的非市场经济体；其三，对于反补贴问题，各成员加入WTO议定书也提及非市场经济体。[1] 从与GATT 1947秘书处取得联系到加入WTO，中国经历了近20年的时间。在此期间，中国向缔约国提交了大量中国外贸制度变化、中国关税变化等材料。

在多边层面，1987年10月，时任关贸总协定总干事邓克尔指出，GATT 1947目前还没有类似中国的情况，无论从法律还是经济方面看，中国要参加GATT 1947都是没有先例的。[2] 实际上，中国加入WTO谈判正是基于中国的独特国情展开的，甚至在GATT 1947工作组报告的早期，谈判的重点在于理解"GATT 1947原则下中国经济体制"，进而确保中国加入的条款和条件在中国义务和权利与条约缔约方义务和权利之间达成平衡。[3] 本质上，中国推行的社会主义市场经济体制正是中国成功加入WTO的条件。社会主义市场经济体制也得到当时的谈判国的认可。

1992年10月，党的十四大报告提出，我国经济体制改革的最终目标是建立社会主义市场经济体制。我国复关谈判审议阶段的核心问题随之迎刃而解。在1992年10月召开的GATT 1947中国工作组第11次会议上，工作组成员作出决定，结束对中国贸易制度的审议，转入实质性谈判阶段。[4]

在双边谈判层面，中国与美国等主要国家和地区的谈判也围绕中国的

---

[1] 参见 Weihuan Zhou, "Appellate Body Report on EU-Biodiesel: The Future of China's State Capitalism under the WTO Anti-Dumping Agreement", *World Trade Review*, Vol. 17, 2018。
[2] 石广生主编《中国加入世界贸易组织谈判历程》，人民出版社，2011，第56页。
[3] 参见 General Agreement on Tariffs and Trade, "Working Party on China's Status as A Contracting Party: Introduction and General Statements — Note by the Secretariat on 29 March 1988", https://docs.wto.org/gattdocs/q/index2.htm，最后访问时间：2018年3月1日，pp. 7-8。
[4] 参见石广生主编《中国加入世界贸易组织谈判历程》，人民出版社，2011，第5~6页。

市场经济制度及其特殊规则而展开。美国、欧共体均以社会主义市场经济体制为基础,与中国展开谈判和磋商。在谈判过程中,中国并没有承诺以背离社会主义市场经济体制作为复关或加入 WTO 的条件。

在法律文本上,《中国加入世界贸易组织议定书》规定了大量专门针对中国国情的超 WTO 承诺。例如,该议定书第 6.1 条要求中国应避免采取任何措施对国营贸易企业购买或销售货物的数量、价格或原产国施加影响或指导;第 9.1 条要求中国应允许每一部门交易的货物和服务的价格由市场力量决定。法律文本本身体现了谈判方之间的博弈。考虑到具体的国情,中国最初拒绝了美国提出的对中国使用特殊的反倾销规则,然而为解决谈判分歧,最终同意使用特殊反倾销规则进行谈判,并达成 15 年的期限。[1]

本质上,中国实行社会主义市场经济制度得到了美国等国家的关注和讨论,并在协定文本中实现了多方权利和义务的平衡。因此,美国将中国市场经济制度视为多边贸易体系威胁的理由是罔顾事实的,更不具备合理性。

不仅针对中国的市场经济制度,WTO 也明确越南、俄罗斯等成员采取符合自身发展模式的经济制度的可行性。例如,《越南加入世界贸易组织工作组报告》并未对越南经济制度提出质疑,而仅仅审查了具体的经济政策和外商贸易体系。[2] 实际上,《越南加入世界贸易组织工作组报告》大幅度地借鉴了《中国加入世界贸易组织议定书》等内容。例如,该工作组报告指出,一些成员指出针对越南进口产品的反倾销和反补贴调查中,认定成本和价格可比性存在特殊困难。由此,越南也接受了在贸易救济调查中进口成员不严格使用越南国内价格或成本的计算方法。[3] 2015

---

[1] 参见 Weihuan Zhou, Delei Peng, "EU-Price Comparison Methodologies (DS516): Challenging the Non-Market Economy Methodology in Light of the Negotiating History of Article 15 of China's WTO Accession Protocol", *Journal of World Trade*, Vol. 52, 2018, pp. 519-533。

[2] 参见 World Trade Organization, "Report of the Working Party on the Accession of Vietnam", WT/ACC/VNM/48, 27 October 2006, p. 2。

[3] 参见 World Trade Organization, "Report of the Working Party on the Accession of Vietnam", WT/ACC/VNM/48, 27 October 2006, pp. 65-66。

年,《哈萨克斯坦加入世界贸易组织议定书》在尊重哈萨克斯坦发展模式的同时,也更加系统地厘清了哈萨克斯坦国有企业和国有控制企业的市场运行规则。[①]

毫无疑问,作为国际贸易唯一的多边机制,WTO 协定认可并尊重多元化的市场经济制度。针对特定成员发布的具体经济规则可能影响全球贸易自由流动并对市场经济造成扭曲,WTO 协定通过贸易救济规则实现公平的市场经济条件。实际上,WTO 协定承认中国、越南等国家存在市场经济,在特殊反倾销调查规则中还允许相关行业或企业证明其市场化水平。由此,以 WTO 协定为核心的多边贸易机制认可成员对经济制度的选择,并鼓励多元化市场经济模式的发展。

实践中,美国致力于在 WTO 层面迫使特定国家成为"二等公民",并且要求 WTO 新加入成员承担超 WTO 义务的"潜规则",即所谓的"WTO 入门费",[②] 这本身就违反了非歧视的要求。然而,本质上,上述超 WTO 义务仍是在多方参与、共同磋商的基础上达成的。从某种意义上讲,根据有约必守原则,超 WTO 义务因新加入成员的承诺而成为有拘束力的条款,仍具有形式上的合法性,并没有突破传统的国际法理论和实践。

二 特定国家市场经济模式的适用与 WTO 争端解决机制

中国宪法第 6 条第 2 款规定:"国家在社会主义初级阶段,坚持公有制为主体、多种所有制经济共同发展的基本经济制度,坚持按劳分配为主体、多种分配方式并存的分配制度。"同时,第 15 条规定国家实行社会主义市场经济。实际上,中国市场经济模式是以公有制为主体、多种所有制经济共同发展的基本经济制度。中国自主选择的市场经济模式并不为 WTO 协定约束,也不为 WTO 争端解决机制管辖。

---

① 参见 World Trade Organization, "Report of the Working Party on the Accession of the Republic of Kazakhstan", WT/ACC/KAZ/93, 23 June 2015, pp. 24-27。
② 参见 Joost Pauwelyn, "Enforcement and Countermeasures in the WTO: Rules are Rules — Toward a More Collective Approach", *American Journal of International Law*, Vol. 94, No. 2, 2000, pp. 335-347。

（一）特有的文化制度与 WTO 规则的关联性

WTO 争端解决实践表明，上诉机构和专家组尊重成员特有的文化制度。国家规制本身反映国家的文化偏好并回应国内需要，尽管国家规制可能会产生一定的负面影响，但是该措施应得到尊重。[①] 中国具有特殊的政治体制和文化传统，因此，规制措施本身体现了作为集体的国家观念与偏好，WTO 协定并不能强制更改。

在"中国视听产品案"中，美国认为中国不保护未经授权或分销的作品的知识产权违反了《与贸易有关的知识产权协定》第 9.1 条和第 41.1 条，以及《伯尔尼公约》第 5.1 条。[②] 相反地，中国主张《伯尔尼公约》第 17 条能够推演出审查的合法性。最终，WTO 专家组认可了中国对内容进行审查的权利，并认定中国审查内容的权利并未削弱保护禁止性内容的知识产权的义务。[③] 换言之，该案专家组认可了中国对版权内容进行审查的权利。

同时，中国主张 GATT 1994 第 20 (a) 条的公共道德例外能够将违反义务的行为正当化。中国认为，在某种程度上，文化产品和服务本身是具有文化属性和价值的载体，对该类产品的进口和分销将会对公共道德产生负面影响，这对中国非常重要。[④] 通过援引"美国博彩案"上诉机构的观点，即每个成员都有决定"是非行为标准"的自由，该案专家组最终认可了中国对公共道德价值的援引。[⑤]

该案上诉机构强调其并没有主张中国政府负有独立审查内容的责任，

[①] 参见 Michael Ming Du, "Domestic Regulatory Autonomy under the TBT Agreement: From Non-discrimination to Harmonization", *Chinese Journal of International Law*, Vol. 6, No. 2, 2007, p. 274。

[②] 参见 Panel Report, "China-Audiovisual Products", WT/DS363/R, 12 August 2009, para. 2.3。

[③] 参见 Panel Report, "China-Audiovisual Products", WT/DS363/R, 12 August 2009, paras. 7.131-7.132, 7.139。

[④] 参见 Panel Report, "China-Audiovisual Products", WT/DS363/R, 12 August 2009, paras. 7.816-7.818。

[⑤] 参见 Panel Report, "China-Audiovisual Products", WT/DS363/R, 12 August 2009, para. 7.863。

而仅是认同美国提出的措施具有可替代性;① 同时,上诉机构与专家组均认可了中国对内容进行审查的权利,但也要求对内容审查的制度不超过实现合法目标所必要的限制性。② 由此,中国的文化传统不应受到多边贸易机制的约束。

(二) 特定市场经济制度与WTO规则的关联性

WTO协议及其争端解决机构无法对国家经济制度进行干预。根据DSU,WTO争端解决机构的核心在于确定争议措施是否符合WTO协定。美国对中国市场经济制度的指责构成了对国家制度的非法干涉,不属于WTO协定所管辖的成员权利与义务。例如,在"美国双反执行案"中,美国商务部宣称,中国"维持和支持社会主义市场经济"可认定为相关公共机构行使政府功能。③ 然而,专家组拒绝如此宽泛地认定中国经济制度与WTO协定的相符性问题,认为对中国经济的争议只能具体问题具体分析,笼统地认定中国经济存在国家干预是错误的,中国特色社会主义市场经济制度并非直接证明市场存在扭曲的证据。

美国频繁地指责中国的产业政策。④ 在"中国原材料案"和"中国稀土案"中,美国认为,中国政府试图协调关键矿产的上游提供者的行为,进而最大化国内下游企业。WTO争端解决机构指出,国家的协同政策或产业政策不能限制贸易活动。如果此类协同政策或产业政策限制了竞争,那么上诉机构将认定此类政策违反GATT 1994和《中国加入世界贸易组织议定书》。⑤

---

① 参见 Appellate Body Report, "China-Audiovisual Products", WT/DS363/AB/R, 21 December 2009, para. 335。
② 参见孙南翔《互联网规制的国际贸易法律问题研究》,法律出版社,2017,第280~283页。
③ 参见 Final Report of the Panel, "United States — Countervailing Duty Measures on Certain Products from China, Recourse to Article 21.5 of the DSU by China", WT/DS437/RW, 21 March 2018, para. 7.25。
④ 参见 USTR, "Price Comparison Methodologies (DS516) U.S. Third Party Submission on November 21, 2017", https://ustr.gov/sites/default/files/enforcement/DS/US.3d.Pty.Su.pdf,最后访问时间:2019年4月29日。
⑤ 参见 Mark Wu, "The 'China, Inc.' Challenge to Global Trade Governance", Harvard Journal of International Law, Vol. 57, No. 2, 2016, pp. 296-297。

换言之,中国市场经济制度并不为 WTO 协定所约束。本质上,任何国家都有权选择适合自身国情的经济制度。WTO 争端解决机构从未否认中国的市场经济制度。正确的做法应该是分析中国市场经济制度的具体规则是否扭曲了市场并违背 WTO 协定。在多边贸易机制层面,美国对中国市场经济制度的指责无法成立。

(三) 中国市场经济模式不能构成美国去多边化主义的理由

虽然美国将中国视为竞争对手,甚至指责中国市场经济模式破坏了多边贸易体制,但是实际上,中国社会主义市场经济模式在中国加入 WTO 前,就已经得到当时的谈判各方的理解与认同,而且中国社会主义市场经济模式与 WTO 多边贸易机制具有相容性。实践中,WTO 上诉机构和专家组也曾对中国市场经济制度运行中的某些具体规定提出质疑。换言之,一成员不应该对政府和企业之间的关联进行宽泛的认定。更何况,政府和企业之间关系或融洽或隔离本身是由国家的文化、历史发展和客观实践所决定的。美国 301 调查报告表明,美国实际上质疑中国的整个经济制度,将政府、国有企业、国家实验室,甚至技术专家等都视为资金、信息、技术的统一体,并认为中国的市场主体间存在各种复杂的联系。[1] 本质上,美国的主张是对中国文化的否定,甚至可谓对整个亚洲文化体系的否定。[2] 这显然违背相互尊重的国际法基本原则。

WTO 专家组尊重和认可成员享有认定特定事实与法律的权限,[3] 并且上诉机构并非事实的审理者(triers)。[4] 因此,除非确有证据表明竞争性的市场环境被破坏,否则 WTO 争端解决机构不应对政府和企业关联问题进行过多干涉。综合而言,美国不应将中国市场经济制度(甚至其他与美国并不

---

[1] 参见 USTR, "Findings of the Investigation into China's Acts, Policies, and Practices Related to Technology Transfer, Intellectual Property, and Innovation Under Section 301 of the Trade Act of 1974", https://ustr.gov/sites/default/files/Section%20301%20FINAL.PDF, 最后访问时间:2018 年 4 月 1 日。

[2] 参见〔美〕塞缪尔·亨廷顿《文明的冲突》,周琪等译,新华出版社,2017,第 188~189 页。

[3] 参见孙南翔《裁量余地原则在国际争端解决中的适用及其拓展》,《国际法研究》2018 年第 4 期。

[4] 参见世界贸易组织 DSU 第 17.6 条。

相同的经济制度）视为异类，而应充分尊重各国选择市场经济制度的自主性，并通过多边贸易机制关于非歧视性和政府作用的规定，推动实现全球市场竞争的开放性、公正性和公平性。

三 政企关系与 WTO 规则的相关性：基于"中国双反案"的分析

（一）"中国双反案"的核心关切

2011 年 3 月 11 日，WTO 争端解决机构上诉机构就美国对来自中国的某些产品的最终反倾销和反补贴税措施案（DS379 案）作出裁决，其中涉及中国的国有企业和国有商业银行可否被视为《补贴与反补贴措施协定》（以下简称《反补贴协定》）中的"公共机构"事项。[①]

在该案中，美国商务部在针对不同产品的反补贴调查中，将中国国有企业和国有商业银行视为公共机构，其主要依据是政府拥有国有企业多数股权。中国认为，公共机构应是政府授权、行使政府职能的机构，因此，美国基于多数股权认定公共机构的做法是错误的。同时，中国也认为，美国商务部认定中国国有企业的投入（inputs）和国有商业银行的贷款构成对公共机构的财政资助，违反了对"公共机构"术语的适当解释。

该案上诉机构认为《反补贴协定》提出了补贴的两个要素——财政资助和利益。针对"财政资助"，第 1.1（a）(1) 条列出相关的行为，又指明实施行为的实体。该条区分两个主要类别的实体——具有"政府性质"的实体和"私营机构"。如果一个实体具有政府性质，且其行为属于第 1.1（a）(1)(i)~(iii) 或者 (iv) 条第 1 句的范围，那么便存在财政资助。然而，当实体是私营机构且其行为属于第 1.1（a）(1)(i)~(iii) 条的范围时，只有在政府和该行为之间存在委托或指示的必要联系时才存在财政资助。随后，上诉机构通过《维也纳条约法公约》所规定的习惯性解释

[①] 参见 Appellate Body Report, "United States — Definitive Anti-Dumping and Countervailing Duties on Certain Products from China", WT/DS379/AB/R, 11 March 2011, paras. 284~345；张月姣《亲历世界贸易组织上诉机构》，社会科学文献出版社，2017，第 487~489 页。

规则对"公共机构"进行了解释。

针对国有企业和国有商业银行是否可以被认定为"公共机构",该案上诉机构认为,对特定企业是否为公共机构的认定,必须在狭义层面上分析该实体的核心特征及其与政府的关系。该分析主要集中在该实体是否由政府机构所有(the entity is vested with)或行使职权。在本争议中,美国商务部"绝大多数"(principally)依赖于与所有权(ownership)相关的信息,在上诉机构看来,这是不够的,因为政府所有权的证据并非政府实体有效控制的证据,也不能作为政府机构行使政府职能的证据。因此,单独所有权证据不能支持对某一实体构成公共机构的认定。

对中国国有商业银行构成公共机构的认定,美国商务部主要基于如下事实:(1)"中国的银行近乎全部为国家所有";(2)《中华人民共和国商业银行法》第34条规定"商业银行根据国民经济和社会发展的需要,在国家产业政策指导下开展贷款业务";(3)表明国有商业银行缺乏足够的风险管理和分析技能的书面"证据";(4)"在调查中,美国商务部并没有获得以全面的方式记录关于申请、拨付和评估对铜版纸行业拨付贷款的程序的证据"。

该案上诉机构认为,美国商务部对中国国有商业机构构成公共机构的分析比对国有企业的分析更为广泛,特别考虑了《中华人民共和国商业银行法》第34条关于"商业银行根据国民经济和社会发展的需要,在国家产业政策指导下开展贷款业务"的规定。同时,美国商务部考察了中国银行的《全球公开招股书》(Global Offering)的内容节选,该文件规定"《中华人民共和国商业银行法》要求商业银行在制定贷款决定时考虑政府的宏观政策",并且"根据相关政府政策,鼓励商业银行限制向特定行业拨付贷款"。美国商务部还考察了2005年的OECD报告,指出中国"国有商业银行的总行行长受政府任命,并且政党对任命具有显著的影响力"。进一步地,美国商务部还认为中国国有商业银行缺乏足够的风险管理和分析技能。此外,多项中国国内法规和文件明确揭示了商业银行需按照国家政策开展贷款业务。美国商务部也基于国有商业银行代表中国政府行使政府职能的证据认定国有商业银行构成公共机构。由此,上诉机构认为,根据美国商务部提供的证据,中国的国有商业银行构成公共机构。其他 WTO 案件也有相似的分析思路。①

(二) WTO 框架下的政企关系及其启示

2010 年 10 月 22 日, WTO 争端解决机构专家组就美国对来自中国某些产品的最终反倾销和反补贴税措施案 (DS379 案) 作出裁决, 将《反补贴协定》第 1.1 (a) (1) 条中的"公共机构"解释为"政府控制的任何实体", 并据此标准将中国的国有企业及国有商业银行认定为公共机构。2011 年 3 月 25 日, 上诉机构推翻了专家组对"公共机构"的结论, 支持中国提出的"公共机构是被授权行使政府职能的实体"这一主张, 但仍认定中国的国有商业银行构成公共机构。同时, 该机构也裁定美国对由中国国有企业提供原材料的涉案产品征收反补贴税的做法违反其在《反补贴协定》第 19.3 条、第 10 条以及第 32.1 条项下的义务。

实际上, 上诉机构根据《反补贴协定》对"公共机构"的定义, 采取了履行政府职权的认定标准。其中, 重要的政企关系的证据为:《中华人民共和国商业银行法》、中国银行《全球公开招股书》、天津市政府审核报告等多项中国国内法规和文件明确揭示了商业银行需按照国家政策开展贷款业务。我国商业银行因此被认为并非全面依据市场标准行事。② 本案对国有企业、国有商业银行与补贴的关系进行了较为系统的梳理。

美国认为中国政府的规制模式干预了中国市场的发展。本质上, 这涉及政府与企业关系的问题, 特别是国有企业。在市场经济中, 政府拥有或控制企业不违反 WTO 协定, 但若政府授权企业履行职能, 那么就可能影响市场经济的公平竞争。

第一, 政府对企业的拥有或控制本身不违反 WTO 协定。

在"美国双反执行案"报告中, 专家组拒绝了美国商务部的观点, 即中国的土地为国有, 中国任何地方给予的土地使用权满足补贴的专项性认

---

① 参见张月姣《亲历世界贸易组织上诉机构》, 社会科学文献出版社, 2017, 第 487~489 页。
② 我国在"中美'双反'措施案"中是申诉方, 不需要根据争端解决机构 (DSB) 的建议修改国内法律、法规, 因此, 我国《商业银行法》第 34 条未作修改。不过, 笔者建议对其进行修改或由全国人大常委会对该条作出进一步解释, 以避免我国商业银行在今后可能遭遇的反补贴调查中陷于被动。

定。进一步地,专家组指出,仅凭政府对经济的控制这一因素不足以认定市场扭曲,还应更具体地审查美国的调查结论。① 美国商务部认定中国国有企业和国有商业银行为公共机构,该结论主要基于政府拥有国有企业多数股权的事实。② 在美国看来,国家的大多数股权是一个完美的有效标准,因为"企业的大多数拥有者可以任命企业的董事会,又能选择公司的管理者。即使所有者无须日常干预,管理者都将最终对所有者负责"。而中国认为,中国的商业银行基于独立标准认定是否向申请人提供贷款并确定贷款利率和贷款时间。该案上诉机构拒绝了宽泛地通过所有权的控制认定国有企业行使公共机构的职能进而扭曲市场的观点。

第二,若国有企业行使政府职能,则有悖公平竞争原则。

在"美国双反执行案"中,上诉机构指出,《反补贴协定》中的公共机构应该具有与政府共同的核心特点,即"行使政府职能或被授权行使政府职能"。③ 美国商务部调查指出,中国工商银行构成公共机构。④ 由于中国工商银行与中国政府之间的关系较为明确,并且有证据表明工商银行受到政府控制并行使其部分职能,因此该案上诉机构也认同中国工商银行构成《反补贴协定》中的公共机构。⑤

WTO 上诉机构确定的上述标准实际上也体现为国际习惯法。《国家责任条款草案》体现了国际习惯法和一般法律原则,规定了国家的归因原则。依据该草案第 5 条规定,非国家机构的行为若是被归因为国家,那么该机构应被认为行使了政府的职权。⑥ 上述认定在嗣后"美国碳钢(印度)案"

---

① 参见 Panel Report, "United States — Definitive Anti-Dumping and Countervailing Duties on Certain Products from China", WT/DS379/R, 22 October 2010, para. 17. 1 (b) (ii)。
② 参见 Appellate Body Report, "United States — Definitive Anti-Dumping and Countervailing Duties on Certain Products from China", WT/DS379/AB/R, 11 March 2011, para. 277。
③ Appellate Body Report, "United States — Definitive Anti-Dumping and Countervailing Duties on Certain Products from China", WT/DS379/AB/R, 11 March 2011, para. 290。
④ 参见 Appellate Body Report, "United States — Definitive Anti-Dumping and Countervailing Duties on Certain Products from China", WT/DS379/AB/R, 11 March 2011, para. 349。
⑤ 参见 Appellate Body Report, "United States — Definitive Anti-Dumping and Countervailing Duties on Certain Products from China", WT/DS379/AB/R, 11 March 2011, para. 355。
⑥ 参见 Appellate Body Report, "United States — Definitive Anti-Dumping and Countervailing Duties on Certain Products from China", WT/DS379/AB/R, 11 March 2011, para. 308。

的上诉机构报告中得到进一步认可。①

由此可见,政企关系本身并不必然违反 WTO 规则,而应该坚持具体案件具体分析的思路确定个案中的政企关系是否影响正常的商业交往。

本章小结

在历史上,美国频繁地使用单边政策,实现其国际和国内政治目的。例如,1977 年,美国指责国际劳工组织中"政治"支配一切而声明退出,但 3 年后又重新申请加入。因此,本质上,去多边化政策是美国实现国家利益的手段。与退出 WTO 相比,美国阻碍多边贸易机制正常运作的危害性更大,有可能直接拖垮整个全球贸易体系。为解决目前美国去多边化导致的国际法治危机,我们应该开始探索去多边化背景下的全球化策略。

长期以来,WTO 难以对其文本进行修订和更新体现了决策机制的失灵。例如,GATS 采取的是渐进自由化的路径,时至今日,各成员方仍未就进一步自由化的问题达成任何意见。从某种程度上讲,WTO 成员已经违反条约规定,② 其根本原因在于 WTO 固守通过协商一致进行决策的机制。理论上,WTO 可采取新的理念和方式实现共识最大化。根据《建立世界贸易组织的马拉喀什协定》第 9 条规定,在成员方无法经协商一致作出决定时,争论中的事项应该通过投票决定。根据不同的事项,WTO 规定了不同的多数票决规则。③

更为重要的是,WTO 协定存在很多建设性模糊的条款。建设性模糊是谈判者所接受并认同的。谈判者认为,模糊规定是适当的,因为在此类规

---

① 参见 Appellate Body Report, "US-Carbon Steel (India)", WT/DS436/AB/R, 8 December 2014, para. 4.29。
② 例如,GATS 第 19 条规定各成员应在 WTO 协定生效后 5 年开始并定期举行连续回合的谈判,以逐步实现更高的自由化水平。但迄今为止,各方仍未实现更高的自由化程度。
③ 根据《建立世界贸易组织的马拉喀什协定》第 9 条规定,一般的部长级会议和总理事会的决定应以所投票数的简单多数作出;若部长级会议或总理事会对 WTO 协定作出专有解释,则需要由成员的 3/4 多数作出;在特殊情况下,部长级会议对 WTO 协定要求成员承担义务的豁免,需要由成员的 3/4 多数作出。

则被具体化之前，进一步的磋商具有必要性。当然，美国目前关切的事项都颇具难度。这些事项至少包括反倾销案件中的"归零"问题、GATT 1994 第 21 条下的安全例外问题等。有学者指出，若是上诉机构频繁面对政治问题的申诉，那么这将对整个 WTO 体系产生威胁。[1] 本质上，WTO 争端解决机制遇到的指责是不公平的。自 WTO 建立以来，虽然客观情势发生了巨大变化，但是上诉机构和专家组仍面对那些长期未作修改和补充的 WTO 协定。规则的长期不更新对争端解决机构的裁决产生了极大的压力。争端解决机构要么作出滞后于实践的裁决，要么面对司法能动主义的批评。

为解决部分成员对 WTO 争端解决机制的批评，WTO 成员应承认 WTO 上诉机构和专家组在其管辖范围内享有认定事实和适用法律的权力。若成员不认同 WTO 专家组和上诉机构的过度管辖、能动解释等问题，可以通过将建设性模糊条款或有争议的裁决提交 WTO 相关委员会，进而磋商新规则或启动有权解释。[2] 通过有权解释的方式，WTO 创设新的法律依据，成员可由此实现对 WTO 上诉机构和专家组裁决的约束。同时，WTO 成员可以同意上诉机构的额外程序，由争端解决机构提交关于诉讼中的法律不确定问题，供 WTO 成员进行讨论、磋商并决策。

总体而言，WTO 应该抛弃绝对民主的信念，转而寻求民主集中。理论上，WTO 是以协商一致原则为基础，但是如果协商一致无法实现，那么应该按照多数票决定。因此，WTO 及其争端解决机构应该重视发挥多数票决制度的作用。

---

[1] 参见 Ilaria Espa, Philip I. Levy, "The Analogue Method Comes Unfastened — The Awkward Space between Market and Non-Market Economies in EC-Fasteners (Article 21.5)", *World Trade Review*, Vol. 17, 2018, p. 333.

[2] 参见 Tetyana Payosova, Gary Clyde Hufbauer, Jeffrey J. Schott, "The Dispute Settlement Crisis in the World Trade Organization: Causes and Cures", https://piie.com/publications/policy-briefs/dispute-settlement-crisis-world-trade-organization-causes-and-cures, 最后访问时间：2019 年 3 月 15 日。

第二章　美国新互惠主义对"非市场经济国"的约束

作为特朗普政府的重要经贸外交成果,《美墨加协定》被称为美国21世纪贸易协定的新范本。《美墨加协定》延续了美国对贸易对象国进行区别对待的传统,对非市场经济国投资者和国有企业的贸易投资行为进行了严格限制,甚至开始在区域层面推广针对非市场经济国的"毒丸"条款。这严重损害了第二次世界大战以来多边贸易体系中的非歧视待遇原则,并形成了美国新互惠主义。《美墨加协定》关于非市场经济国的特殊规则违反了条约不对第三国施加义务、区域贸易自由化以及善意、禁反言等国际法规范。基于此,我们应从国际法角度认识并解决美国新互惠主义的不当约束。[①] 作为利益相关方,中国应积极回应所谓的"非市场经济国"指责,以维持和完善公平竞争秩序的方法推进国内市场经济改革,并深化中国和美洲国家的经贸关系,坚定不移地捍卫全球化。

第一节　美国对贸易对象国区别对待的传统

2017年,世界政治经济的"黑天鹅"事件不断出现。随着英国脱欧进程启动、美国特朗普上台,多边经贸体系面临严峻的挑战。2018年9月30日,美国、加拿大和墨西哥历时13个月的自由贸易协定谈判落下帷幕。三国一致同意将新贸易协定命名为《美墨加协定》,并于2018年11月30日共

[①] 参见孙南翔《〈美墨加协定〉对非市场经济国的约束及其合法性研判》,《拉丁美洲研究》2019年第1期。

同签署。在对传统议题规则进行补充和调整外,《美墨加协定》还规定了限制非市场经济体及其贸易与投资者权利的特殊规则。

对非市场经济体实施特殊规则并非新议题。在既有文献中,国内外学者主要围绕非市场经济体认定、WTO 协定下的非市场经济地位、中国市场经济制度等问题而展开讨论。在对非市场经济体的认定上,西方学者和中国学者产生了一定的分歧。例如,有学者认为中国不是市场经济国家,[①] 但也有许多学者研究认为,中国经济已经基本成为市场经济。[②] 在 WTO 协定下,对非市场经济地位的认识也有差异。有观点认为,反倾销中的替代方法在中国加入 WTO 15 年后仍适用,除非中国政府能够根据缔约国国内法证明整个中国经济体具备市场经济条件。[③] 然而,中国学者主张中国的市场经济地位问题与替代方法并不相关,WTO 成员在期限届满后,不能获得反倾销中适用替代方法的合法性。[④] 还有观点指出,在加入 WTO 15 年后,中国应该获得与其他成员一致的法律地位,不应该再被特殊化。[⑤] 然而,遗憾的是,上述研究成果主要集中在 WTO 协定下,而鲜有从双边或区域贸易实践出发分析非市场经济体的特殊规则。

2018 年以来,美国通过《美墨加协定》试图重塑关于非市场经济国的规则体系,体现了美国新互惠主义,这无疑具有更大的破坏性。一方面,由于美国对贸易对象国区别对待的做法与 WTO 最惠国待遇原则的相符性问

[①] 参见 Barbara Barone, "One Year to Go: The Debate over China's Market Economy Status (MES) Heats Up", https://www.eesc.europa.eu/resources/docs/one-year-to-go.pdf, 最后访问时间: 2019 年 3 月 1 日, pp. 4-5。

[②] 参见裴长洪《法治经济:习近平社会主义市场经济理论新亮点》,《经济学动态》2015 年第 1 期,第 4~7 页。

[③] 参见 Ritwik Bhattacharya, "Three Viewpoints on China's Non-Market Economy Status", *Trade, Law and Development*, Vol. 9, No. 2, 2017, pp. 188 - 196; James J. Nedumpara, Archana Subramanian, "China's Long March to Market Economy Status: A Study of China's Protocol of Accession and Member Practices", in James J. Nedumpara, Weihuan Zhou (ed.), *Non-Market Economies in the Global Trading System: The Special Case of China*, Springer Publishing, 2018, pp. 13-64。

[④] 参见左海聪、林思思《2016 年后反倾销领域中国(非)市场经济地位问题》,《法学研究》2017 年第 1 期,第 157~174 页。

[⑤] 参见彭德雷《2016 年后的"非市场经济地位"——争论、探究与预判》,《国际贸易问题》2015 年第 6 期,第 166 页。

第二章 美国新互惠主义对"非市场经济国"的约束

题长期受到质疑,① 美国试图绕开多边经贸机制,进而寻求在双边或区域贸易协定层面形成事实性的约束非市场经济国的规则体系;另一方面,美国逐步探索以经济联盟的形式,通过制定共同标准对抗其他所谓的非市场经济国家。在此层面上,我们不应排除美国在与其他国家签订经贸协定时继续附加此类条款。② 因此,对《美墨加协定》非市场经济国约束规则的系统梳理与研究具有必要性和现实意义。鉴于此,笔者拟从《美墨加协定》对非市场经济国特殊规则的分析出发,重点阐述《美墨加协定》非市场经济国规则的危害及其违法性,以此为基础,提出应对《美墨加协定》特殊规则的建议和策略。

实际上,美国存在对贸易对象国区别对待的传统。它频繁地将特定国家标识为敌对国家、非正常贸易关系国等,将最惠国待遇碎片化。在国内法层面,早在1951年,美国就在其《贸易协定延长法》第5章规定终止给予所有共产党执政国家最惠国待遇的地位。该条款在1974年被《杰克逊-瓦尼克修正案》取代,该修正案旨在禁止给予苏联等限制移民的非市场经济国家最惠国待遇。在实践中,此类条款使得美国授予最惠国待遇条件与他国社会制度相联系,进而使得美国可以对从非市场经济国家进口的产品课征远高于从正常贸易国家进口产品的关税。③

在双边层面,美国通过实施区别对待的政策,掌握了在对外贸易谈判中的主动权。以中美经贸谈判为例。1979年10月前,美国拒绝给予中国最惠国待遇地位。由于中美关系的历史性转折,自1979年《中美贸易关系协定》生效后,美国决定对中国豁免适用拒绝授予最惠国待遇条款。为此,美国总统须在每年7月豁免期满前30天通知美国国会是否延长对中国的豁

---

① 参见 Julia Ya Qin, "'WTO-Plus' Obligations and Their Implications for the WTO Legal System: An Appraisal of the China Accession Protocol", *Journal of World Trade*, Vol. 3, No. 3, 2003, p. 484.

② 参见熊洁、万容《从北美自由贸易协定到美墨加三国协定》,《学习时报》2018年10月29日,第2版。

③ 参见 William H. Cooper, "The Jackson-Vanik Amendment and Candidate Countries for WTO Accession: Issues for Congress", https://fas.org/sgp/crs/row/RS22398.pdf, 最后访问时间: 2018年4月1日, p. 1.

免。1989年后，美国国会据此形成了对华最惠国待遇年审制度。通过逐年审查是否授予中国最惠国待遇，美国不断以人权、知识产权保护、"复关"和"入世"等问题施加压力，① 并与中国达成《中美保护知识产权谅解备忘录》《中美市场准入谅解备忘录》《中美知识产权保护协议》等多项协议。1999年，中美两国就中国加入世界贸易组织达成双边协议。2000年，美国国会批准给予中国在美永久性正常贸易地位。至此，中美两国在制度层面解决了不公正的对华贸易待遇问题。

在多边层面，即使《关税与贸易总协定》和世界贸易组织体系明确将无条件的最惠国待遇视为自由贸易的基石，然而，美国仍然寻求对不同类型的国家进行区别对待。其一，美国频繁地利用《建立世界贸易组织的马拉喀什协定》第13条与GATT 1947第35条的互不适用条款，实现对新加入成员的区别对待。例如，罗马尼亚、匈牙利于1971年、1973年加入GATT 1947，蒙古于1997年加入WTO，美国均在当时援引互不适用条款，不同意在彼此之间适用GATT 1947和WTO协定权利与义务。② 其二，美国终止对部分GATT 1947和WTO创始成员最惠国待遇。捷克斯洛伐克是GATT 1947的创始成员，于1951年转型为共产党执政国家，美国随即终止给予该国最惠国待遇，并获得其他缔约成员对此举的批准。古巴也是GATT 1947的创始成员。1962年，美国对古巴全面贸易禁运并终止最惠国待遇，但其并未寻求多边机制的批准，而古巴也未就美国禁止最惠国待遇提起申诉。③ 其三，美国通过对新成员施加特殊的规则实现差别化对待。以中国为例，在《中国加入世界贸易组织议定书》中，中国承担了不公平的条款义务。例如，该议定书第16条特殊保障条款基本照搬了《1974年美国关税法》第421~423节的规则，使得WTO成员可在进口中国产品数量激增时绕

---

① 参见金卫星《中美经贸关系的历史轨迹（1979—2016）》，《美国研究》2018年第4期，第38~39页。
② 参见 William H. Cooper, "The Jackson-Vanik Amendment and Candidate Countries for WTO Accession: Issues for Congress", https://fas.org/sgp/crs/row/RS22398.pdf, 最后访问时间: 2018年4月1日, pp. 2-3。
③ 参见 William H. Cooper, "The Jackson-Vanik Amendment and Candidate Countries for WTO Accession: Issues for Congress", https://fas.org/sgp/crs/row/RS22398.pdf, 最后访问时间: 2018年4月1日, p. 2。

开多边机制而直接采取提高关税或数量限制的措施。

美国通过在国内法、双边和多边层面对贸易对象国进行差别化对待,实际上获得了谈判和磋商的有利地位,甚至可以对其他国家的社会文化制度、政治制度、经济制度进行干预。实践中,美国对贸易对象国区别对待的做法与WTO最惠国待遇原则的相符性问题长期受到质疑。例如,秦娅指出,对特定国家确定不同的规则是GATT 1947时代的遗产,其内在地与规则导向的WTO体系不相符合。[1] 然而,在某种程度上,美国仍在多边层面寻求对所谓非市场经济国家的特殊规则。

第二节 《美墨加协定》对非市场经济国的特殊规则及其影响

区域贸易协定的发展建立在国际法理论和实践的基础之上。近年来,美国持续在多边贸易机制之外,推动制定针对非市场经济国的特殊规则。2018年10月公布的《美墨加协定》更是在投资、国有企业、例外等章节直接规定了针对非市场经济国的特殊规则,体现了美国新互惠主义的政策倾向。

一 投资者争端解决中对合格投资者的认定

在《美墨加协定》谈判中,由于加拿大执意要求废除投资者与东道国的争端解决机制,最终美国和加拿大并未签署关于投资争端解决的条款。由此,《美墨加协定》框架下存在差异化的投资争端解决规则:美国和加拿大将通过国内救济解决投资争端;美国和墨西哥可通过国际投资争端解决中心(以下简称"ICSID")解决投资争端;加拿大和墨西哥则通过其他经贸安排确定争端解决方法。[2]

---

[1] 参见 Julia Ya Qin, "'WTO-Plus' Obligations and Their Implications for the WTO Legal System: An Appraisal of the China Accession Protocol", *Journal of World Trade*, Vol. 3, No. 3, 2003, p. 484。

[2] 例如,加拿大和墨西哥之间在CPTPP获得批准后,可将该协定的权利和义务向投资争端解决国际中心提起仲裁请求。

美国和墨西哥投资争端解决规则对申请人的定义是：申请人是能够提起适格争端解决的个人，但是排除那些被其他缔约方认为构成非市场经济体（非本缔约方）的个人所拥有或控制的投资者。[1] 换言之，非市场经济体个人所有或控制的投资者将不能依托该协定提起针对东道国的 ICSID 争端解决程序，即使该个人通过在东道国新设企业的方式进行投资。具体而言，若某国被美国认定为非市场经济体，该国投资者赴墨西哥创办子公司，并由该子公司对美国进行投资，那么该子公司在美国所产生的投资争议将无法依据《美墨加协定》证明当事国存在仲裁的合意并提交 ICSID 进行争端解决，而只能依据与当事国的磋商或进行当地救济。显失公平的是，该定义也指明，缔约方将具有认定第三国是否构成非市场经济体的排他权利。换言之，美国或墨西哥可单方面宣布不给予第三国投资者在解决投资争端中的最惠国待遇。

本质上，ICSID 建立的宗旨在于创建可预见的、可预期的营商环境，促进私人投资的发展以及投资争端解决的去政治化，避免东道国不公正的国内救济损害投资者的利益。与此相对比，《美墨加协定》对非市场经济体投资者待遇的特殊规定与当前的投资仲裁实践产生了较大的冲突。其一，该条款的设置并非出自避免投资者滥诉的目的。为避免投资者通过空壳公司"挑选条约"甚至是滥诉的现象，缔约方一般通过投资者定义、拒绝利益授予等方法，避免投资者对投资争端提起不当的仲裁请求。[2]《美墨加协定》第 14.14 条以规定通过拒绝利益条款避免投资者滥诉。该条指出，任一缔约方可拒绝向另一缔约方企业的投资者及其投资提供该章项下的利益，条件是该企业由非缔约方（或拒绝授予利益的缔约方）的实体所有或控制且该企业在拒绝授予利益的缔约方之外的任何缔约方境内没有实质性商业活动。在此基础上，附件 14-D 第 1 条对非市场经济体投资待遇的否认条款本身并非为了避免滥诉。

其二，对非市场经济体所有或控制的实体施加特殊待遇也不符合当前

---

[1] 参见《美墨加协定》附件 14-D 第 1 条。
[2] 参见徐树《国际投资仲裁中滥诉防范机制的构建》，《法学》2017 年第 5 期，第 157~158 页。

的仲裁实践。《解决国家与他国国民间投资争端公约》(《ICSID 公约》) 第 25 条对"另一缔约国国民"的定义并未引入第三国所有或控制的概念。在投资实践中,由国家所有或控制的实体主要为国有企业。在"CSOB 诉斯洛伐克共和国案"中,在追溯《ICSID 公约》的立法历史和背景后,仲裁庭认为,一家国有企业被拒绝 ICSID 仲裁申请的前提是该企业充当政府代理人或行使基本政府职能。[①] 这符合 2001 年《国家责任条款草案》对国家责任归因的理论,即行使政府权力与受国家指挥或控制的实体的行为才可构成国家行为。由此,国际仲裁实践从行为本身区分投资行为和国家行为,而非简单地依据所有权等实体属性限制投资者提起救济的机会。如上所述,《美墨加协定》将第三国区分为市场经济体和非市场经济体并实际禁止非市场经济体投资者提起 ICSID 仲裁的机会,本身不符合当前仲裁实践。

毫无疑问,《美墨加协定》投资者争端解决规则区分了市场经济体投资者和非市场经济体投资者,本质上使得从事商业行为的非市场经济体投资者无法享受公平的投资争端救济机会。这显然对非市场经济体投资者造成了歧视。

二 限制缔约方与非市场经济国开展条约谈判的条款

《美墨加协定》还存在专门针对非市场经济国条约谈判的条款,该条款被美国商务部部长威尔伯·罗斯称为"毒丸"条款。就与非市场经济国开展条约谈判而言,《美墨加协定》第 32.10 条对缔约方规定如下。第一,谈判通知义务。该协定规定,至少在自贸协定谈判前 3 个月,任一缔约方应告知其他缔约方其有意与非市场经济国进行自贸协定谈判。第二,信息披露义务。即一经请求,该缔约方应尽可能提供有关此类谈判目标的信息。进一步地,该缔约方应在不迟于签署协定日期前 30 天内,尽早给予其他缔约方审查协定全文(包括任何附件和附文)的机会,以便缔约方能够审查协定文本并评估其对本协定的可能影响。第三,自由退出协定权利。该协定规定,任何缔约方与非市场经济国家签订自贸协定时,应允

[①] 参见 ICSID, "Decision of the Tribunal on Objections to Jurisdiction, Ceskoslovenska Obchodni Banka, A. S. v. The Slovak Republic", ICSID Case No. ARB/97/4, 2009。

许其他缔约方在 6 个月的通知期后,终止本协定并以双边协定取代本协定。

表面上,《美墨加协定》第 32.10 条规定了缔约方与非市场经济国开展条约谈判的条件。然而,更为本质地,该条款给予一缔约方对其他缔约方签署协定的否决权,突破了当前的贸易谈判实践。

具体而言,其一,该条款明显超出《美墨加协定》第 34.6 条退出的条件。第 34.6 条规定,任一缔约方可书面向其他缔约方提交退出协定的通知。在书面通知其他缔约方 6 个月后,退出生效。尽管有专家指出,《美墨加协定》"毒丸"条款和退出条款具有相似性,[①] 但上述条款也存在明显的差异。一方面,非市场经济国谈判约束条款有授权其他缔约方提前介入的规则,在其有意愿进行谈判的 3 个月前,缔约方负有告知义务;另一方面,"毒丸"条款涉及第三国利益,而退出条款仅涉及缔约方之间的权利与义务关系。其二,该条款给予一缔约方审查其他缔约方区域贸易协定的机会。该条款规定,"非市场经济国"是指"在本协定签署前,被至少一个缔约方在贸易救济法中认定为非市场经济国的国家"。换言之,只要有一个缔约方通过国内法认定其他国家为非市场经济国,它就能够审查并阻止其他缔约方与该非市场经济国的区域贸易协定谈判。更为重要的是,此举极有利于美国将非市场经济国的认定标准推广到国际层面。

三 约束国有企业非商业支持的体系化规则

虽然理论上《美墨加协定》仅适用于美墨加三国,然而,作为特朗普上台后率先修订并号称"史上最好"的贸易协定,它有可能成为 21 世纪美国自由贸易协定的范本。该协定关于国有企业的章节也体现了对国有企业贸易和投资机会的严格限制。具体而言,第一,在定义上,《美墨加协定》确定了比其他贸易协定更为宽泛的国有企业概念。该协定第 22.1 条指出,国有企业系"主要从事商业活动的企业",并且在该企业中,

---

[①] 参见 Chad P. Bown, "The 5 Surprising Things about the New USMCA Trade Agreement", https://piie.com/commentary/op-eds/5-surprising-things-about-new-usmca-trade-agreement, 最后访问时间:2018 年 11 月 22 日。

"缔约方直接或间接拥有超过 50% 的股本；通过直接或间接所有者利益控制超过 50% 的投票权；通过其他所有者利益拥有控制企业的权力，包括间接或少数所有权的情形；拥有任命董事会或其他类似管理机构大多数成员的权力"。该国有企业的定义比 CPTPP 等都更为宽泛。①

第二，除透明度规定外，《美墨加协定》对国有企业的约束体现在限制非商业支持规则上。此类规则对国有企业较多的国家非常不利。举例来说，"非商业支持"是指"限定于特定企业的支持"，包含"提供的支持主要为特定企业所用，或者对缔约方的特定企业提供了不成比例的大量支持"等情形。② 此处的特定企业指的是缔约方国家企业或国有企业。③ 依据上述条款，假设某个国家在某些行业存在数量较多的国有企业，若对该行业进行资助，那么根据该行业国有企业和私营企业的结构特征，该资助极有可能被认定为主要为国有企业所用，或者对国有企业提供了不成比例的大量支持。2017 年，中国全国国有企业资产总额 183.5 万亿元，国有金融企业资产总额 241.0 万亿元，④ 国有企业在中国经济中占据主导地位，并在诸多行业中发挥着重要市场参与者的作用。参照上述条款的规定，中国国有企业将难以公平地参与全球市场竞争。从某种程度上讲，虽然《美墨加协定》的国有企业条款看似中性，但并未区分各国的经济情况，而是一刀切地划定非商业支持的标准，实际上减损了国有企业的发展机会。

第三，《美墨加协定》也限制了国有企业在非缔约方市场发展贸易的机会。《美墨加协定》规定，缔约方及其国有企业不得通过提供非商业性支持的方式，对另一缔约方的利益造成不利影响。其中，不利影响包括国有企

---

① 《全面且先进的跨太平洋伙伴关系协定》第 17.1 条规定，国有企业是指主要从事商业活动的企业，并且：在该企业中，缔约方直接拥有超过 50% 的股本；通过所有者权益控制超过 50% 的投票权的行使；有权任命董事会或其他类似管理机构的大多数成员。
② 此处参考了补贴的专项性认定标准。例如，《中国加入世界贸易组织议定书》第 10.2 条规定，就适用《反补贴协定》第 1.2 条而言，若国有企业是该补贴的主要获得者，或者国有企业得到补贴的数量大得不成比例时，给予国有企业的补贴应视为具有专项性。
③ 参见《美墨加协定》第 22.1 条。
④ 参见《国务院关于 2017 年度国有资产管理情况的综合报告》，中国人大网，http：//www.npc.gov.cn/npc/xinwen/2018-10/25/content_2063928.htm，最后访问时间：2018 年 10 月 25 日。

业在非缔约方市场中的行为。① 例如，若国有企业被认定接受了非商业性支持，并且该企业在非缔约方市场中替代或阻碍了另一缔约方的同类货物进口或其服务商提供的同类服务，那么该行为将导致该国有企业投资母国违反《美墨加协定》规定。实际上，《美墨加协定》不仅约束国有企业在本自由贸易区内的行为，甚至企图限制国有企业在非缔约方市场的活动，进而削弱国有企业在全球市场中的商业份额。21世纪以来，美国持续推行此类条款。例如，《美国和新加坡自由贸易协定》第12.3.2（f）条规定，新加坡将持续减少在企业中的所有权和其他利益。该条款无异于设置了国有企业在全球市场份额的天花板。

实际上，约束国有企业非商业支持的体系化规则本身也存在矛盾。《美墨加协定》对国有企业的界定非常宽泛，同时要求缔约方确保国有企业不直接或间接地提供该协定所禁止或限制的非商业支持，② 这有悖于缔约方政府和国有企业相互独立的关系。例如，如果一缔约方只拥有某国有企业的股权，作为出资者，它显然无法确保该企业的所有经营活动都符合《美墨加协定》的要求。假定该企业因为技术改进而采取降价行为，缔约方无法指示企业不降价。更重要的是，如果缔约方强制企业作为或不作为，这将成为企业受到政府干预的有力证据，更违背国有企业独立运营的要求。由此，《美墨加协定》对国有企业商业贸易和投资机会的限制欠缺合理性。

四 《美墨加协定》对非市场经济国的特殊规则的影响

美国商务部一贯将我国认定为"非市场经济国家"。由此，新一代经贸协定的"非市场经济国家"规则将对我国企业的海外投资和我国与其他国家的经贸合作产生不利影响。

（一）投资争端有被政治化的风险

本质上，国际投资仲裁机制建立的宗旨在于创建可预期的营商环境，

---

① 参见《美墨加协定》第22.7条。
② 参见《美墨加协定》第22.6条。

并避免投资争端解决的政治化。然而,《美墨加协定》颠覆了现有的投资仲裁实践。

一方面,《美墨加协定》对投资者法律救济手段的限制将使得我国投资争端极易政治化。例如,美国可将"非市场经济国家"所有或控制的企业及其关联企业的商业行为视为非商业行为,进而使此类投资行为上升为国家行为,从而施加更高的安全审查标准,并可基于政治理由拒绝授予此类投资者公平公正待遇。

另一方面,该规定也使得中国企业的资产在紧急情况下更易受到美国不合理的征收或征用。相比于国际仲裁机制,国内司法救济机制花费成本较大、识法难度更高、诉讼时间更长,并且难以在域外得到承认和执行。换言之,如果中国企业赴美投资产生征收或征用的纠纷,在法理上将难以利用现有的国际机制维护自身的正当利益。

(二) 国有企业的发展权将被削弱

《美墨加协定》极大地限制了国有企业在全球市场的发展机会。其一,该协定将所有权、股权、董事和经理任命权、重大决策权等视为界定国有企业的标准。根据上述条款的规定,即使我国引入特别管理股制度,或者实施从"管资产"转向"管资本"等改革措施,若我国政府对相关企业具有任命权或重大事项决策权,那么这些企业仍将被视为国有企业,进而受到严格的纪律约束。

其二,该协定也对国有企业的域外行为进行了严格限制。这实际上要求一国国有企业逐步缩减在全球市场中的份额。该趋势是美国倡导的新一代经贸协定对国有企业规制的核心目标。由于国有企业在我国经济中占据主导地位,并在诸多行业发挥着重要市场参与者的作用,《美墨加协定》国有企业规则将使我国国有企业难以公平地参与全球市场竞争。

(三) 中国与其他国家开展自贸区合作将被限制

如上所述,《美墨加协定》设计了一套限制非市场经济国家缔约能力的规则,此类规则被称为"毒丸"条款。此类条款将对中国自贸区建设产生威胁。

一方面,中国将无法自由地与美国、加拿大、墨西哥开展自贸协定谈判,甚至将引发贸易伙伴"选边站"的后果。当前,自贸协定谈判是国际合作的主要形式,在《美墨加协定》影响下,中国与其他国家签署自贸协定将不可避免地面临制度障碍。

另一方面,此类非市场经济国特殊规则有被复制推广的可能性。目前,中国只与24个国家和地区签署了16个自贸协定。总体上,我国签署自贸协定较少,因此,若此类规则得到复制,我国自贸区建设将受到严重的影响。

第三节 美国新互惠主义与国际法的不相符性

《美墨加协定》规定了许多针对非市场经济国的特殊规则,反映了美国新互惠主义的特征,这明显超越了现有的以WTO协定为中心的多边贸易规则体系。由于《美墨加协定》与WTO协定产生冲突,下文拟对此类超WTO规则是否符合国际法作出分析。

一 区域贸易协定应进一步自由化

(一)WTO与区域贸易协定的关系:基于"秘鲁农产品进口税案"的分析

1. "秘鲁农产品进口税案"基本情况

2013年4月12日,危地马拉请求就农产品关税问题与秘鲁进行磋商。危地马拉主张争议中的措施违反了WTO协定。该案争议涉及秘鲁对从危地马拉进口的某些农产品(如牛奶、玉米、大米和糖)征收进口附加税。上述措施于2001年6月22日生效。上述税收通过价格幅度机制(Price Range System,以下简称"PRS")产生,并由下述因素决定:其一,过去60个月国际价格的峰值和最低价(floor price)的混合值;其二,每两周同期内对涉案产品有影响的参考价格。如果受影响的产品的拟定价格(reference price)低于最低价,那么将征收附加关税;相反地,如果拟定价格超过峰值价格,那么将减少征收关税。

第二章　美国新互惠主义对"非市场经济国"的约束

在该案中，秘鲁指控危地马拉提交 WTO 争议解决违反诚实信用原则，因为危地马拉与秘鲁的自由贸易协定同意秘鲁保留 PRS 附加税。秘鲁还抗辩称专家组认定 PRS 与 WTO 不一致，这也是认定区域贸易协定与 WTO 不一致，FTA 允许秘鲁保留 PRS。

2014 年 11 月 27 日，DSB 发布了本案专家组报告。2015 年 3 月 25 日，秘鲁通知 DSB，它将就专家组报告中的特定法律问题和法律解释提起上诉。2015 年 3 月 30 日，危地马拉通知 DSB，将就专家组报告中的特定法律问题和法律解释提起上诉。① 2015 年 7 月 20 日，DSB 发布了本案上诉机构报告。该案中，上诉机构阐述了关于 WTO 和 FTAs 的法律关系问题。

2. FTAs 的权利义务关系并不必然受《维也纳条约法公约》第 41 条调整

该案上诉机构认为，即使从 FTA 的角度考虑，其他 FTA 条款赋予 WTO 法优先适用性，并且可与附件 2.3 第 9 段一起被解读。因此，在 FTA 第 1.3 条第 1 段下，"成员方确认其在 WTO 协定下的既有权利和义务"。在关税减免的语境下，第 2.3 条第 2 段规定，"除非本条约有相反规定，否则任何成员方应削减源自其他成员方产品的关税，以符合附件 2.3 规定"。如果附件 2.3 第 9 段被视为对解释《农业协定》第 4.2 条与 GATT 1994 第 2.1（b）条具有"相关性"，那就没有理由否认其他 FTA 条款的相关性。在其他条款与《农业协定》第 4.2 条和 GATT 1994 第 2.1（b）条具有"相关性"的范围内，专家组得出与秘鲁主张不同的结论，即秘鲁通过 FTA 的方式维持"价格幅度体系"的措施与 WTO 不相符合。②

同时，《国家责任条款草案》第 20 条解决在同意规则下排除其他国家不法行为的有效性问题；第 45 条第 a 段规定，当受害国以有效方式放弃要求时，援引国家责任权利将丧失。上诉机构注意到，与秘鲁对《农业协定》第 4.2 条与 GATT 1994 第 2.1（b）条解释相关的《国家责任条款草案》条款看似建立在如下假定上，即 FTA 允许秘鲁维持与 WTO 义务相悖的 PRS。如上诉机构在之前所考察的，FTA 第 1.3 条第 1 款规定缔约方承认其在

---

① 参见张月姣《亲历世界贸易组织上诉机构》，社会科学文献出版社，2017，第 285~307 页。
② 参见 Appellate Body Report, "Peru — Additional Duty on Imports of Certain Agricultural Products", WT/DS457/AB/R, 20 July 2015, para. 5.105。

WTO 协定下的既有权利和义务。因此，当 FTA 附件 2.3 第 9 段与其他 FTA 条款共同解释时，该段（规定秘鲁可以维持 PRS）是否可以被理解为"允许秘鲁维持与 WTO 不相符合的 PRS"的问题是不明确的。因此，上诉机构认为，无法分析与同意不法行为和放弃权利要求相关的《国家责任条款草案》条款对于解释《农业协定》第 4.2 条与 GATT 1994 第 2.1（b）条具有相关性。①

鉴于上述分析，上诉机构认为，虽然秘鲁在上诉中援引《维也纳条约法公约》（以下简称《维也纳公约》）第 31（3）（a）条和第 31（3）（c）条对《农业协定》第 4.2 条和 GATT 1994 第 2.1（b）条进行解释，而事实上，秘鲁的主张超出根据 DSU 第 3.2 条和第 31 条对上述条款的解释。同时，上诉机构还提示道，FTA 第 1.3 条第 1 段指出，缔约方承认在《建立世界贸易组织的马拉喀什协定》项下的既有权利和义务，尽管该条第 2 段规定在 FTA 与 WTO 附属协定存在差异的情况下优先适用 FTA 条款。表面上，当与其他条款共同理解时，上述条款对于附件 2.3 第 9 段是否必然地被理解为允许秘鲁维持与 WTO 不一致的 PRS 措施问题是不明确的。同时，上诉机构并不认为可以通过 FTA 的方式，主张成员方已经达成修改《农业协定》第 4.2 条和 GATT 1994 第 2.1（b）条的一致意见。②

进一步地，上诉机构指出，在任何情况下，即使假定 FTA 条款允许秘鲁维持与 WTO 不一致的 PRS，它也不认为秘鲁在专家组阶段所表明的在 FTA 缔约方间的修改受《维也纳公约》第 41 条调整。《维也纳公约》第 4 部分标题为"条约的修订和修改"，规定了对条约术语的修改规则。特别是第 41 条，针对的是"仅在若干当事国间修改多边条约之协定"。③

3. 上诉机构和专家组应依据 WTO 协定对 FTAs 合法性进行分析

该案上诉机构指出："我们注意到，WTO 协定包括解决修订、豁免

---

① 参见 Appellate Body Report, "Peru — Additional Duty on Imports of Certain Agricultural Products", WT/DS457/AB/R, 20 July 2015, para. 5.106。
② 参见 Appellate Body Report, "Peru — Additional Duty on Imports of Certain Agricultural Products", WT/DS457/AB/R, 20 July 2015, paras. 5.106-5.110。
③ 在专家组阶段，当秘鲁援引《维也纳公约》以表明 FTA 条款修改秘鲁和危地马拉之间的 WTO 规则时，其看似依赖于对《维也纳条约》的解释规则和特定修改规则的区分。

(waivers) 或区域贸易协定例外的具体规则，上述具体规则优先于《维也纳公约》的一般性条款（例如，第 41 条）而适用。特别是，在关于 FTAs 的情形中，GATT 1994 第 24 条允许 FTAs 规定对特定 WTO 规则的背离。然而，第 24 条还规定了背离的条件，即对非自由贸易区成员方或非协定参与方的缔约方实施的关税或其他贸易法规，不得高于或严于在未成立自由贸易区所实施的相当关税或其他贸易法规。"[①]

鉴于如上情形，上诉机构认为，评估 FTA 条款是否符合 WTO 附属协定的适当方法应依据 GATT 1994 第 24 条或授权条款（要求涉及的国家为发展中国家，并且针对货物贸易），以及与服务贸易相关的 GATS 第 5 条。

4. FTAs 的权利义务关系应满足 WTO 协定的基本要求

该案上诉机构指出，秘鲁并未援引 GATT 1994 第 24 条进行抗辩。在提交的上诉材料中，秘鲁回溯了上诉机构在"土耳其纺织品案"所指出的，在满足条件情况下，"第 24 条可将与其他 GATT 规则不相一致的措施正当化"。在专家组阶段，秘鲁主张"GATT 1994 第 24 条表明成员方可通过区域贸易协定的方式修改 WTO 权利"。危地马拉指出，"秘鲁无法通过'土耳其纺织品案'上诉机构提出的测试将其措施正当化"。危地马拉认为，秘鲁主张的观点导致"第 24 条是多余的，或者，至少其将'体系性一体化'（systemic integration）原则推翻"，并且得出"不管 GATT 1994 第 24 条或第 20 条的例外与抗辩的条件是否被满足，WTO 的成员方都可以通过双边协定规定修改 WTO 法的义务"的结论。

在"土耳其纺织品案"中，上诉机构认为 GATT 1994 第 24 条可将与其他特定 GATT 1994 条款不相符合的措施正当化，但规定了两项必须满足的条件：（1）主张该抗辩利益的成员方应证明争议措施以完全符合第 24 条要求的方式达成关税同盟或 FTA；（2）该成员方必须证明如果它不允许该争议措施，那么关税同盟或 FTA 将无法达成。

关于上述措施是否可以使用 GATT 1994 第 24 条第 5 段作为抗辩理由的问题，本案上诉机构认为，有必要回顾"土耳其纺织品案"的裁决。该案

---

① Appellate Body Report, "Peru — Additional Duty on Imports of Certain Agricultural Products", WT/DS457/AB/R, 20 July 2015, para. 5.112.

上诉机构还提及该条款第4段，它规定关税同盟或FTA的目的在于"便利"缔约方之间的"贸易"，而非对第三国设置贸易壁垒。进一步地，第4段将关税同盟或FTA视为"关于此类协定缔约方之间更紧密的经济一体化的协定"。在上诉机构看来，第4段对便利贸易和更紧密一体化的提及与将第24条作为降低成员方在WTO协定中既有权利和义务抗辩理由的解释并不一致。在当前争议中，秘鲁并没有援引GATT 1994第24条作为将与WTO协定不相符的PRS正当化的理由，并且争议方均同意该FTA尚未产生效力。① 因此，该案上诉机构并未作进一步分析。②

5. 该案的结论

秘鲁认为专家组错误地解释了《农业协定》第4.2条与GATT 1994第2.1（b）条，因为它未能考察适用于秘鲁和危地马拉的《维也纳公约》第31（3）条，以及《国家责任条款草案》第20条与第45条。

基于前述分析，该案上诉机构认定秘鲁的上述主张超过依据DSU第3.2条和《维也纳公约》第31条对《农业协定》第4.2条和GATT 1994第2.1（b）条进行解释的范围，并且秘鲁的主张为"通过FTA的方式，秘鲁和危地马拉实际上修改了它们之间的WTO条款"。进一步地，秘鲁和危地马拉FTA以及《国家责任条款草案》第20条、第45条与通过《维也纳公约》第31（3）（c）条解释《农业协定》第4.2条和GATT 1994第2.1（b）条的问题是"无关的"，并且FTA并非《维也纳公约》第31（3）（a）条项下的与此类条款解释相关的"嗣后协定"。

进一步地，虽然秘鲁要求推翻专家组关于"秘鲁和危地马拉于2011年12月签署的自由贸易协定尚未生效，所以专家组无须对争议方是否通过FTA修改WTO附属协定的权利和义务进行裁定"的认定，然而，在上诉中，秘鲁并没有质疑专家组关于尚未生效的协定（例如，FTA）不能修改WTO附属协定权利和义务的认定。鉴于此，上诉机构认定，专家组拒绝对"FTA在并未生效的情况下是否修改了秘鲁和危地马拉之间的WTO权利和

---

① 在口头庭审中，秘鲁和危地马拉同意未产生效力的协定不能作为第24条的抗辩理由。
② 参见 Appellate Body Report, "Peru — Additional Duty on Imports of Certain Agricultural Products", WT/DS457/AB/R, 20 July 2015, paras. 5.113-5.117.

义务"进行认定并没有错误。①

（二）WTO 法下的美国新互惠主义合法性问题

区域贸易协定的合法性来自多边贸易协定的授权。GATT 1947 第 24.4 条规定，各成员可通过自愿签署协定从而发展更紧密的经济一体化，以促进贸易自由。同时，关税同盟或自由贸易区的目的应为便利成员之间的贸易，而非增加其他成员与此类国家之间的贸易壁垒。更进一步地，该协定第 5（b）款规定，就自由贸易区或导致形成自由贸易区的临时协定而言，每一成员维持的且在形成此种自由贸易区或通过此种贸易协定时对非自由贸易区成员或非协定参加方的成员实施的关税或其他贸易法规，不得高于或严于在形成该自由贸易区或签署协定之前相同成员内存在的相关关税或贸易法规。上述条款在 GATT 1994 第 24 条中得到保留。归纳而言，除通知等程序性义务外，GATT 1994 第 24 条实际上确定了缔结区域贸易协定的两项实体性义务：其一，该区域贸易协定不得增加协定缔约方与 WTO 非缔约方之间的贸易壁垒（至少维持原状）；其二，该区域贸易协定应在协定缔约方之间实现更高水平的开放。②

《美墨加协定》对非市场经济国家的约束规则违背了 GATT 1994 第 24 条的要求。具体而言，第一，《美墨加协定》阻碍了缔约方与其他 WTO 成员的自由贸易。在"土耳其纺织品案"中，土耳其与欧共体形成关税同盟，这对印度等其他国家的纺织品产生了数量限制的后果。该案争议的焦点在于此类数量限制措施能否被 GATT 1994 第 24 条正当化。该案上诉机构指出，缔结区域贸易协定的目的是"便利贸易"，而非增加与第三国之间的"贸易壁垒"。进一步地，《关于解释 1994 年关税与贸易总协定第 24 条的谅解》明确，特殊经贸安排的缔约成员"应该尽最大的可能避免对其他成员

---

① 参见 Appellate Body Report, "Peru — Additional Duty on Imports of Certain Agricultural Products", WT/DS457/AB/R, 20 July 2015, paras. 5.118–5.119。
② 参见 Petros C. Mavroidis, "If I Don't Do It, Somebody Else Will (or Won't): Testing the Compliance of Preferential Trade Agreements with the Multilateral Rules", Journal of World Trade, Vol. 40, 2006, pp. 196–203。

的贸易造成负面效果"。①《美墨加协定》的"毒丸"条款使得本身能够进行谈判的成员在该协定执行后无法进行谈判,这显然构成缔约方与非缔约方之间的贸易壁垒。上诉机构也指出,针对违背 GATT 1994 第 24 条的规定应具体分析区域贸易协定规则与 WTO 规则的相符性。明显地,《美墨加协定》侵害了国家间谈判的权利。例如,根据 GATS 第 19 条规定各成员应逐步实现更高的自由化水平,然而,《美墨加协定》限制缔约方与第三国进行逐步自由化的谈判,使得缔约方违背了 WTO 协定义务。

第二,《美墨加协定》降低了贸易自由化的水平。WTO 协定要求所有区域贸易协定必须具有更高的自由化程度。当前,一些区域贸易协定文本存在损害国有企业公平贸易权的条款。从根本上,这比 WTO 协定承诺的开放水平更低,违背了区域贸易协定应更自由的要求。根据多边贸易规则,除政府不当干预外,国有企业享有自由的贸易权。例如,《中国加入世界贸易组织议定书》及工作组报告承诺,中国政府将不直接或间接地影响国有企业或国家投资企业的商业决定,但以与 WTO 协定相一致的方式进行的除外。②然而,《美墨加协定》对国有企业(包括国营企业)采取了严格的限制措施,限制了国有企业正常的贸易机会。由此,《美墨加协定》降低了多边贸易机制的自由化水平,无法实现便利成员间贸易的目标,这违背了 GATT 1994 第 24 条的要求。

第三,《美墨加协定》对非市场经济国的约束规则无法满足必要性测试。在"土耳其纺织品案"中,WTO 上诉机构指出,依据 GATT 1994 第 24 条,主张不符措施正当化应满足两个条件:其一,该抗辩权益的成员应证明争议措施以完全符合第 24 条要求的方式达成关税同盟或区域贸易协定;其二,该成员必须证明如果不允许该争议措施,那么关税同盟或区域贸易

---

① 参见 WTO, "Understanding on the Interpretation of Article XXIV of the General Agreement on Tariffs and Trade 1994", https://www.wto.org/english/docs_e/legal_e/10-24.doc, 最后访问时间:2018 年 4 月 1 日。
② 参见 World Trade Organization, "Report of the Working Party on the Accession of China", WT/ACC/CHN/49, 1 October 2001, p.9。

协定将无法达成。① 该案上诉机构进而指出，除使用数量限制外，土耳其还可以原产地规则使纺织品在关税区内自由流动，而无须使用更具有贸易扭曲性的数量限制措施。② 由此，土耳其的措施没有必要。《美墨加协定》对非市场经济国的约束规则同样不具备必要性。根据 WTO 协定，成员政府以及行使政府职能的国有企业均不应以违背市场竞争的方式扭曲商业环境。WTO 上诉机构反复强调，政府不应以影响竞争条件的方式扭曲市场。③ 因此，对国有企业等市场主体市场行为的约束可通过建立和完善公平竞争条件规则等替代性方法，而非以更具限制性的减少贸易机会的方式。因此，此类措施显然不具有必要性。

二 条约不干涉第三国权利与义务

《美墨加协定》对非市场经济国的特殊规则有悖国际公法之条约不干涉第三国义务原则。该原则来源于罗马法中的"约定对第三者既无损，也无益"原则，规定在《维也纳公约》第三编第四节"条约与第三国"中。该节基本原则为：条约非经第三国同意，不为该国创设义务或权利。④ 进一步地，《维也纳公约》第 35 条规定，若使为第三国创设义务的条约对第三国发生效力，必须具备两个条件：其一，条约当事国有意以条约之一项规定作为确立第三国一项义务之方法；其二，必须经第三国用书面的形式明确地表示接受该条约所加给它的义务。⑤

根据《维也纳公约》规定，《美墨加协定》非市场经济国特殊规则的违法性体现为其对缔约方之外的国家设置的新义务。具体而言，《美墨加协

---

① 参见 Report of the Appellate Body, "Turkey — Restrictions on Imports of Textile and Clothing Products", WT/DS34/AB/R, 22 October 1999, p. 16。
② 参见 Report of the Appellate Body, "Turkey — Restrictions on Imports of Textile and Clothing Products", WT/DS34/AB/R, 22 October 1999, p. 17。
③ 参见 Appellate Body Report, "Korea — Various Measures on Beef", WT/DS169/AB/R, 11 December 2000, p. 43。
④ 传统的国际法要求不对任何第三国创设条约权利。然而，实践中，对第三国权利而言，默认可代表同意。例如，《南极条约》所创设的科研自由和公海自由被认为是对其他非缔约国创设权利。参见邹克渊《南极条约体系与第三国》，《中外法学》1995 年第 5 期，第 43 页。
⑤ 参见侯洵直《国际条约对第三国的效力问题》，《政治与法律》1986 年第 5 期，第 43 页。

定》的"毒丸"条款限制了缔约方与非市场经济国开展条约谈判的可能性，对所谓的非市场经济国设置了新义务。第一，该协定规定，任一缔约方均有权利依据国内法对非市场经济国进行单边认定，实际上要求非缔约国只有满足所有缔约方国内的市场经济标准才能获得与美墨加等国缔约的权利。举例而言，如果非协定缔约国与加拿大、墨西哥缔结区域贸易协定，它还要满足美国规定的证明自身是市场经济国家的要求。这显然违背了条约不为第三国创设义务的原则。

第二，《美墨加协定》规定，一缔约方有权对第三国与另一缔约方的贸易协定进行审查。本质上，所有的贸易协定将由其他缔约方进行审查，这为第三国创设了新的义务。以美国为例，如果一国和加拿大缔结协定，美国有权在条约协定谈判时审查文本，甚至对条约协定谈判产生实质性影响，这无疑强化了美国的权利，实际上也增加第三国披露谈判信息和内容的义务。

第三，《美墨加协定》在现有的国际法规则基础上创设了新的权利与义务。理论上，第三国参加谈判和磋商的权利是来自国际法所确认的国家主权权利。[1] 在以 WTO 为核心的多边贸易机制下，任何 WTO 成员都可以与美墨加三国进行自由的谈判，然而，《美墨加协定》的"毒丸"条款限制了三国的谈判权，实际构成了对第三国现有权利和义务的取消或修改，在既有的国际法规则基础上创设了新的权利和义务。

由此，虽然该条款表面上将选择权授予缔约方，但实际上削弱了缔约方的谈判能力和缔约能力。因此，《美墨加协定》非市场经济国特殊规则对第三国创设了新的义务，违背了国际公法之不干涉第三国权利与义务原则。

三 作为习惯国际法的善意原则

作为一项古老的法律原则，善意原则几乎存在于每种法律秩序中。[2] 自

---

[1] 1952 年，第六届联合国大会通过了《关于经济发展与通商协定的决议》。该决议肯定和承认各国人民享有经济上的自决权。其后，联合国大会先后通过《关于自然资源永久主权的宣言》《建立国际经济新秩序宣言》《各国经济权利和义务宪章》，进一步明确国家享有独立自主参与国际经贸活动的主权权利。

[2] 参见〔法〕M. 维拉利《国际法上的善意原则》，刘昕生译，《国外法学》1984 年第 4 期，第 54~56 页。

第二章　美国新互惠主义对"非市场经济国"的约束

国际法萌芽之日起，国际法学家一直强调善意原则对于国家交往的重要性。① 在国际条约上，《联合国宪章》第 2.2 条规定："各会员国应一秉善意，履行其依本宪章所担负之义务，以保证全体会员国由加入本组织而发生之权益。"《维也纳公约》序言第 3 段也明确指出，各当事国"鉴悉自由同意与善意之原则以及条约必须遵守规则乃举世所承认"。实际上，国际法里的善意原则是一项基本原则，而其他一些直接或明显涉及诚实、公平、合理的法律规则都是由此派生而来的。② 在此意义上，善意原则已具备成为习惯国际法的条件。③

在国际经贸领域，善意原则也发挥着重要的作用，贯穿于条约的谈判、解释和实施全过程。实践中，《美墨加协定》对非市场经济国的约束规则有违善意原则。第一，《美墨加协定》谈判并未与其他利益相关方进行善意磋商。善意原则要求国际规范的订立和运行程序遵循严格的法治标准。④ 在"美国海龟案"中，WTO 上诉机构和专家组指出，美国负有与他国就环保问题开展善意磋商的义务，并认定美国有权制定保护濒临灭绝海龟并具有域外效力的法律，但前提是美国必须就该立法与出口成员进行善意磋商。⑤ 磋商是条约善意履行中的重要内容。在此层面上，美墨加在达成新协定前应向其他利益受影响的相关方提供善意的磋商与沟通机会，否则将无法满足善意原则。

第二，《美墨加协定》并未向投资者提供及时、充分、全面的救济。条约善意履行与国际法治中的程序正当原则具有密切的关系。以 WTO 协定为例，WTO 对成员方程序正当的要求包括三个层面：首先，WTO 对成员国内治理的程序要求是透明原则，要求其贸易政策制度公开、可获悉；其次，国内治理的程序应该是公正、公平和合理的，这反映的是国内治理的正当程序原则；最后，成员应提供独立和客观的审查机制，这体现了国内治理

---

① 参见赵建文《条约法上的善意原则》，《当代法学》2013 年第 4 期，第 122 页。
② 参见赵维田《中国入世议定书条款解读》，湖南科学技术出版社，2005，第 9 页。
③ 参见曾令良《论诚信在国际法中的地位和适用》，《现代法学》2014 年第 4 期，第 148 页。
④ 参见何志鹏《国际法治：一个概念的界定》，《政法论坛》2009 年第 4 期，第 77 页。
⑤ 参见 Appellate Body Report, "United States — Import Prohibition of Certain Shrimp and Shrimp Products (US-Shrimp)", WT/DS58/AB/R, 6 November 1998, p. 70。

的救济措施要求。① 国际贸易法治的要求在于实现透明、程序公正以及充分及时有效的救济机制。显然，善意履行要求各国提供及时、充分、全面的救济。《美墨加协定》对非市场经济国投资者的歧视显然违背及时、充分、全面救济的善治要求。更明显地，《美墨加协定》也涉嫌违背《与贸易有关的投资措施协定》关于成员不得实施与 GATT 1994 第 3 条或第 11 条不一致措施的规定。

第三，《美墨加协定》导致了对非市场经济国及其商业主体的恣意的、不公平的歧视。公平原则是国际法普遍遵循的一般法律原则。从善意角度谈公平原则，主要考虑善意原则或义务应当达到的公平效果。② 更为直接地，公平实际上体现为不在相同情形的国家之间构成任意或不合理歧视，这也是善意原则的应有之义。实践中，公平原则在海洋法、领土纠纷等国际争端解决上发挥了重要作用。在新一轮的贸易谈判中，公平原则应在重新平衡和改革国际秩序层面发挥重要作用。③ 然而，在《美墨加协定》文本中，美国区别对待情形相同或相似的国家及其贸易商、投资者，本身构成了恣意的、不公平的歧视，也违反了善意原则。

四 基于保护信赖利益的禁反言要求

禁反言作为一般法律原则在国际公法中得以适用。④ 在国际法层面，禁反言要求国家保持承诺与行为的一致性和一贯性，其实质在于保障国家与贸易商的信赖利益。例如，在"危地马拉水泥第二案"中，专家组指出："禁反言建立在如下基础上，即一方因信赖另一方的保证而从事某些行为，如果另一方后来以一种不公平的方式改变其立场，这样的改变是被禁止

---

① 参见孙南翔《WTO 体制下国内治理的"正当程序"规则研究》，《国际经济法学刊》2014 年第 1 期，第 35 页。
② 参见刘敬东《WTO 法律制度中的善意原则》，社会科学文献出版社，2009，第 108 页。
③ 参见 Marion Panizzon, *Good Faith in the Jurisprudence of the WTO*, Hart Publishing, 2006, pp. 105-106。
④ 曲波：《禁反言在国际法中的适用——以领土争端案为例》，《法学杂志》2014 年第 8 期，第 16 页。

的。"① 在多边层面，当成员已经与其他成员就市场经济制度达成框架性意见后，通过双边或区域的方法对非市场经济体进行再次认定的做法将损害相关成员及其贸易商的信赖利益。换言之，《美墨加协定》的"毒丸"条款赋予缔约方对非市场经济国的单边认定权，并且限制缔约方与非市场经济国开展条约谈判，这有违禁反言要求。

整体上，对非市场经济体的约束不应超越 GATT 1947 和 WTO 协定的基本框架。以中国为例，实际上，关于市场经济制度问题已经在中国"复关"和"入世"谈判期间得到解决。在多边层面上，中国复关入世谈判正是基于中国的独特国情，并以此为基础展开规则协调谈判的。GATT 1947 工作组报告的谈判重点在于理解多边贸易机制框架下的中国经济体制问题，进而确保中国加入的条件能实现义务与权利间的平衡。② 在双边层面，中国和美国等主要国家和地区的谈判也围绕中国市场经济制度及其特殊规则展开。不仅在中国市场制度问题上，WTO 协定也明确了越南、俄罗斯、哈萨克斯坦等成员采取符合自身发展模式的经济制度的可行性。例如，《越南加入世界贸易组织工作组报告》并未对越南经济制度提出质疑，而仅仅审查了具体的经济政策和外商贸易体系。③ 换言之，WTO 成员对各成员市场经济制度框架性内容的磋商与协调已在多边层面完成。

WTO 协定对非市场经济制度只提出三个方面的关切：其一，GATT 1994 第 17 条对国营贸易作了规定；④ 其二，GATT 1994 第 6.1 条规定的解释涉及反倾销调查中的非市场经济体；其三，针对反补贴问题，新成员的入世议定书也有提及非市场经济体的条款。除此之外，WTO 协定不存在对市场经济制度的约束，美国等其他国家不应对其他成员的市场经济制度提出比 WTO 协定更新或更高的要求。

然而，《美墨加协定》的"毒丸"条款将导致特定国家沦为"二等公

---

① Panel Report, "Guatemala — Definitive Anti-Dumping Measure on Grey Portland Cement from Mexico", WT/DS26/AB/R, 12 December 2000, p. 318.
② 参见石广生主编《中国加入世界贸易组织谈判历程》，人民出版社，2011，第 5~6 页。
③ 参见 World Trade Organization, "Report of the Working Party on the Accession of Viet Nam", WT/ACC/VNM/48, 27 October 2006, p. 2.
④ 参见赵维田《中国入世议定书条款解读》，湖南科学技术出版社，2005，第 27~29 页。

民"，进而使得单边认定的非市场经济国家承担超 WTO 义务，① 这本身违背了美国、加拿大和墨西哥在多边磋商和谈判中的默示承诺。因此，本质上，对非市场经济体的单边认定突破了有约必守原则，破坏了多边规则体系的权威性，也损害了 WTO 成员及其贸易商的信赖利益。

　　实际上，对非市场经济体进行国内规定只是部分国家的实践，不具有国际法上的合法性。以美国运用非市场经济国规则实践为例，"非市场经济地位"从反倾销、反补贴实践到正式进入美国反倾销、反补贴法，其间经历了一个漫长的过程。刚开始针对的是原东欧社会主义国家，但后来发生的事实表明，真正促使美国传统立场发生根本转变的是中国产品不断提升的竞争力。实际上，在中国产品日益对美国产品形成"威胁"的大背景下，"市场经济地位"条款成为美国保护产业利益的、法律上的"救命稻草"。② 显然，在《美墨加协定》中，此类极具现实主义色彩的"毒丸"条款违背了各缔约方在多边经贸体系下的禁反言要求。更重要的是，截至 2016 年 5 月，已有 81 个国家承认中国的市场经济地位。③ 因此，美国等少数 WTO 成员采取的非市场经济体单边认定无法形成普遍的国家实践，更无法抵消作为一般法律原则的禁反言效力。

本章小结

　　美国通过在《美墨加协定》中规定针对非市场经济国的特殊规则，实际上破坏了第二次世界大战以来以 GATT 1947 和 WTO 为基础的非歧视待遇原则及其实践，形成了美国新互惠主义的雏形，这可能阻碍全球贸易自由化的进程。《美墨加协定》与中国具有一定的关联性，有美国专家指出，

---

① 参见 Joost Pauwelyn，"Enforcement and Countermeasures in the WTO: Rules are Rules — Toward a More Collective Approach"，*American Journal of International Law*，Vol. 94，No. 2，2000，pp. 335-347.
② 参见刘敬东《"市场经济地位"之国际法辨析——〈加入议定书〉与中国"市场经济地位"》，《国际经济法学刊》2015 年第 1 期，第 36 页。
③ 参见戴慧《再看关乎贸易的中国市场经济地位问题》，《中国经济时报》2018 年 7 月 30 日，第 5 版。

《美墨加协定》的"毒丸"条款体现了"反中国"的特征。①

实践中,美国新互惠主义将对中国自贸区建设产生严重的威胁,主要体现在以下两个方面。第一,使中国无法自由地与美国、加拿大、墨西哥开展自贸协定谈判,甚至将引发贸易伙伴"选边站"的效果。如果说美国在TPP《国际服务贸易协定》等谈判中排斥中国,②那么"毒丸"条款则是直接阻止中国参与全球经济治理。当前,自贸协定谈判是国际合作的主要形式,在《美墨加协定》影响下,中国将不可避免地面临与其他国家签署自贸协定的制度障碍。第二,非市场经济国特殊规则有被复制推广的可能。实践中,其他区域贸易协定中也存在对非市场经济国及其实体进行贸易限制的规则。例如,CPTPP对国有企业正常贸易权作了较为严格的限制。然而,《美墨加协定》对国有企业设置了更大的贸易障碍,这可能进一步限制国有企业的发展空间和能力。为维护我国的发展权,我们更应该在法理上、舆论上、策略上积极应对美国新互惠主义的挑战。

区域贸易协定对全球贸易体系具有"垫脚石"作用的有力依据之一便是"气泡理论"。"气泡理论"认为,多边体系下的众多区域贸易协定正如大气泡里面包含着众多小气泡,可以通过相邻小气泡之间相互融合最终实现统一的贸易体系。③

在20世纪中期,多边贸易协定允许欧洲煤钢共同体等区域贸易协定存在的理由是,在区域内实行更加开放的贸易政策,以便将来实现全球的贸易自由化。但是区域的自由贸易安排不能降低区外国家产品进入自由贸易区的待遇。④由此,GATT 1994第24条允许区域贸易自由化和便利化的根本原因是为加强而不是瓦解以WTO为基础的多边贸易体系。⑤在"土耳其纺

---

① 参见 Chad P. Bown,"The 5 Surprising Things about the New USMCA Trade Agreement", https://piie.com/commentary/op-eds/5-surprising-things-about-new-usmca-trade-agreement,最后访问时间:2018年11月25日。
② 参见程恩富、谢长安《"历史终结论"评析》,《政治学研究》2015年第5期,第27页。
③ 参见孙南翔《跨区域贸易安排的勃兴与中国的因应》,《汕头大学学报(人文社会科学版)》2015年第2期,第65页。
④ 参见 Appellate Body Report, "Peru — Additional Duty on Imports of Certain Agricultural Products", WT/DS457/AB/R, 20 July 2015, para. 5. 112。
⑤ 参见张月姣《亲历世界贸易组织上诉机构》,社会科学文献出版社,2017,第298页。

织品案"中，上诉机构指出，GATT 1994 第 24 条第 4 段规定，关税同盟或 FTA 的目的在于"便利"缔约方之间的"贸易"，而非对第三国设置贸易壁垒。① 在"秘鲁农产品进口税案"中，上诉机构进一步强调 FTA 的目的不在于设置壁垒。②

从某种程度上讲，WTO 规则已成为自由贸易协定的"基准法"。③ 一方面，当前，某些国家通过缔结区域性协定对抗特定国家，特别是限制国有企业的自由贸易权，那么该规则应受到 GATT 1994 第 24 条的严格审视和约束，因为其在 WTO 之上设置了全球自由贸易的新壁垒。另一方面，若现有的自由贸易协定将阻止某些国家参与全球贸易作为基础而发展，它就从根本上违背了 WTO 自由贸易的宗旨，违反了 WTO 序言的规定。《建立世界贸易组织的马拉喀什协定》的序言要求建立"一个完整的、更可行的和持久的多边贸易机制"。由此，多边贸易协定应确保 FTA 发挥"WTO＋"（WTO-Plus）功能，而不能成为产生逐底效应（race to the bottom）的"WTO－"（WTO-Minis），更不可对国有企业的正当贸易权进行侵害，对 WTO 成员的市场经济体制的深化发展形成妨害，对全球自由贸易形成威胁。

---

① 参见 Appellate Body Report, "Turkey — Restrictions on Imports of Textile and Clothing Products", WT/DS34/AB/R, 19 November 1999, para. 57。
② 参见 Appellate Body Report, "Peru — Additional Duty on Imports of Certain Agricultural Products", WT/DS457/AB/R, 20 July 2015, para. 5.116。
③ 参见 Thomas Cottier, "The Common Law of International Trade and the Future of the World Trade Organization", *Journal of International Economic Law*, Vol. 18, 2015, pp. 3-20。

第三章　美国单边经贸政策及对中国经贸发展的挑战

特朗普上台后，美国对华经贸政策逐步体现单边主义的特点。美国单边对华发动301调查不仅违反DSU第23条，并且严重违背程序正义与实体正义。本质上，美国正大力推动中美经贸摩擦转变为中美制度摩擦。然而，美国单边经贸救济措施必须受多边贸易机制的约束。实际上，多边贸易体系明确认可多元化的市场经济体制。因此，中国应坚持以多边贸易机制为基础纠正美国的错误认识，坚持本着互利共赢的理念解决超WTO义务问题，同时，坚定不移地推动形成全面开放新格局以应对美国单边经贸政策的挑战。

第一节　美国单边经贸政策的历史沿革与发展

美国对欧盟单边经贸政策的历史实践对分析近期美国单边经贸政策有所助益，特别是美欧301调查纠纷对中美301调查具有一定的启示意义。其一，在市场规模上，截至2018年，中国的市场规模与欧盟相当，具备与美国平等谈判的前提。2017年，欧盟名义GDP为17万亿美元，中国名义GDP为11万亿美元，日本名义GDP为4.38万亿美元。中国实际GDP与欧盟更接近。中国目前在国际经贸格局中所处的位置与20世纪的欧盟相近。其二，在制度层面上，美国与欧盟在诸多贸易理念上存在较大的分歧，这与中美之间的认识分歧相似。例如，美欧关于文化产品的观点存在鸿沟。近期，以德国为代表的欧盟国家坚定不移地维护全球自由贸易体系，针对美国对钢铝征收高额关税进行报复。自2018年开始的美国对华单边经贸政策以知识产权争议为核心内容之一。从某种程度上，欧盟与中国立场更为接近，美欧贸易争端的例子对于分析美国单边经贸政策的做法具有借鉴意义。

当然，值得注意的是，美欧分歧与近期中美经贸摩擦也具有不同的特点。其一，作为世界上的发达国家与发达国家联盟，美欧在知识产权规则的制定、监督和升级上具有共同利益，其本质特征之一在于主张加强更高程度的知识产权保护。其二，美欧之间并不存在意识形态等分歧。双方在经济制度层面上，共同点远大于不同点。美欧能够采取双边磋商的方法解决除制度之外的贸易分歧。由此，我们应该批判性地看待美欧涉301调查与知识产权纠纷对近期中美经贸摩擦的启示作用。

一　美欧单边经贸政策的历史概述

（一）美欧涉301调查与知识产权纠纷历史

美国和欧盟在多边、双边、单边等场合爆发了多次关于美国301规则的争端。总体上，美国仍在数次301调查及其措施执行中占据主导地位，促使对方重视并认真解决贸易分歧。

在多边层面，20世纪90年代中期以来，欧盟不仅在多边贸易场合成功指控美国301调查程序的合法性，还试图通过WTO争端解决机制解决与美国之间的知识产权分歧。在WTO争端解决机制中，美国就欧盟农产品与食品商标和地理标志保护问题起诉欧盟，相应地，在同时期，欧盟也将美国《版权法》、美国《1998年综合拨款案》等法律规则起诉至WTO。从某种程度上，WTO规则仍发挥着协调美国和欧盟利益的功能和作用。

在双边层面，自20世纪80年代以来，美国对欧盟发动了数十次301调查。调查的内容包括欧盟的进口配额、补贴措施与特殊优惠待遇。从某种意义上说，美国启动的301调查及其措施最终都能够推动美国与欧盟的双边贸易磋商和谈判，并且使美国获得实质性的利益。

在单边层面，自WTO成立以来，美国共10次将欧盟列为特别301调查的优先观察对象，2次列为观察对象。虽然特别301调查并不直接与惩罚措施相关联，但是欧盟及其成员国都对特别301调查事项极为关切。

通过美欧之间关于单边经贸政策的博弈，我们可以清楚地发现，美国在解决与欧盟的经贸分歧时仍在一定程度上遵循着WTO与GATT 1947规则，并配合使用双边和单边的措施，对贸易伙伴施加磋商和谈判压力，进而寻求令其满意的谈判结果。

（二）美欧单边经贸政策的博弈实践：以实证分析为视角

自20世纪80年代以来，美国对欧盟发动了数十次301调查。作为国际社会重要的两大经济体，美国和欧盟充分利用多边贸易机制解决双方关于301调查的分歧。具体而言，在GATT时期，美国主要利用GATT和国内301调查解决美欧贸易纠纷；在WTO时期，欧盟在WTO争端解决框架下对美国301调查违反WTO协议的行为提出指控。

1. GATT时期典型的美欧贸易纠纷案例

（1）1986年美欧油菜籽贸易争端

1986年3月1日，欧共体宣布采取如下措施：①限制来自葡萄牙的油菜籽及其产品的进口，以及葡萄牙的特定植物油的消费；②要求葡萄牙谷物进口的特定比例留给欧共体其他成员国的提供者；③撤销西班牙的关税减让比例且施加不同的玉米、高粱进口税。为应对欧共体的措施，时任美国总统罗纳德·里根在未根据《1974年美国贸易法》第302条启动正式程序前，就下令依据第301条采取行动。本质上，美国的此项决定是针对欧共体对葡萄牙和西班牙的扩围行为的反应。

1986年3月31日，美国总统里根宣布将施加与欧共体措施可比的限制，除非美国和欧共体能够解决此类问题。里根同时宣告，美国将在GATT框架内撤销对特定产品的关税承诺，但是在7月1日之前将维持现有的关税水平，以允许与欧共体就补偿问题进行磋商。该宣告指出，如果此类协议无法达成，美国总统将会增加适当的关税，也表示若谈判取得成功，美国会将关税恢复至既定的减让水平。1986年5月16日，此类行为通过对外发布的宣告而执行。

然而，美国最终并没有执行撤销关税的承诺。1986年7月2日，美国和欧共体达成关于向西班牙出口玉米和高粱争端的临时协定。欧共体保证在1986年剩余的6个月内，美国向西班牙出口玉米和高粱的损失将以欧共体增加进口关税配额的方式得到补偿，美国将不再增加对欧共体产品的关税。最后，美国和欧共体在1986年12月31日就此问题达成和解承诺。①

由此，1986年美欧油菜籽贸易争端的解决体现了美国并非要求争议措施得到完全纠正，而是需要他方补偿美国主张的利益损失。

（2）1986年美欧罐装水果贸易争端

自1980年起，美国对欧共体的罐装水果出口及市场份额下降。为解决此问题，1981年10月23日，美国加利福尼亚蟠桃咨询委员会启动关于欧共体违反GATT 1947第16条的调查，认为欧共体对罐装桃子、梨子以及葡萄干的生产违反GATT 1947第16条。该咨询委员会认为，欧共体的补贴使得美国在欧共体市场的出口下降，且违反了对上述产品的关税规定。

美国贸易代表启动了调查并向GATT提起诉讼。最终，美国获得有利的专家组报告，并在1984年数次请求GATT委员会通过该报告。然而，由于欧共体的请求，委员会并未作出有利于美国的决定。

于是，1985年9月7日，里根总统要求美国贸易代表建议对欧共体关于罐装水果的生产补贴采取报复性措施，除非美国和欧共体能够在1985年12月1日之前解决长期的争端。

1985年9月7日，里根指令美国贸易代表和欧共体举行一系列的磋商。1985年12月，美国和欧共体达成协议，欧共体承诺减少对罐装梨子的补贴，并在1987年7月前移除对罐装桃子的生产性补贴。②

由此可见，1986年美欧罐装水果贸易争端的解决在一定程度上体现了美国对GATT机制的遵守。

---

① 参见 Patricia I. Hansen, "Defining Unreasonableness in International Trade: Section 301 of the Trade Act of 1974", *Yale Law Journal*, Vol. 96, 1987。

② 参见 USTR, "Report to Congress Required by Section 306 of the Trade Act of 1974（Jan.-June 1986）", https://ustr.gov/sites/default/files/1994% 20Special% 20301% 20Report.pdf，最后访问时间：2018年4月1日，pp. 2-3。

(3) 1985 年美欧柑橘贸易争端

自 1970 年中期以来，欧共体对特定的地中海国家实施优惠的柑橘关税，美国认为欧共体的措施对美国向欧共体的柑橘出口产生了负面影响。由此，美国佛罗里达州柑橘委员会和其他机构请求美国及时纠正欧共体的行为。美国随后发动多边救济，并在 1976 年启动单边的调查程序。

在采取单边措施之前，美国将与欧共体的柑橘争端诉诸 GATT 委员会。1984 年，美国获得有利的 GATT 专家组报告。然而，欧共体通过 GATT 委员会的正向一致原则，成功阻碍了该报告的通过。美国随后单方面认为争端解决已结束。

1985 年 6 月 20 日，美国里根总统认定欧共体的歧视性关税在第 301 条项下是可诉的，因为此类措施损害了美国在 GATT 1947 项下的利益，不仅是不公正的和歧视性的，而且也构成对美国商业的负担和限制。次日，里根总统指出，对欧共体的关税增加措施将于 1985 年 7 月 6 日起生效。欧共体在 1985 年 6 月 23 日指出，将会增加美国向欧共体出口的柠檬和胡桃的关税，该措施将在 1985 年 7 月 6 日生效。

1985 年 7 月 19 日，由于双方的不懈努力，美国和欧共体同意将双方增加关税的措施推迟至 10 月 1 日。然而，美欧并未达成双方都满意的和解协议。随后，1985 年 11 月 1 日，美国对欧共体增加关税的措施生效。1985 年 11 月 4 日，欧共体关于美国柠檬和胡桃的措施生效。

尽管如此，双方并未放弃谈判和磋商。最后，美国和欧共体在 1986 年 8 月 10 日达成协议。欧共体同意降低对多种柑橘产品的关税（包括 GATT 专家组报告中不包括的产品，以及那些并未受到 GATT 报告质疑的产品）。进一步地，欧共体同意降低杏仁的关税。美国同意降低对凤尾鱼、橄榄、橄榄油、刺山柑、红辣椒和发酵苹果汁的关税，并且增加欧共体奶酪的配额。美欧同意削减双方于 1985 年 11 月确定增加的关税税率。[①]

由此，1985 年美欧柑橘贸易争端表明美国不仅使用多边机制解决分歧，

[①] 参见 Federal Register, "Withdrawal of Increase Rates of Duty on Certain Pasta Articles from the European Economic Community", 51 Fed. Reg. 30, 1986, https://www.loc.gov/item/fr051083/, 最后访问时间：2018 年 3 月 10 日, p.146。

也推动以单边谈判的方式形成共识。该争端体现了美国发动301调查的目的在于通过谈判，实现其自身经济利益。

2. WTO时期美欧关于知识产权的争端

（1）美诉欧农产品与食品商标和地理标志保护案

自WTO成立以来，在WTO争端解决机构中，美国共发动4次针对欧盟及其成员国的涉知识产权案件。其中，3次以和解结案（分别为美国诉爱尔兰/欧盟拒绝对部分著作权和邻接权保护案、美国诉丹麦/瑞典民事救济程序中缺少临时措施案、美国诉欧盟对部分电影和电视节目著作权不充分保护案），1次以通过专家组报告的方式结案。以下具体分析以专家组报告结案的"美诉欧农产品与食品商标和地理标志保护案"。

欧盟第2081/92号规则规定，在申请农产品或食品地理标志注册时，申请者必须提供一系列关于产品的详细情况说明，并要求成员国建立审查制度以确定地理标志使用的准确性。由于美国认为欧盟规则对美国地理标志申请者造成额外的负担，1999年6月1日，美国向WTO争端解决机构提起针对欧盟农产品与食品商标和地理标志保护的申诉。除美国和欧盟外，阿根廷、澳大利亚、巴西、加拿大、中国（含台湾地区）、哥伦比亚、危地马拉、印度、墨西哥、新西兰、土耳其以第三方身份参与该案解决。

该案涉及欧盟农产品和食品地理标志注册制度以及商标和地理标志冲突时的处理。美国认为欧盟的措施违反了《与贸易有关的知识产权协定》（以下简称TRIPS协定）（包括但不限于TRIPS协定第2、3、4、16、22、24、63和65条）和GATT 1994第1、3条规定的国民待遇原则及最惠国待遇原则等，降低了对商标的保护。

2005年3月15日，专家组发布报告。专家组同意美国关于欧盟地理标志法规并未向其他WTO成员权利所有者和产品提供国民待遇的认定，因为：①从欧盟之外的国家进行地理标志注册取决于该成员政府是否采纳和欧盟体系等价的保护，并且是否提供给欧盟地理标志互惠的保护；②地理标志法规程序要求这些政府运行与欧盟成员国相似的产品检查机制。因此，与欧盟成员国国民相比，外国国民在欧盟体系下获得其地理标志的机会得不到保障。

同时，专家组认定，没有证据表明要求产品检验的欧盟地理标志保护体制的实质与 WTO 义务不符。进一步地，专家组认同欧盟的主张，即地理标志法规允许当与在先商标冲突时仍可注册为地理标志，因此，该法规足以被限制在商标权的"有限例外"情形中。但是，专家组同意美国的观点，认为 TRIPS 协定不允许地理标志与在先商标不合理地共存。①

在 WTO 争端解决诉讼之外，1999~2004 年美国均在特别 301 报告中重点关注欧盟食品和农产品地理标志规则，并将欧盟列为优先观察对象。2005~2006 年，美国特别 301 报告指出，由于美欧地理标志争端已经解决，但由于欧盟仍未全面执行，因此仍将欧盟列为观察对象。2007 年，美国认为欧盟已经采纳新的地理标志规则，决定不再将欧盟列入观察对象。美国通过此案对欧盟地理标志的实体、程序等规则进行指控，也体现了美国对欧盟特定知识产权问题的重视。

（2）欧诉美涉知识产权争端

自 WTO 成立以来，在 WTO 争端解决机构中，欧盟共发动 3 次针对美国的涉知识产权案件。其中，1 次案件仍未决（系欧盟诉美国《1930 年关税法》及其修正案第 337 条款案），2 次以通过专家组报告或上诉机构报告的方式结案。以下具体分析以专家组报告结案的"欧盟诉美国《版权法》第 110（5）条案"（DS160），与以上诉机构报告结案的"欧盟诉美国《1998 年综合拨款案》第 211 条案"（DS176）。

第一，关于欧盟诉美国《版权法》第 110（5）条案。

1998 年美国国会对 1976 年《美国版权法》进行修订。由于美国新版权法规定对版权人播放专有权进行限制，众多版权人不能收取相应的版权使用费。欧盟认为美国的措施对权利人合法权益造成损害，给欧盟造成了权利丧失和损害的后果，因此诉诸 WTO 争端解决机制。澳大利亚、巴西、加拿大、日本和瑞士以第三方身份参与该案。

2002 年 5 月 5 日，该案专家组报告发布，双方并未提起上诉。在该案中，专家组裁定《美国版权法》第 110（5）条（A）项满足 TRIPS 协定第

---

① 参见 WTO, "EC — Trademarks and Geographical Indications", https://www.wto.org/english/tratop_e/dispu_e/cases_e/ds174_e.htm, 最后访问时间：2019 年 3 月 3 日。

13条的规定，且与《伯尔尼公约》第11条规定相符。但该案专家组认为，第110（5）条（B）项并没有满足TRIPS协定和《伯尔尼公约》相关规定。

由于美国未在合理履行期内对措施进行相应修改，2002年1月7日，欧盟请求授权终止减让。美国拒绝欧盟提出的终止减让幅度，并将此事项提交仲裁。2002年2月26日，双方请求终止仲裁程序。2003年6月23日，美国和欧盟通知争端解决机构达成临时安排，但直到该安排于2004年12月20日失效时，美国仍未全面履行争端解决机构的裁决和建议。随后，美国继续提交履行状况报告。但直到目前，美国仍未提交履行专家组裁定的信息。

第二，关于欧盟诉美国《1998年综合拨款案》第211条争端案。

1998年，美国制定《1998年综合拨款案》，其中第211条拒绝被征用商标的注册，使得一系列公司商标的注册申请遭到拒绝。欧盟认为该条款损害其利益。1999年，欧盟将此条款诉至WTO争端解决机构。日本、尼加拉瓜、加拿大以第三方身份参与该案。

2002年3月12日，该案上诉机构发布报告。上诉机构指出，在商标保护层面，美国《1998年综合拨款案》第211条（a）（2）项和（b）项违背TRIPS协定和《保护工业产权的巴黎公约》国民待遇和最惠国待遇的规定。

2002年1月19日，美国在争端解决机构会议上指出，美国需要一段合理的时间以遵守争端解决机构的裁决和建议。随后，欧盟和美国4次修改合理的履行时间点。直到2005年6月30日，欧盟和美国通知争端解决机构，欧盟同意在此阶段不寻求终止减让以及其他义务，但欧盟保留在给予美国事先通知的情况下要求争端解决机构授权终止减让和其他义务的权利。随后，美国提交履行上诉机构报告。

二 美国301调查政策违法性争议：基于"美国301案"的分析

WTO成立之前，美国对欧盟及其成员国发动了多次301调查。在WTO成立之后，欧盟连续4年成为美国特别301调查中的优先关注对象。正基于此，1998年11月，欧盟在WTO提起针对美国301规则（《1974年美国贸易法》第1章第301~310条）的诉讼（DS152）。该案并不涉及具体的贸易措施，而仅针对美国的法律规定，认为美国的301规则不符合WTO协议。在该争议中，双方仍主要在多边框架下解决分歧。除美国和欧盟外，巴西、加拿大、哥伦比亚、哥斯达黎加、古巴、多米尼克、多米尼加共和国、厄瓜多尔、中国香港、印度、以色列、日本、韩国、圣卢西亚、泰国以第三方身份参与该案。

此外，在WTO框架下，日本也起诉美国301调查政策，认为美国于1995年5月19日作出的经济性认定违反DSU第23条"强化多边体系"的规定，并且使得GATT 1994第23.1（b）条无效或利益受损。该案最终双方达成和解，未有专家组报告。①

（一）欧盟诉美国301案的争端背景

1998年11月25日，欧盟针对《1974年美国贸易法》第1章第301~310条事项，特别是第305条和第306条，请求与美国进行磋商。

欧盟的主张有4项：第一，由于美国对于必须作出单边认定和必须进行贸易制裁有严格时间限制，所以，在美国贸易代表并未采纳专家组建议的一致性措施的情况下，《1974年美国贸易法》第305条和第306条阻止了美国遵守DSU规则的可能性。第二，在第305条和第306条的时间限制下，即使在合理执行期限后立即启动执行，DSU程序也不能完成，并且嗣后寻求终止减让或补偿的DSU程序也无法完成。第三，《1974年美国贸易法》第301~310条（特别是第305条和第306条）不符合DSU第3条、第21条、第22条和第23条，《建立世界贸易组织的马拉喀什协定》第16.4条，GATT 1994第1条、第2条、第3条、第8条和第11条等要求。第四，《1974年美国贸易法》使得GATT 1994项下直接或间接获得的利益无效或受损，并且也损害GATT 1994和WTO的目标。

美国请求专家组否认欧盟的所有主张，并认定：第一，第304（a）（2）

---

① 参见WTO, "United States — Imposition of Import Duties on Automobiles from Japan under Sections 301 and 304 of the Trade Act of 1974", https://www.wto.org/english/tratop_e/dispu_e/cases_e/ds6_e.htm，最后访问时间：2019年3月3日。

(A) 条并不违反 DSU 第 23 条，因为欧盟未能证明该条款要求贸易代表在缺乏 DSB 裁定下作出关于美国贸易权利受损的认定；第二，第 306（b）条并不违反 DSU 第 23 条，因为欧盟并未证明该条款要求贸易代表作出关于美国贸易权利受损的认定；第三，第 306（b）条和第 305（a）(1) 条并不违反 DSU 第 23 条，因为欧盟未能证明此条款要求贸易代表在缺乏 DSB 授权下终止减让；第四，第 306（b）条并不违反 GATT 1994 第 1 条、第 2 条、第 3 条、第 8 条、第 11 条，因为欧盟未能证明该条款规定与 DSB 授权相违背的终止减让；第五，第 301~310 条并不违反《建立世界贸易组织的马拉喀什协定》第 16.4 条，因为其并没有命令违反 DSU 或 GATT 1994 任何条款的行为，也没有排除符合上述义务的行为。

（二）该案专家组的分析思路

该案专家组从事实认定、条约解释、善意原则等角度分析了美国 301 调查制度是否符合 DSU 第 23 条的规定。

1. 事实性认定

作为事实性问题，专家组认定，在第 304（a）(2) 条的法律语言下，USTR 被授权对美国权利是否在磋商请求后的 18 个月内受损作出认定。同时，由于大多数 DSU 缺乏最长时间的最低时限，或者是最大的时限，因此，从磋商到 DSB 作出认定的时间可能长于 18 个月。

进一步地，专家组认定，即使 USTR 有义务在 18 个月时限内作出认定，在第 304 条宽泛的裁量权下并未产生如下强制性义务，即在 DSU 程序完成前 USTR 应作出美国权利受损效果的认定。因此，专家组最终认定，即使 USTR 并没有义务在 DSB 程序完成前作出与 DSB 不一致的认定，第 304 条法律语言并没有排除此认定的可能性。①

2. 专家组对 DSU 第 23 条的条约解释

专家组认为，DSU 第 23 条第一层义务明确禁止 WTO 成员在任何争议下采取对其他成员不符合 WTO 义务的行为进行救济的单边行动。同时，该

---

① 参见 Panel Report, "United States — Sections 301-310 of the Trade Act of 1974, WT/DS152/R", 22 December 1999, para. 7.31。

案主要涉及 DSU 第 23 条第二层义务。GATT 体系（主要为《建立世界贸易组织的马拉喀什协定》和 GATT/WTO 实践）表明立法本身可违反 GATT/WTO 义务。因此，违反第 23 条的行为包括两种类型：第一，在特定争议中，临时的具体行动；第二，普遍适用的措施，例如法律或法规。其规定的特定程序并不诉诸 DSU 争端解决机制或者不遵守 DSU 的规则和程序。①

进一步地，在该案中，第 304 条并没有要求 USTR 在具体争议中作出违反第 23 条的不一致性的认定，而仅仅是法律语言本身规定 USTR 有权力和有权利如何做。由此，美国认为，只有规定与 WTO 不一致或者排除 WTO 一致性的立法违反 WTO 义务，而欧盟认为允许 WTO 不一致性的立法也可违反 WTO 义务。专家组认为，对于强制性或裁量性原则的区分并非此处的核心问题，"第 304 条是否违反第 23 条应该依赖于第 23 条所规定的具体义务"。同时，专家组也指出，具有裁量权的立法并非不会违反 WTO 义务。②

3. 关于美国 301 调查程序违反 DSU 第 23 条的认定

专家组对争议条款进行了条约法分析。具体而言，第一，专家组认为，DSU 第 23.1 条的惯常含义禁止在 DSU 程序结束前作出不一致的单边认定。基于此，专家组认为《1974 年美国贸易法》第 304 条违反 DSU 第 23 条，认为 USTR 可能作出针对其他 WTO 成员的单边认定威胁了第 23.1 条的规定。③

第二，专家组认为，美国保留其原先承诺不作为的行动的裁量权并不符合善意原则。因此，《1974 年美国贸易法》第 304 条明确规定的单边作为的裁量权是非善意的。④

第三，针对目的和宗旨解释，专家组认为最相关的目标是，在国家和全球市场创造有助于个体经济活动的市场条件以及提供安全的和可预见的

---

① 参见 Panel Report, "United States — Sections 301-310 of the Trade Act of 1974, WT/DS152/R", 22 December 1999, para. 7.46。
② 参见 Panel Report, "United States — Sections 301-310 of the Trade Act of 1974, WT/DS152/R", 22 December 1999, para. 7.54。
③ 参见 Panel Report, "United States — Sections 301-310 of the Trade Act of 1974", WT/DS152/R, 22 December 1999, paras. 7.59-7.61。
④ 参见 Panel Report, "United States — Sections 301-310 of the Trade Act of 1974", WT/DS152/R, 22 December 1999, paras. 7.67-7.68。

多边贸易体系。专家组解释说，此类措施对个体市场参与者的间接影响（部分地）导致 GATT 法律的失效，由此，此类法律本身违反 WTO 规则。① 同时，专家组援引先前的案例指出，尽管有裁量权的存在，但是争议的法律都被认为违反 GATT 义务。

第四，针对条约文本的"上下文"而言，专家组指出，WTO 体系和 DSU 第 23 条的语境支持其决定。专家组认为，更有效率的争端解决体系是乌拉圭回合的重要成果，因为对一体化（integrity）的威胁将会削弱整个 WTO 体系。因此，在 DSU 第 23 条下不承认作出不一致的单边认定的义务意味着"它使得成员或市场参与者确信，此类关于 WTO 权利和义务的单边认定将不会被作出"。②

基于如上的分析，专家组得出初步结论，表面（prima facie）上，《1974 年美国贸易法》第 304 条违反 DSU 第 23.2（a）条。

4. 美国行政行为声明使得美国 301 调查程序具有一定程度的合法性

专家组认为，必须考察第 304 条的其他影响法律执行的机制性和执法性特征。例如，美国将在 DSU 程序完成前，削弱 USTR 制定其他成员违反 WTO 规则决定的裁量权。进一步地，专家组指出，要求成员法律符合 WTO 的努力"应该以尽量小的侵扰性方式"，并应该允许成员的最大自治性。一个简单的不执行裁量权的行政承诺是不够的，因此，任何改变必须通过"法定的"（lawfully）方式作出。③

专家组得出结论，美国事实上已经合法地移除了对第 304 条的表面违反。专家组指出，美国行政办公室（United States Executive Office）作出承诺，将保证第 304 条下的认定符合 WTO 义务。特别是，该承诺是以《行政行为声明》（Statement of Administration Action，简称"SAA"）的方式作出，由总统提交并由国会批准的。专家组认为该承诺高于违反 WTO 的表面

---

① 参见 Panel Report, "United States — Sections 301-310 of the Trade Act of 1974", WT/DS152/R, 22 December 1999, paras. 7.79-7.80。
② 参见 Panel Report, "United States — Sections 301-310 of the Trade Act of 1974", WT/DS152/R, 22 December 1999, paras. 7.94-7.95。
③ 参见 Panel Report, "United States — Sections 301-310 of the Trade Act of 1974", WT/DS152/R, 22 December 1999, paras. 7.98-7.103。

认定。专家组强调，美国行政机构应遵守《行政行为声明》及其解释。①

进一步地，专家组认定，美国"明确的、官方的、重复的和无条件证实的"承诺是重要的。即USTR仅将依据被采纳的DSB认定作出决定。② 然而，专家组也提醒，不应轻率地认定国家作出的单边声明的法律属性。基于此，专家组考察了支持美国声明的如下事实：第一，表明先前美国政策的声明；第二，书面上有意的和重复的声明；第三，对专家组作出声明的代表具有作出此类法律声明的完全权力；第四，声明作出的意图是专家组和所有WTO成员可信赖的。③

同时，专家组也警告，如果美国以任何方式拒绝接受或移除其承诺，那么美国将产生国家责任，因此该法律将被认为不符合第23条的义务。④

专家组还考察了USTR在具体案件中的实践。美国主张，它从没有作出与WTO不相符合的认定。专家组邀请欧盟和所有的第三方提交相反的证据。总体上，成员方提交了三个案件。然而，专家组认为，所提及的三个案件无法充分证明过去美国曾违背遵守WTO义务的主张。⑤

（三）美国301调查政策具有单边性

"欧盟诉美国301案"专家组指出，美国保留其单边措施的裁量权是非善意的。专家组分析，WTO协定旨在创造推进有利于经济活动发展的市场条件，并提供安全的、可预见的多边贸易体系。然而，美国301规则将导致WTO法的失效，因此，此类措施本身违反WTO规则。基于如上分析，专家组得出初步结论，美国301规则（特别是第304条）表面违反DSU

---

① 参见 Panel Report, "United States — Sections 301-310 of the Trade Act of 1974", WT/DS152/R, 22 December 1999, paras. 7.109-7.113。
② 参见 Panel Report, "United States — Sections 301-310 of the Trade Act of 1974", WT/DS152/R, 22 December 1999, para. 7.114。
③ 参见 Panel Report, "United States — Sections 301-310 of the Trade Act of 1974", WT/DS152/R, 22 December 1999, paras. 7.118-7.125。
④ 参见 Panel Report, "United States — Sections 301-310 of the Trade Act of 1974", WT/DS152/R, 22 December 1999, para. 7.126。
⑤ 参见 Panel Report, "United States — Sections 301-310 of the Trade Act of 1974", WT/DS152/R, 22 December 1999, paras. 7.127-7.130。

第 23.2（a）条。

由于美国保证关于美国 301 规则的认定将符合 WTO 义务,该案专家组认为该承诺能够减轻美国违反 WTO 协定的程度,因此未直接认定相应规则的违法性。当然,专家组也警告,如果美国以任何方式拒绝接受或移除其承诺,那么美国将承担国家责任,该法律将被认为不符合 DSU 第 23 条。

除该案外,进入 21 世纪以来,欧盟又在 WTO 争端解决机构起诉《1974 年美国贸易法》第 1 章第 306 条,指出该条款违反 DSU 第 23 条。然而,由于双方寻求在 WTO 争端解决机制外解决共同关切,最终专家组并未对该案件（DS200）作出裁决。

由此,美国单边开展 301 调查多次遭到 WTO 成员的指责,并被专家组认定为表面违反 WTO 协定。归纳而言,在 WTO 协定管辖的范围内,在针对 WTO 成员问题上,美国有义务不绕过 WTO 争端解决机制,并在未获得 WTO 争端解决机构授权时不实施单边救济措施。毫无疑问,此次美国对华 301 调查系在 WTO 协定框架内开展的单边行动,明显违反 WTO 协定并公然违背其承诺的《行政行为声明》。

综上所述,WTO 时期,争端解决机构基本厘清了美国 301 规则表面违反了 WTO 争端解决规则。

三　美国单边经贸政策的形式与特征

（一）美国单边经贸政策启动的原因与目的

作为世界上重要的经济体,美欧之间的贸易往来非常频繁。随着贸易往来的加深,贸易摩擦不可避免。总体上,在 2007 年之前,欧盟的知识产权问题都是美国历任总统关注的重要内容。在里根任期内,美国频繁对欧盟发动 301 调查,并对贸易纠纷问题不妥协。在克林顿任期内,欧盟是美国特别 301 调查的优先观察对象。在小布什任期内,欧盟仍长期成为美国特别 301 调查的观察对象。相对而言,在奥巴马任期内,美国较少关注欧盟的知识产权问题。

第一,在起因上,美国在开展 301 调查或特别 301 调查时,都强调欧盟或其成员国的措施导致美国特定产品出口到欧盟或其成员国市场受阻，特别是相应措施导致美国出口量或出口总额实质性减少，① 市场份额显著降低，② 存在不公正的补贴行为，③ 或者对美国利益造成严重的损害。④ 虽然上述起因是名义上的理由，但是美国仍然将其作为开展对欧 301 调查的客观理由。

第二，在这一过程中，美国不仅开展国内 301 调查，并且也频繁使用 GATT 或 WTO 争端解决机构作为解决分歧和阐述理由的场所。总体上，美国仍多次借助 GATT 委员会或 WTO 争端解决机构解决分歧。例如，美国在 GATT 委员会提出关于罐装水果、柑橘等关切。在上述争端中，美国是在 GATT 争端解决机制完成后，才启动单边报复措施。

相应地，欧盟对美国的对抗措施不仅体现在单边的反报复措施，也体现在充分利用多边贸易机制层面。总体上，历次美国提出报复措施，欧盟都会提出反报复措施。若美国实施报复措施，欧盟也会跟进实施反报复措施。换言之，欧盟的主要应对措施是积极的、明确的、富有对抗性的。同时，欧盟也多次关切美国的知识产权问题，并在 WTO 中三次发动针对美国知识产权法律规定的诉讼。有趣的是，美国频繁采取拖延的策略，截至 2018 年仍未通报其最后履行争端解决机构裁决和建议的措施。因此，中国应警惕美国以国内立法和修法程序繁冗为借口，拖延履行义务。

作为世界上重要的经济体，欧盟两次从程序、实体和实践等层面将美国 301 调查规则起诉至 WTO 争端解决机构。此举也体现出欧盟的担当，更为欧盟赢得了良好的声誉。

第三，在结果上，美国和欧盟最终都达成妥协。在大多数情况下，美欧能够在具体报复和反报复措施执行之前，达成临时协定或最终协定。例

---

① 参见 1986 年"美欧油菜籽贸易争端"。
② 参见 1985 年"美欧柑橘贸易争端"。
③ 参见 1986 年"美欧罐装水果贸易争端"。除此之外，2004 年，美国请求就欧盟对大型民用飞机的补贴措施进行磋商（DS316）。上述争议措施包括：对空客设计和发展的财政资助；对与发展、扩大和升级空客制造基地相关的拨款和政府物资提供；对优惠性贷款期限的提供；对启动项目等债务的无视等。2011 年，该案上诉机构认定欧盟及成员国对空客的某些特定补贴违反《反补贴协定》。
④ 参见"美诉欧农产品与食品商标和地理标志保护案"。

外体现在美欧柑橘贸易争端中。在1985年美欧柑橘贸易争端中,由于双方未能达成一致意见,1985年11月1日,美国增加关税的措施生效。11月4日,欧共体反报复措施生效。在报复措施和反报复措施使用过程中,美欧仍继续进行谈判,并最终在1986年8月10日达成协议。其后双方停止报复和反报复措施,欧共体取消限制性措施,美国也相应提供部分产品的市场准入机会。[①] 当然,美欧各方的利得和损失需要经过经济学家的具体测算,然而表面上,谈判的结果都是各自让步。从总体上说,在历次WTO或GATT时期的美欧贸易争端中,美国都获得了既定的利益。

(二) 美国单边经贸政策的知识产权关切

美国单边经贸政策尤为关注知识产权议题。一方面,美国通过一般301调查实现贸易保护政策;另一方面,其还通过特别301调查专门解决知识产权争议。

欧盟知识产权体系由欧盟层面法律和成员国层面法律两部分组成。美国特别301调查同时针对欧盟及其成员国的知识产权问题进行检测和调查。自1995年WTO成立以来,欧盟在1995~2004年共10次成为美国特别301调查的优先观察对象,在2005~2006年共2次成为观察对象。在欧盟成员国中,希腊和意大利为美国主要的观察对象。1995~2000年希腊成为优先观察对象。1998~2000年意大利成为优先观察对象。

总体上,美国通过特别301调查解决了与欧盟及其成员国的知识产权认识分歧。除特别301调查的认定,美国和欧盟也积极在美欧TTIP、TPP谈判中解决知识产权认识分歧。

1. 美国单边经贸政策的核心关切

第一,欧盟及其成员国高昂的专利费用。与美国相比,欧盟及其成员国的专利申请、使用等费用极其昂贵。实际上,美国在欧盟申请的专利数量相当大,欧盟过高的专利费用将导致美国专利权人利益受损。因此,美国将欧盟专利费用视为重点关注内容。1996年美国将欧盟专利费用问题列

---

① 参见1985年"美欧柑橘贸易争端"。

为重点关注的事项后，欧盟在 1997 年和 1998 年采取实质性措施减少专利费用。随后，美国不再关注欧盟及其成员国专利费用问题。

第二，欧盟食品与农产品地理标志的待遇问题。1999 年，在特别 301 调查中，美国认为欧盟地理标志法规违反国民待遇和最惠国待遇，该问题成为美欧在知识产权领域的核心分歧点。随后，美国将欧盟地理标志法规诉至 WTO 争端解决机构。在经过长达 5 年的审理后，美国获得了有利的专家组报告。在地理标志争端解决后，美欧双方又对专家组报告的裁决和建议执行问题产生分歧。2007 年，美国认定欧盟全面执行地理标志新规，并不再将欧盟列入特别 301 调查的观察清单。

第三，欧盟及其成员国广播、表演等问题。在特别 301 调查中，美国多次将欧盟电视、视听产品、表演等问题列为重点关注事项。1995 年，美国在特别 301 调查报告中指出，欧盟的电视播报配额拒绝给予美国电视从业者公正的准入机会。1996 年，美国关注欧盟视听产品关税的国民待遇问题。1997~1998 年，美国认为欧盟对空白磁带和公共表演的分销施加的税费违反国民待遇。1999 年，美国认为该问题得到解决。美国也长期指责希腊等欧盟成员国对美国广播行业施加了严格的法律措施。历经数年，欧盟成员国开放市场。2000 年后，美国认为该问题得到解决。本质上，上述分歧体现为欧盟的"文化例外"与美国的"文化贸易自由化"之间的冲突。

第四，欧盟成员国的知识产权执法问题。在特别 301 调查中，欧盟成员国的知识产权执法体系是美国关注的重点内容。例如，2003 年希腊知识产权问题受到美国关注，随后的 2004 年，美国认为希腊执法状况得到改善，又将希腊移出关注清单。2008 年，希腊再次被列为观察对象是因为美国认为该国对知识产权的执行是脆弱且不平衡的。美国对欧盟及其成员国的知识产权执法关注是根据每年的执法监督情况作出的结论。由此可见，美国对知识产权的关注不仅体现在立法层面，也体现在法律规范执行层面。

第五，欧盟及其成员国的其他重要领域。除上述领域外，在特别 301 调查报告中，美国也关注欧盟及其成员国的制药行业知识产权、数据库指令、互联网盗版及其治理、版税征收与政府监管等问题。例如，美国自 2009 年开始关注芬兰制药问题，其认为芬兰对特定药品的专利保护不充分。2011

年，美国认为西班牙互联网盗版问题严重，要求西班牙迅速移除侵权内容。2012年，由于西班牙执行了针对互联网盗版行为的法律，美国将其移出关注对象名单。总体而言，美国关注其具有比较优势的制药、科技、文化等领域。

2. 知识产权在美国单边经贸政策中的地位和作用

第一，在知识产权重点关注领域，美国持续关注欧盟农产品、文化产品、制药行业和互联网行业等。相对而言，上述领域都体现了美国企业的比较优势。特别是2010年以来，美国对欧盟及其成员国的关注重点集中在互联网盗版等问题上。当然，美欧之间知识产权关切有其特殊性。在以文化产品为代表的行业中，美欧存在不同的理念。欧盟长期奉行文化例外的政策，而美国主张文化产品自由化的规则体系。总体上，知识产权重点关注领域集中于美国比较优势行业。

第二，在知识产权重点关注事项上，美国逐渐从税费问题转向立法、执法问题。在WTO成立后的数年内，美国关注欧盟及其成员国的专利费用过高问题。然而，进入21世纪以来，美国转向关注欧盟及其成员国的知识产权执法体系。美国鼓励欧盟成员国制定高标准的知识产权保护法规，并严格执法。例如，美国要求西班牙迅速移除互联网侵权内容，并鼓励西班牙颁布针对互联网盗版行为的新法规。

第三，在知识产权措施的策略上，美国倾向于打包处理贸易争端。美欧之间关于贸易纠纷的解决方法体现了"交易"的特征。美国要求欧盟对其受损利益进行补偿，而非完全的纠正措施。例如，在1986年美欧油菜籽贸易争端中，美国寻求通过增加欧共体进口关税配额的方式弥补其向西班牙出口玉米和高粱的损失。① 实践中，针对知识产权和货物的措施时常多管齐下，甚至还可跨部门、跨行业解决贸易分歧。总体而言，知识产权争端不单单是知识产权问题，更涉及美国核心的贸易利益。

第四，在对欧盟发动的数十次301调查中，美国倾向于使用多边贸易机制解决共同关切。在GATT时期，美国数次提交采用争端解决报告的说明，

---

① 参见1986年"美欧油菜籽贸易争端"。

并将完成专家组报告作为实施单边报复措施的前提。总体上,在对抗中,美国先使用多边贸易机制解决欧盟经贸摩擦,其次才考虑单边报复措施。在要价上,美欧之间解决知识产权分歧的过程相对较长。美欧地理标志纠纷甚至长达9年才解决双方共同关切。[①] 更为重要的是,在历次美国301调查中,美欧双方最终都能达成协议。从某种程度上说,美国仍迫使欧盟作出让步或者修改法律制度,实现其既定的目标。

(三) 美国对欧盟和日本实施单边经贸政策的特点

除欧盟外,美国对日本也实施了诸多的单边经贸政策,特别是对日本半导体开展301调查(见表3-1)。与欧盟相比,在共性之外,美日单边贸易政策摩擦也具有特殊性。

表 3-1　美日半导体 301 调查情况

时间	事项
1985 年	美国半导体工业协会递交了正式 301 调查报告,主要以市场准入、不公正的交易行为为调研对象
1985 年 8 月至 1986 年 3 月	1986 年 7 月 31 日,美国和日本达成协议——《日美半导体协议》,日本满足了美国提出的要求
1987 年	美国参议院以绝对多数通过对日本半导体进口实行经济制裁的决定,里根总统决定对价值 3 亿美元的日本电气设备加征 100% 的报复性关税
1989 年 9 月至 1990 年 6 月	美日谈判通过《日美结构问题协议》
1991 年	美日双方再次谈判,通过《新日美半导体协议》
1993 年	美日就《日美经济协议方案》展开谈判。对于《日美经济协议方案》中的客观标准(数值目标),日本并未完全接受,但其他问题达成合意

第一,与美日贸易纠纷解决相比,欧盟对美国发动的301调查及知识产权纠纷的态度更加强硬,并且坚持谈判的底线。在历次美欧贸易纠纷中,欧盟都不会率先答应美国的要价,而是坚持以双边磋商和谈判的方式解决分歧,也愿意接受在非敏感重要领域与美国进行"交易"。相反地,在美日

---

① 参见"美诉欧农产品与食品商标和地理标志保护案"。

贸易纠纷中，日本相对顺从美国，甚至采取了自愿限制出口等限缩本国行动自由的措施。当然，即使日本采取限制本国行动自由的策略，美国仍继续在汇率、经济结构等领域进一步要求日本开放市场并接受美国的不公平贸易要求。因此，美欧谈判的历史经验表明坚守谈判底线是非常重要的。

第二，欧盟坚持将贸易分歧停留在贸易领域，而不扩展至汇率、经济结构等领域。美国与欧盟之间关于 301 规则的贸易纠纷主要集中在关税领域。实践中，欧盟并不接受美国将贸易纠纷扩展到投资、汇率、经济结构等领域。因此，欧盟主张在货物贸易领域解决彼此关切。相反地，在日美贸易经常项目不均衡且无法得到即期解决时，美国将目光转向汇率、经济结构和行政组织体系领域，并先后与日本签署《广场协议》《日美结构问题协议》《日美综合经济协议》《日美规制缓和协议》等解决日本的制度性问题，这引发了日本的革命性规制改革。从某种程度上，机制的不稳定性也制约着日本经济的进一步发展。

第三，欧盟坚持在多边场合中主张争议中的美国立法的违法性。在美国对欧盟并未作出实质性单边行为的前提下，欧盟是自 WTO 成立以来唯一两次起诉美国 301 规则的成员。当美国在 WTO 起诉欧盟地理标志措施时，欧盟将《美国版权法》《1998 年综合拨款案》相关规则分别起诉至 WTO。相反地，日本倾向于通过双边谈判并签订双边协议解决涉及 301 规则的争议，甚至在美国单方面采取惩罚措施时，日本也并没有启动反制措施，仍然坚持在双边协议框架下通过谈判解决贸易纠纷。

第二节　美国单边对华发动 301 调查及其违法性

一　美国单边对华发动 301 调查的历史沿革

据统计，历史上，2018 年之前美国共启动 5 次对华 301 调查，并导致中美经贸纠纷（见表 3-2）。①

---

① 参见石丹《301 调查下的中美知识产权争端回顾》，《知识产权发展研究》2018 年第 1 期。

第三章　美国单边经贸政策及对中国经贸发展的挑战

表 3-2　美对华 301 调查历史情况

时间	历时	事件经过	关注问题
1991 年 4 月至 1992 年 1 月	9 个月	美国对华发起"特别 301 调查"。1992 年 1 月，双方签订《中美关于保护知识产权的谅解备忘录》	专利保护的范围不够，版权法保护水平过低，商业秘密的保护不足
1991 年 10 月至 1992 年 10 月	12 个月	美国对华发起"301 调查"。1992 年 10 月，双方签署《中美关于市场准入的谅解备忘录》	市场准入
1994 年 6 月至 1995 年 2 月	8 个月	美国对华发起"特别 301 调查"。1995 年 2 月，双方签署《中美知识产权谅解备忘录》	版权侵权、商标侵权、执法机构、市场准入
1996 年 4 月至 1996 年 6 月	2 个月	美国重启"特别 301 调查"。1996 年 6 月，双方签署《中美知识产权谅解备忘录》	CD 工厂、海关执法和市场准入
2010 年 10 月至 2010 年 12 月	2 个月	美国对华发起"301 调查"。2011 年 10 月，双方在 WTO 争端解决机制下磋商解决	新能源补贴政策

资料来源：石丹《301 调查下的中美知识产权争端回顾》，《知识产权发展研究》2018 年第 1 期

（一）第一次美国单边对华贸易调查

第一次争端发生在 1991 年。1991 年 4 月 26 日，美国发布"特别 301 条款"年度审查报告，将中国列入"重点外国"。该报告聚焦在以下方面：中国存在专利法缺陷，尤其是不对化学品（包括药品和农业化学品）提供产品专利的保护；对首次发表于中国之外的美国作品，不提供知识产权保护；著作权法及有关的规则对版权的保护水平过低；对商业秘密的保护不足，等等。

1991 年 5 月 26 日，就中国的某些法律、政策或做法"否定"足够而有效的知识产权保护，"否定"依赖知识产权保护的美国人公平而平等的市场准入，美国贸易代表主动发起 301 调查。1991 年 5 月 31 日，美国贸易代表就被调查事宜征求公众评论，并且要求与中国政府进行磋商。

第一轮磋商于1991年6月12日至13日在北京举行。由于中美两国的相互要求和期望存在很大差异，谈判进行得非常艰难。根据"特别301条款"的程序，美国贸易代表应在发起调查后的6个月内作出是否制裁和采取何种制裁措施的决定。1991年11月26日，美国贸易代表作出决定，认为该案调查涉及综合或复杂的问题，需要额外的调查时间，因此推迟到1992年2月26日以前作出决定。1991年12月3日，美国贸易代表还公布了拟对中国输往美国的106种商品加征100%关税的清单，价值达15亿美元。对此，中国政府也将对来自美国的价值12亿美元的商品征收进口附加税。

两国最终在1992年1月17日签署了第一个关于知识产权保护的协议，即《中华人民共和国政府与美利坚合众国政府关于保护知识产权的谅解备忘录》。根据上述备忘录，中国承诺加入国际条约并修订《专利法》《著作权法》《商标法》，颁布《实施国际著作权条约的规定》，并及时制定《反不正当竞争法》，进一步完善知识产权法律制度。美国贸易代表则承诺宣布终止对中国知识产权法律和做法的调查，并取消对中国的"重点外国"的认定。该备忘录共有7个条文，主要是关于中国知识产权制度的改进，而不是知识产权的执法，对于美方的义务并没有规定。值得注意的是，该备忘录存在一些批判意见，比如专利药物的行政保护、实用艺术作品保护超国民待遇等。[①]

（二）第二次美国单边对华贸易调查

第二次美国单边对华的301调查仍发生在1991年。自1991年起，中国与美国就市场准入问题进行了四轮谈判，未取得成效。1991年10月10日，美国向我国发起"301调查"，为期1年，主要针对中国对美国商品进入中国市场设置不公平壁垒问题。

1992年2月23日，中美就市场准入问题举行第五轮谈判，在谈判中双方进一步明确了各自立场。

---

① 参见石丹《301调查下的中美知识产权争端回顾》，《知识产权发展研究》2018年第1期。

1992年3月31日至4月2日举行的第六轮谈判中,美方向中方提交了中美市场准入问题谅解备忘录草案。在此期间,中方作出了很大的让步,宣布取消进口调节税,降低225种商品的关税。

1992年5月2日至22日的第七轮谈判中,中美双方着重就透明度、进口许可证、进口禁止和关税等条款进行了讨论,向签订谅解备忘录方向前进了一步。8月21日,美国贸易代表办公室不顾中方立场,公布了对中国依照"301条款"进行惩罚性关税报复的商品清单,包含了中国向美国出口的各种工农业产品,包括鞋类、丝绸服装、矿物、工业设备和电子产品,总价值约为39亿美元。美方称,如果中美双方不能在10月10日之前就市场准入问题达成协议,美国就将对这些产品征收惩罚性关税。

1992年10月10日,历经8轮谈判,中美签署了《中华人民共和国政府和美利坚合众国政府关于市场准入的谅解备忘录》。美国针对我国市场准入问题的"301调查"至此以达成协议的方式结束,美国最终没有向我国发起贸易报复。根据此项谅解备忘录,中国承诺自1992年12月31日起至1997年12月31日止的5年时间里,对一系列美国商品取消进口壁垒,包括许可证、配额、管制和限制。在此期间,中国将维持对某些特定产品的限制,但中国会逐步增加开放程度,直到取消全部壁垒。虽然取消限制的时间表因产品而异,但是,约75%的进口许可证、配额、管理和限制将在两年内取消。①

(三) 第三次美国单边对华贸易调查

第三次争端发生在1994年。1994年6月30日,美国再次在"特别301条款"年度审查报告中将中国列入"重点外国"名单。该报告中指出,中国的知识产权问题并未得到有效解决,盗版问题非常严重,商标侵权也很常见,中国还拒绝给予依赖知识产权的美国企业公平、平等的市场准入机会,包括美国的唱片和电影产业。

1994年12月15日,中美两国谈判代表在北京再次谈判。1994年12月

---

① 参见石丹《301调查下的中美知识产权争端回顾》,《知识产权发展研究》2018年第1期。

31日，美国贸易代表确定，由于涉及复杂而繁难的问题，谈判需要更多的时间，因而将作出制裁与否决定的时间延至1995年2月4日。同日，美国贸易代表公布了一个价值达28亿美元的贸易报复清单，涉及中国的电子、玩具、鞋、箱包、发电机、自行车和手表等产品。在美国公布制裁措施的当天，对外贸易经济合作部也以公告形式公布了《中华人民共和国对美利坚合众国的贸易反报复清单》，并征求各界意见。1995年2月4日，美国贸易代表宣布对中国价值达10.8亿美元的商品征收100%的关税作为贸易报复。同一天，中国政府作出回应，同样发布了一份针对美国商品的报复清单。

1995年2月15日至26日，经过紧张、务实和灵活的谈判，双方终于达成协议。协议采取换文的形式，并将《有效保护及实施知识产权的行动计划》作为附件。根据协议内容，中国承诺加强知识产权法的实施，集中打击侵犯知识产权的行为，并作出进一步开放市场的决定，允许美国的音像制品、计算机软件和书籍、期刊进入中国市场。而美国贸易代表承诺终止对中国产品实施制裁的命令，取消对中国的"重点外国"的确认。与此同时，美国贸易代表又宣布把中国置于"306条款"监督之下，以确保中国真正实施已达成的协议。[①]

（四）第四次美国单边对华贸易调查

第四次争端发生在1996年。1996年4月29日，美国贸易代表在"特别301条款"审查报告中，再次将中国确定为"重点外国"，而且是唯一的重点外国。该报告指出，中国没有认真执行1995年达成的关于知识产权执行的双边协议，并且在实施知识产权和相关的市场准入方面存在严重的问题。美方关注焦点为侵权CD工厂、海关执法和知识产权市场准入等问题。

1996年5月15日，依据《1974年美国贸易法》第306条的规定，美国贸易代表认为，中国没有令人满意地实施1995年协议，建议对来自中国的纺织品、服装和电子产品等征收惩罚性关税，价值30亿美元，并征求公众

---

① 参见石丹《301调查下的中美知识产权争端回顾》，《知识产权发展研究》2018年第1期。

意见。值得注意的是，在 306 条款之下，美国贸易代表确定有关的外国或地区没有令人满意地实施双边知识产权协议时，可以直接作出贸易制裁决定，并在 30 天内生效。1996 年 6 月 6 日，中国对外贸易经济合作部立即作出反应，提出了贸易报复清单。1996 年 6 月 6 日和 7 日，美国贸易代表针对中国的贸易报复清单举行了公众听证会。随后，美国贸易代表确定了一个价值 20 亿美元的制裁清单，并于 6 月 17 日起实施。

中美双方最终在 1996 年 6 月 17 日，在美国贸易制裁措施生效之前，达成第三个知识产权协议。根据协议，中国随即采取严厉打击盗版生产线的行动，关闭了近 30 条地下生产线，逮捕 250 多名侵权人，加强知识产权的海关保护。与此同时，美国取消对中国"重点外国"的认定，终止对中国的贸易制裁措施，但是又宣布将继续依据《1974 年美国贸易法》第 306 条监督中国执行。①

（五）第五次美国单边对华贸易调查

第五次 301 调查发生在 2010 年。2010 年 9 月 9 日，美国钢铁工人联合会就中国清洁能源的相关政策措施向美国贸易代表提出 301 调查申请。在申请书中，美国钢铁工人联合会搜集近 6000 页材料，指控中方在清洁能源领域的 70 项政策措施，主要包括 5 类：一是限制外国公司获得关键原材料（如稀土和其他矿物质）；二是以出口实绩或当地含量为条件的禁止性补贴；三是对进口货物和外国企业的歧视性做法（包括对风力、太阳能工厂实施国产化率要求，对国内风力公司的优待，排除承揽减排项目的外国公司碳使用权，对国有企业供应商实施国产化率要求）；四是强制要求外国投资者转让技术；五是为发展绿色科技提供扭曲贸易的国内补贴。申请人称，上述政策和措施违反了 WTO 相关规定，提请美国贸易代表办公室将这些政策和措施诉诸 WTO。

2010 年 10 月 15 日，美国贸易代表办公室宣布对中国清洁能源政策措施发起 301 调查。2010 年 11 月 15 日，中国商务部、中国机电产品进出口商

---

① 参见石丹《301 调查下的中美知识产权争端回顾》，《知识产权发展研究》2018 年第 1 期。

会、中华全国工商联合会新能源商会以及中国光伏产业联盟分别向美国贸易代表办公室提交评论意见，驳斥美国钢铁工人联合会申请书中的不实指控。2010年12月22日，美国宣布该调查的最终决定，称中国《风力发电设备产业化专项资金管理暂行办法》中的补贴内容涉嫌违反WTO《反补贴协定》规定的禁止性补贴，并提起WTO争端解决机制项下的磋商请求。中国在WTO磋商中同意取消受质疑的补贴项目，终止了WTO程序。①

回顾历次争端，301报告聚焦的是知识产权保护、知识产权市场准入的问题，以维护美国知识产权的商业利益为根本目的。上述5次对华301调查最终都在充分磋商后达成协议。

二 2018年美国单边对华发动301调查的违法性

2018年，美国发起第六次对华301调查，随后爆发中美贸易争端。2018年3月8日，美国总统特朗普签署对从中国进口钢铁和铝产品征收附加关税。3月23日，特朗普签署关于中国的301调查报告，并将对中国商品征收关税。实际上，此轮中美贸易争端的核心议题是中国市场经济制度及其模式。然而，不管是美国对华单边发动贸易救济措施还是对中国市场经济模式的质疑，显然都违背多边贸易规则，更是对国际法治的严重破坏。在经贸领域，美国对华发动一系列单边贸易救济措施。根本上，我们应从程序、实体等层面认清美国单边对华发动301调查的违法性。②

（一）美国单边开展301调查违反DSU第23条

美国单边开展301调查多次遭到WTO成员的指责，并被专家组认定为表面违反WTO协定。如前所述，1998年11月，欧盟在WTO提起针对美国301规则（《1974年美国贸易法》第1章第301~310条）的诉讼。经审理，该案专家组指出，美国保留其单边措施的裁量权是非善意的。③

---

① 参见石丹《301调查下的中美知识产权争端回顾》，《知识产权发展研究》2018年第1期。
② 参见孙南翔《唤醒装睡的美国：基于美国对华单边贸易救济措施的分析》，《国际经济法学刊》2018年第3期。
③ 参见 Panel Report, "United States — Sections 301-310 of the Trade Act of 1974", WT/DS152/R, 22 December 1999, paras. 7.67-7.68。

专家组分析，WTO 协定旨在创造有利于经济活动发展的市场条件，并提供安全、可预见的多边贸易体系。然而，美国 301 规则将导致 WTO 机制的失效，因此，此类措施本身违反 WTO 规则。① 基于如上分析，专家组得出初步结论，美国 301 规则（特别是第 304 条）表面（prima facie）违反 DSU 第 23.2（a）条。

由于美国保证关于美国 301 规则的认定将符合 WTO 义务，② 该案专家组认为该承诺能够减轻美国违反 WTO 协定的程度，因此并未直接认定相应规则的违法性。③ 当然，专家组也警告，如果美国以任何方式拒绝接受或移除其承诺，那么美国将承担国家责任，该法律将被认为不符合 DSU 第 23 条。④

由此，在 WTO 协定管辖的范围内，美国有义务不绕过 WTO 争端解决机制，并在未获得 WTO 争端解决机构授权时不实施单边救济措施。毫无疑问，此次美国对华 301 调查系在 WTO 协定框架内开展的单边行动，明显违反 WTO 协定并公然违背其承诺的《行政行为声明》。

（二）美国 301 调查报告无法满足最低程度的证据和论证要求

在 WTO 争端解决机制中，DSU 第 11 条与审议标准相关，它规定专家组应对其审议的事项作出客观评估（objective assessment）。针对反倾销、反补贴等更为普遍的国内调查而言，WTO 上诉机构指出，专家组的客观评估必须重点分析国内调查机关记录的证据是否客观地支持国内的调查结论，

---

① 参见 Panel Report, "United States — Sections 301-310 of the Trade Act of 1974", WT/DS152/R, 22 December 1999, paras. 7.79-7.80。

② 参见 Panel Report, "United States — Sections 301-310 of the Trade Act of 1974", WT/DS152/R, 22 December 1999, paras. 7.109-7.113。

③ 该案专家组指出，这项承诺是以《行政行为声明》（Statement of Administration Action）的形式作出，由美国总统提交国会批准，因此具有较高的可信性。然而，笔者认为，专家组对该案的认定存在问题。专家组应认定美国的 301 条款不符合 WTO 协定的规定，而非使用保证来说明立法性文件不违反 WTO 协定。依此逻辑，任何立法性文件只需要成员保证不违反 WTO 协定，即是合法。这显然违背 WTO 争端解决机制解决争议的目标，不符合 DSU 规则。

④ 参见 Panel Report, "United States — Sections 301-310 of the Trade Act of 1974", WT/DS152/R, 22 December 1999, para. 7.126。

是否有足够的推理，调查机关的说理是否协调一致地支持其采取的相应措施。同时，《反补贴协定》等要求国内调查机构必须按照协定的具体程序进行调查。①

反补贴调查等有单独的规则，其目的都是对国内调查作出客观评估。因此，WTO对国内调查的实质性要求也具有可比性和相似性。② 例如，《保障措施协定》第4.2条对专家组的客观评估有两点要求：其一，专家组应当审议成员国内调查机构是否审查全部有关的因素；其二，专家组必须审查成员国内调查机构是否提供了有理由的、适当的关于证据如何支持其结论的解释。③ 由此，客观评估实际上要求国内调查机构在证据和论证层面满足充分的解释、有效的说理要求。然而，通过分析，美国对华301调查报告无法满足充分解释和有效说理要求。

1. 美国301调查使用的证据缺乏公信力

第一，美国对华301调查报告大量使用匿名信息论证中国强制技术转让体系的存在。例如，报告指出，在保密行业中，企业将匿名报告其经验，由此，可表明相关企业承受此类压力。④ 现代法治的特点是透明性和可问责性。美国调查使用如此非透明的论证方式，甚至连匿名的报告内容和记录都未向公众公布，直接减损了信息来源的可采性和可信性。同时，在有限的证据中，美国使用大量诸如"压力"（pressure）、"感到"（feel）等主观用语，本身就有偏见性。因此，不透明、非客观的调查证据难以满足公允性的要求。

第二，美国对华301调查报告使用未决案和美国企业已在337调查中撤

---

① 参见张月姣《亲历世界贸易组织上诉机构》，社会科学文献出版社，2017，第360页。
② 参见《反补贴协定》第10~22条。由于条约解释需要参考上下文（context），WTO协定存在交叉引用的解释方式。例如，相似产品（like product）曾在GATT 1994和GATS中交叉解释。
③ 参见 Appellate Body Report, "United States — Safeguard Measures on Imports of Fresh, Chilled or Frozen Lamb Meat from New Zealand and Australia", WT/DS177/AB/R, 1 May 2001, para. 103。
④ 参见 USTR, "Findings of the Investigation into China's Acts, Policies, and Practices Related to Technology Transfer, Intellectual Property, and Innovation Under Section 301 of the Trade Act of 1974", https://ustr.gov/sites/default/files/Section%20301%20FINAL.PDF，最后访问时间：2018年10月1日。

回的侵犯商业秘密诉点进行论证，缺乏公信力。美国对华301调查报告使用美国司法部2014年5月起诉中国政府入侵者、2017年9月美国司法部对3名中国国民提起诉讼作为论证材料。事实上，相关案件仍未作出最终裁决。另外，调查报告还使用了美国国际贸易委员会在337调查中的网络侵犯商业秘密的指控，[①] 而该指控已经被撤回。[②]

第三，美国对华301调查报告具有明显的偏向性。在调查中，美国花费巨大篇幅描述美国及美方企业调查的内容，但对中方发言及材料一笔带过。例如，中国贸易协会和相关的法律事务所指出，技术转让的认定是无须政府参与的自愿协议，股权合资以及技术转让协定不同于广义的国家行业政策，并且国内和外国企业能够自主选择何时以及是否建立商业关系。同时，中方也指出，中国法律或法规并未明确强制外国投资者转让技术，中央政府要求地方政府不得强迫技术转让。[③] 然而，美国对华301调查报告对中国提出的抗辩简单回应道："美国贸易代表已详细考虑这些主张，并且认定其没有证据支持且不足信。"[④] 这显然无法令人信服。

2. 美国301调查论证的缺陷

第一，美国的说理陷入循环与自我论证。例如，在调查中，美国贸易代表指出："能够解释外国企业遭遇困难的例子是外国企业不愿意报告其受

[①] 参见 USTR, "Findings of the Investigation into China's Acts, Policies, and Practices Related to Technology Transfer, Intellectual Property, and Innovation Under Section 301 of the Trade Act of 1974", https：//ustr.gov/sites/default/files/Section%20301%20FINAL.PDF，最后访问时间：2018年10月1日。

[②] 参见 U. S. International Trade Commission, "Notice of Commission Determination to Terminate the Investigation in Its Entirety, Investigation No. 337 – TA – 1002", https：//www.usitc.gov/secretary/fed_reg_notices/337/337_1002_notice_04092018sgl.pdf，最后访问时间：2018年5月6日。

[③] 参见 USTR, "Findings of the Investigation into China's Acts, Policies, and Practices Related to Technology Transfer, Intellectual Property, and Innovation Under Section 301 of the Trade Act of 1974", https：//ustr.gov/sites/default/files/Section%20301%20FINAL.PDF，最后访问时间：2018年10月1日。

[④] USTR, "Findings of the Investigation into China's Acts, Policies, and Practices Related to Technology Transfer, Intellectual Property, and Innovation Under Section 301 of the Trade Act of 1974", https：//ustr.gov/sites/default/files/Section%20301%20FINAL.PDF，最后访问时间：2018年10月1日。

到的非正式的压力,因为这些企业害怕被中国政府报复。"[1] 在调查报告中,此类循环与自我论证比比皆是。美国301调查具有"先入为主"的特征,认为中国政府影响公平竞争,所以即使未收到证据,也认为是中国政府施加了影响。该说法无疑违背了逻辑推理的要求。

第二,美国的论证无法提供紧密的因果关系。例如,美国认为中国限制性投资政策是强制技术转让的手段。众所周知,对投资股权的限制性比例是对国内重要敏感行业的保护。事实上,各国都对一些敏感、关键的投资行业实施限制或禁止措施,其目的在于实现国家安全和集体福利。限制性投资政策与强制技术转让之间并不构成直接的因果关系。但是,调查报告指出,中国目前并不允许美国云计算服务提供者直接向中国用户提供云计算服务,[2] 这是强制技术转让的理由。依此逻辑,美国禁止中兴通讯公司等中国企业的正常经贸活动也将构成美国强制中国技术转让的目的。[3] 这显然是悖论。

第三,美国所谓的损害与其救济手段不成比例。根据《1974年美国贸易法》第301(a)(3)条规定,美国采取的措施在数量上应与其受到的损害是等价的。美国对外宣布可对中国500亿美元产品征收关税等单边措施明显高于强制技术转让的损害程度,甚至美国总统还可以单方表明将征收关税的对象提高到1000亿美元的产品。更重要的是,美国在调查中并没有明确说明受损的程度及其与救济措施的关联和比例性。由此,本质上,美国301调查为恣意的、武断的、无效的论证。

(三) 美国单边301调查受多边贸易机制的约束

美国试图绕开WTO而进行单边调查,指出,美国关于中国外商所有权

---

[1] USTR, "Findings of the Investigation into China's Acts, Policies, and Practices Related to Technology Transfer, Intellectual Property, and Innovation Under Section 301 of the Trade Act of 1974", https://ustr.gov/sites/default/files/Section%20301%20FINAL.PDF, 最后访问时间:2018年10月1日。

[2] 参见USTR, "Findings of the Investigation into China's Acts, Policies, and Practices Related to Technology Transfer, Intellectual Property, and Innovation Under Section 301 of the Trade Act of 1974", https://ustr.gov/sites/default/files/Section%20301%20FINAL.PDF, 最后访问时间:2018年10月1日。

[3] 本质上,美国是借国家安全之名,行保护主义之实。

第三章 美国单边经贸政策及对中国经贸发展的挑战

限制、海外投资体系以及所谓的"网络入侵"损害的主张不涉及具体的 WTO 义务,因此美国有权利采取单边措施。① 美国国会研究机构甚至发文指出,如果美国贸易代表认为争议措施不属于 WTO 协定管辖范围,那么就可以采取针对中国的 301 调查及其措施。② 这完全违背 WTO 协定的规定。

根据《建立世界贸易组织的马拉喀什协定》第 9 条,WTO 部长级会议和总理事会具有对 WTO 协定的专有解释权力。同时,在寻求纠正因适用 WTO 协定项导致的利益丧失或减损时,WTO 成员应遵守 DSU 的规则。在 DSU 中,专家组对争议事实及有关协议的适用性、一致性进行评估,而上诉机构对专家组报告涉及的法律问题和专家组所作的法律解释进行认定。③ 一成员国内法及国内机构单边作出的关于 WTO 协定的解释对其他成员并无拘束力,甚至涉嫌破坏多边贸易体制。

作为国际法义务,WTO 协定的解释不依任何成员的意志而转移。换言之,美国贸易代表通过国内法对争议事项是否落入 WTO 协定进行认定,这明显是故意违反 WTO 协定。在争议中,只有争端解决机构对争议事项是否落入协定具有决定权。在产生涉 WTO 争议时,各成员不应绕过 WTO 争端解决机制而采取单边行动。④ WTO 专家组指出,DSU 第 23 条的目的是"使成员或市场主体确信,关于 WTO 权利和义务的单边认定将不会被作出"。⑤ 而美国对中国的 301 调查无疑是美国以单边方式认定 WTO 的权利和义务。因此,美国单边 301 调查应受多边贸易机制的约束。

进一步地,美国所提及的中国外商所有权限制、海外投资体系,以及所谓的"网络入侵"损害等并非与 WTO 协定及《中国加入世界贸易组织议

---

① 参见 U. S. Mission to International Organizations in Geneva, "Statements by the United States at the Meeting of the WTO Dispute Settlement Body", https: // geneva. usmission. gov/2018/04/30/statements-by-the-united-states-at-the-april-27-2018-dsb-meeting/,最后访问时间:2018 年 5 月 6 日。

② 参见 Caitlain Devereaux Lewis, "Tricks of the Trade: Section 301 Investigation of Chinese Intellectual Property Practices Concludes (Part II)", https: // fas. org/sgp/crs/misc/LSB10108. pdf,最后访问时间:2018 年 4 月 1 日。

③ 参见 DSU 第 11、17 条。

④ 参见 DSU 第 23 条。

⑤ 参见 Panel Report, "United States — Sections 301-310 of the Trade Act of 1974", WT/DS152/R, 22 December 1999, paras. 7. 94-7. 95。

定书》无关。具体而言，一方面，通过条约的演化解释，WTO协定可调整与贸易有关的近乎所有事项。例如，网络入侵损害可能涉及国家安全例外规则。[①] 另一方面，本质上，美国根据301调查采取的措施是加征关税的一个整体措施，不是分别的、各自独立的措施。不论以何种理由，若成员措施是贸易征税问题，该措施都将落入WTO的管辖范围。因此，中国政府将美国301调查作为一个违反WTO的措施起诉，是有法律依据的，也是符合事实的。

绝大多数国际经贸问题都涉及WTO涵盖协定项下的利益。WTO法不允许以违反WTO协定的方式采取单边措施，并解决其他国家所谓"WTO管辖范围之外"的贸易问题。毫无疑问，美国对华发动单边贸易救济措施违反多边贸易机制。进一步而言，美国公然违反WTO协定的实质在于挑战中国市场经济模式，进而遏制中国的崛起。当然，我们应该明确认识到美国对中国市场经济模式的质疑不具备合法性。

第三节 美国单边经贸政策的新动向及其实质

一 美国单边经贸政策的新动向：从贸易领域到"贸易+"领域

（一）美国投资领域的单边主义政策

随着互联网和大数据时代的到来，互联网行业的国际投资相关问题愈加重要。这主要来自两个层面：一是由于科技企业或互联网企业拥有众多的个人信息或数据，因此产生了国际投资新问题；二是由于投资者赴海外投资科技或互联网企业，其涉及东道国互联网关键技术，进而产生国家安全风险。[②] 由此，美国对华单边经贸政策正从贸易领域拓展至投资领域。

当前，互联网企业海外投资面临四大法律风险。第一，禁止提供基础

[①] 虽然笔者认为大国应倾向于不使用安全例外条款，但是，这并不说明其与WTO协定无关，或者不受多边贸易体系的约束。参见孙南翔《国家安全例外在互联网贸易中的适用及展开》，《河北法学》2017年第6期，第63~77页。

[②] 参见OECD, "Current Trends in Investment Policies Related to National Security and Public Order", https://www.oecd.org/investment/Current-trends-in-OECD-NatSec-policies.pdf, 最后访问时间：2019年3月7日。

网络通信设施的准入风险。例如，作为全球领先的网络基础设施供应商，华为等企业被排除在部分西方国家市场之外。第二，违背隐私保护和反不正当竞争规则等运营风险，特别是随着《欧盟通用数据保护条例》等法律的颁布，互联网企业正面临合规经营的风险。第三，企业高管人员面临知识产权盗窃指控等刑事风险。例如，我国公民在境外因实施网络间谍等罪名被逮捕与起诉。第四，互联网企业面临严峻的安全审查风险。例如，美国鼓吹华为等中国互联网企业存在安全隐患。除美国外，加拿大、澳大利亚、日本和新西兰等国也对华为产品及投资进行严格限制。

近几年来，美国、欧盟、德国、日本等纷纷制定旨在遏制科技企业投资的新规。其中，特朗普于2018年8月13日签署了《外国投资风险审查现代化法》，将"新兴和基础技术"纳入关键技术定义，并指出关键个人信息的交易可能需经国家安全审查，进而将互联网企业、数字科技企业纳入监管范畴。[①]

与传统的海外投资安全审查相比，《外国投资风险审查现代化法》具有三个鲜明的特点。第一，该法案规制对象的重点领域包括关键技术和关键基础设施，明显指向高新科技行业与互联网行业。毫无疑问，通信、科技、运输等产业与安全相关。其中，通信部分包含5G相关产业，科技部分的核心为人工智能、半导体和机器人等重点产业。

第二，该法案针对关键技术领域，认为不透明的、政府控制的企业会影响美国安全和公共秩序，要求对外商投资展开审查。具言之，在决定外商直接投资是否影响安全或公共秩序时应考虑：交易对美国国防需求产能所造成的影响；交易对满足国防需求的国内产业能力的潜在影响，包括人力资源、产品、技术、材料以及其他供给和服务；外国人控制国内产业和商业活动对美国国家安全的潜在影响；对与美国国家安全相关的技术领先地位的潜在影响；对与美国国家安全相关的关键技术的潜在影响；对美国能源、其他关键资源和物资的长期安全产生的潜在影响；对与国家安全相关的美国关键基础设施的潜在影响，包括关键自然基础设施，例如主要的

---

① 参见刘岳川《投资美国高新技术企业的国家安全审查风险及法律对策》，《政法论坛》2018年第6期，第118页。

能源资产；是否有向支持恐怖主义、扩散导弹技术或生化武器的国家出售军用物资、设备或技术的潜在可能；交易导致军事应用技术转运或转移的潜在可能，并考虑相关国家的出口管控制度；交易是否可能导致外国政府、由外国政府控制或为外国政府行事的实体对美国企业有控制权；相关外国国家对防扩散控制制度的遵守情况及协助美国反恐行动的情况。①

第三，该法案重点在于审查企业与政府的关系，核心目的在于避免国家所控制的企业影响美国的安全和公共秩序。因此，美国外国投资委员会对管辖交易的风险分析，还包括衡量以下情况：外国投资者是否有威胁国家安全的能力或主观意愿；投资标的企业或其资产、技术、信息是否会被外国投资者控制、影响或获得，并产生削弱美国国家安全的可能或后果。②同时，该法案还设立了"特殊关注国家"制度，对一些重点国家设置了更高的障碍。

在美国的推动下，欧盟也于2019年3月5日通过《欧盟外商直接投资审查框架条例》。该条例旨在统一并强化欧盟层面的投资审查机制。该条例试图在欧盟层面第一个建立以安全和公共秩序为基础、针对重大战略性行业的外商投资审查机制。在此之前，德国、英国、匈牙利、意大利等已通过国内法方式对非欧盟企业在敏感行业投资施加严格限制。③例如，《德国对外贸易条例》修订草案于2018年12月29日生效，规定"非欧盟公司对德国公司发起的10%或以上股份的收购须通过政府的审查，尤其是涉及敏感领域，包括关键基础设施和公民安全与国防相关的领域，还涉及媒体行业"。

（二）美国数据治理层面的单边主义

作为21世纪重要的生产和生活资料，数据正成为各国互联网治理的

---

① 参见刘岳川《投资美国高新技术企业的国家安全审查风险及法律对策》，《政法论坛》2018年第6期，第120页。
② 参见刘岳川《投资美国高新技术企业的国家安全审查风险及法律对策》，《政法论坛》2018年第6期，第120页。
③ 参见 OECD, "Investment Policies Related to National Security and Public Order", https://www.oecd.org/investment/investment-policy/investment-policy-national-security.htm，最后访问时间：2019年3月7日。

重点关注事项。近年来，美国、欧盟等纷纷以单边立法形式明确国家对域外数据的管辖权，并在多边层面大力推广数据管辖的"控制者标准"模式。

在单边层面，2018年3月，美国通过了《澄清境外数据的合法使用法》。该法明确规定美国可要求所有受美国管辖的互联网企业提供其持有、保存或控制的数据，即使该数据存储在美国境外。虽然该法规定了美国有权对其认为适格的政府进行国际礼让，然而美国本质上试图以法律方式确定对域外数据的管辖权。

在多边层面，美国联手欧盟致力于推动《网络犯罪公约》成为国际协定。该公约实际上以"数据控制者"模式为治理机制，并赋予具备互联网技术能力的国家进行单边远程跨境取证的权力。例如，《网络犯罪公约》第32条规定，无须获得其他缔约方同意，只要获得数据持有者的同意，一缔约方可通过其领土范围内的系统获得和接收存储在其他缔约方中的数据。截至2019年3月7日，该公约在62个国家实际生效。① 近期，美欧积极向印度等互联网新兴国家推广该公约。当然，由于中国、俄罗斯等国的强烈反对，《网络犯罪公约》仍未能成为普遍适用的国际机制。

毫无疑问，数据存储形式多样化、传输方式便捷化、服务分包碎片化等特点导致数据多重管辖问题的存在。实践中，同一条数据极有可能同时受到存储地、传输地、所有者国籍地等法律的管辖。在未形成国际统一制度或协调机制之前，基于保护国家安全和实施监控的目标，各国均对数据提出符合本国最大利益的治理方案。其中，美欧所主导的"数据控制者"模式具有长臂管辖的特征，显然具有自利性。由于西方国家具有大量的海外互联网企业，该模式实际上拓展了西方国家行政管辖权的可及范围。

（三）美国"贸易+"经贸单边主义政策日渐盛行

2018年以来，随着美国经贸单边主义的兴起，美国以国家安全和公共秩序为名，实施"贸易+"经贸单边主义，甚至开始主张以国家经济制度为

---

① 参见 Council of Europe, "Convention on Cybercrime", https://www.coe.int/en/web/conventions/full-list/-/conventions/treaty/185/signatures，最后访问时间：2019年3月8日。

审查企业的重要因素。当前,美国大力推动对中国等新兴国家互联网行业的战略遏制。美国驻欧盟大使直接威胁道,任何西方国家如果在关键基础设施项目中使用华为等设备,美国将对此类国家采取"反制措施"。[1] 同时,欧盟委员会已启动关于中国网络知识产权盗窃的调查研究。

美国《外国投资风险审查现代化法》等新规不仅要求对企业进行个案审查,而且涉及对国家政策甚至是国家经济制度的宏观审查。实际上,与其说美欧投资审查新规针对企业,不如说其核心在于对国家市场经济制度进行审查。实际上,美欧新规指向性非常明显。例如,2018年7月美国《外国投资风险审查现代化法》颁布后,中国赴美投资骤降近九成。[2] 在对外公布《欧盟外商直接投资审查框架条例》草案时,欧洲议会指出,"近20年里,中国对欧盟的投资增长了6倍"。[3] 由是观之,美国《外国投资风险审查现代化法》的出台旨在削减中国等新兴国家在战略性行业的市场投资份额。因此,该法案具有明显的单边主义特征。更进一步地,中国企业赴美投资将面临更加弹性的行政裁量空间。在该法中,美国将安全审查事项拓展至政府设备或资产的不动产交易,该标的性质既包括个人所有不动产,也包括国家所有不动产。此外,该法案并没有对公共秩序等重大利益进行界定,这给美国扩大"安全和公共秩序"定义提供了机会。

不仅在高新技术投资领域,在服务贸易、知识产权等层面,美国近期动向也体现出单边主义色彩。例如,2019年初,美国直接突破企业的面纱,要求加拿大对华为公司孟晚舟进行逮捕并申请引渡。[4] 在此层面,互联网经贸单边主义政策对网络空间法治机制形成了严峻的挑战。

---

[1] 参见 Mo Jingxi, "Pompeo Criticized for Huawei Comments", http://www.chinadaily.com.cn/a/201902/13/WS5c6322eba3106c65c34e8f76.html,最后访问时间:2019年3月9日。

[2] 参见徐惠喜《中国对美投资大幅缩水去年降幅高达83%》,中国产业经济信息网,http://www.cinic.org.cn/hy/cj/470764.html,最后访问时间:2019年3月7日。

[3] European Commission, "EU to Scrutinise Foreign Direct Investment More Closely", http://www.europarl.europa.eu/news/en/press-room/20190207IPR25209/eu-to-scrutinise-foreign-direct-investment-more-closely,最后访问时间:2019年3月9日。

[4] 韩晓明:《美国将向加拿大正式提出引渡孟晚舟 中方:立即放人》,http://world.people.com.cn/n1/2019/0122/c1002-30585125.html,最后访问时间:2019年3月9日。

二 美国单边经贸政策的实质：从贸易摩擦到制度摩擦

近期中美贸易争端的议题仍是长期困扰中美正常经贸交往的核心议题——知识产权、国有企业、市场经济地位等。究其本质，美国质疑的是中国的市场经济制度，甚至在《国家安全报告》中将中国视为美国的战略竞争者。毫无疑问，其核心目的在于遏制中国的崛起。

在经济体制层面，美国长期质疑中国的市场经济体制。有学者指出，中国市场经济体制削弱了多边贸易机制的合法性。① 更有学者直言，中国公司制的经济模式扭曲了全球贸易。② 学界此类观点也深刻影响了美国实务界。美国将中国视为战略性竞争者，大肆指责中国给多边贸易机制带来危害。例如，美国301调查引用了如下观点："目前，不公正的贸易、审查和产业政策正和中国政府指令、投资和监管政策相结合，使得外国企业处于不利地位。"③ 同时，美国将中国各级政府、国有企业、国家实验室、技术专家视为统一体，对中国市场竞争的有效性提出质疑。美国片面地将中国的国有企业（主要是国有控股银行、国有基金公司、能源企业、电信企业）等视为受政府实质性控制的机构。④ 美国还指出，中国政府、行业、学术界和其他具有竞争性利益的机构或代表参与安全评估，导致美国企业的商业秘密和重要敏感信息被泄露。⑤

---

① 参见 Gregory Shaffer, Henry Gao, "China's Rise: How It Took on the U.S. at the WTO", *University of Illinois Law Review*, Vol. 2018, No. 1, 2018, p. 115。

② 参见 Mark Wu, "The 'China, Inc.' Challenge to Global Trade Governance", *Harvard Journal of International Law*, Vol. 57, 2016, p. 261。

③ USTR, "Findings of the Investigation into China's Acts, Policies, and Practices Related to Technology Transfer, Intellectual Property, and Innovation Under Section 301 of the Trade Act of 1974", https://ustr.gov/sites/default/files/Section%20301%20FINAL.PDF, 最后访问时间：2018年10月1日。

④ 参见 USTR, "Findings of the Investigation into China's Acts, Policies, and Practices Related to Technology Transfer, Intellectual Property, and Innovation Under Section 301 of the Trade Act of 1974", https://ustr.gov/sites/default/files/Section%20301%20FINAL.PDF, 最后访问时间：2018年10月1日。

⑤ 参见 USTR, "Findings of the Investigation into China's Acts, Policies, and Practices Related to Technology Transfer, Intellectual Property, and Innovation Under Section 301 of the Trade Act of 1974", https://ustr.gov/sites/default/files/Section%20301%20FINAL.PDF, 最后访问时间：2018年10月1日。

实际上，美国向来认为，美国与外国之间不同的制度和管制差异构成美国出口商的贸易壁垒，因为这种差异"扭曲"了外国产品和美国产品之间的公平竞争环境。① 换言之，美国频繁地将贸易的摩擦转化为制度的摩擦，进而指责他国制度的非公平性和非正当性，并企图将其他国家的制度美国化。回顾历史，这在美日贸易摩擦中有所体现。20世纪90年代，在美国的推动下，日美的经济摩擦逐渐由宏观经济摩擦转向体制性、机制性的摩擦。② 为解决所谓的美国关切，日本与美国达成《日美结构问题协议》《日美综合经济协议》《日美规制缓和协议》等解决日本的制度性问题，这引发了日本的革命性规制改革，③ 当然也导致了日本经济的停滞不前。

在此轮对华单边贸易救济过程中，美国故技重施，试图以阻止甚至扭转中国经济发展模式为目标，其手段就是推动中国市场经济制度美国化，美国甚至将美国化描述为"对等原则"（reciprocal）的体现。然而，此类单边制度摩擦的主张违背多边贸易体系，更违背了国家主权平等的国际法基本原则。

根据美国商务部部长威尔伯·罗斯的说法，现有WTO体制的问题在于"最惠国待遇条款"使得国家难以使用对等对待的关税手段。④ 本质上，在贸易领域，从双边互惠关系发展为以最惠国待遇和国民待遇为表现的非歧视原则本身是多边贸易自由化的一次飞跃。然而，当前，美国正试图恢复以对等对待要求为特征的单边行动。

在法律层面，美国以单边政策相威胁，要求中国开放特定贸易和投资领域。必须说明的是，美国单边主义要求不应违背WTO的基石——非歧视原则。一方面，WTO协定本身认同各成员基于不同的发展水平设置不同的

---

① 参见〔英〕安德鲁·朗《世界贸易法律和新自由主义：重塑全球经济秩序》，王缙凌等译，法律出版社，2016，第229页。
② 参见赵瑾《全球化与经济摩擦——日美经济摩擦的理论与实证研究》，商务印书馆，2002，第251~255页。
③ 参见赵瑾《全球化与经济摩擦——日美经济摩擦的理论与实证研究》，商务印书馆，2002，第260~279页。
④ 参见Office of the Press Secretary, "Press Briefing by Secretary of Commerce Wilbur Ross on an Executive Order on Trade Agreement Violations and Abuses", https://www.whitehouse.gov/the-press-office/2017/04/28/press-briefing-secretary-commerce-wilbur-ross-executive-order-trade，最后访问时间：2018年4月20日。

开放政策。但是,一成员不应该优待或歧视其他成员,而应该一视同仁地对待所有成员。另一方面,各成员的开放只应依据 WTO 协定,而不应变相要求任一成员不切实际地提高自身开放程度。同时,《建立世界贸易组织的马拉喀什协定》的序言要求建立"一个完整的、更可行的和持久的多边贸易机制"。毫无疑问,单边的互惠要求违背了 WTO 的非歧视原则,更违背了《建立世界贸易组织的马拉喀什协定》序言所提及的推动贸易自由化的多边机制宗旨。

本章小结

实质上,美国故意违背多边贸易机制质疑中国的市场经济模式的深层次原因在于试图遏制中国崛起。更为核心地,体现为守成的大国对崛起的大国的战略遏制。然而,随着在世界经济中的地位不断提升,中国必将积极参与全球治理,并代表新兴经济体和广大发展中国家争取更大的话语权。中国向来是国际贸易法治化的支持者、捍卫者。[①] 因此,为解决美国的关切,中美应在世界文明制度框架中互相尊重,共同发展互利共赢的经贸关系。

当然,美国单边经贸政策也体现了美国总统的行政权力不受约束,甚至凌驾于国际法之上。除国际法外,解决美国单边经贸政策还可从美国国内法寻求制约工具。特朗普在贸易领域的行为也引发了美国国内理论界和商界的反思——如何将总统的权力关进制度的笼子。若美国持续强化国内法对国际法的约束,那么我们也可以寻求美国国内法对美国政府部门的约束。理论上,美国总统对外经贸权力来自美国宪法,可以通过至少五种方式缔结经贸协定或作出重要决策:由总统制定并由国会通过;使用事前的行政—国会协定;使用事后的行政—国会协定;根据条约确定的行政协定;总统根据宪法赋予的权力确定的行政协定。[②]

---

① 参见裴长洪、刘洪愧《习近平经济全球化科学论述的学习与研究》,《经济学动态》2018 年第 4 期。
② 参见 Curtis A. Bradley, Jack L. Goldsmith, "Presidential Control over International Law", *Harvard Law Review*, Vol. 131, 2018, pp. 1207-1208。

在缔结协定之外，美国宪法并没有规定总统外交权力的制衡机制。例如，美国总统对国际协定的解释权不受美国司法审查，[1] 美国总统甚至可以未经国会允许就退出国际协定。当然，毫无疑问，美国总统需要特别的灵活授权，以应对国际磋商谈判，或解决突发紧急情况。[2] 然而，美国恣意扩大的总统行政外交权力已经损害了国内的三权分立原则。更重要的是，正如柯蒂斯·A.布拉德利（Curtis A. Bradley）等所言，本质上，美国总统在经贸领域的透明度和问责制是不充分的。[3] 因此，美国国内行为体和跨国行为者应通过法律的方式有效约束总统肆意扩大的外交权力。[4] 以特朗普发布的移民限令为例，就多次受到美国地方法院的挑战。许多地方法院根据美国宪法的推理，拒绝了总统违背国际法的权力。虽然美国最高法院认可了总统颁布旅游禁令的权力，但是毫无疑问，总统的权力应在宪法的规定下行使。[5] 特别是针对美国政府的去多边化倾向，受总统决策负面影响的个人与企业可以通过国内法约束总统的行政外交权力，确保美国政府决策符合国内法的形式正义和实质正义。

---

[1] 参见 David Sloss, "Judicial Deference to Executive Brach Treaty Interpretations: A History Perspective", *NYU Annual Survey of American Law*, Vol. 62, 2007, p. 497。

[2] 参见 Curtis A. Bradley, Jack L. Goldsmith, "Presidential Control over International Law", *Harvard Law Review*, Vol. 131, 2018, p. 1264。

[3] 参见 Curtis A. Bradley, Jack L. Goldsmith, "Presidential Control over International Law", *Harvard Law Review*, Vol. 131, 2018, p. 1201。

[4] 参见 Harold Hongju Koh, "The Trump Administration and International Law", *Washburn Law Journal*, Vol. 56, 2017, pp. 414-418。

[5] 参见 Clare Frances Moran, "Crystallising the International Rule of Law: Trump's Accidental Contribution to International Law", *Washburn Law Journal*, Vol. 56, 2017, p. 491。

下 编 美国经贸单边主义的国际应对

第四章 推进数字贸易谈判 提升全球
公共产品的治理价值

正如经济合作与发展组织（OECD）所言，几乎所有的经济和社会活动都能在网络空间中进行。[①] 互联网贸易甚至成为当前贸易的主要形式。本质上，人类通过互联网技术创造出一个与实体空间平行的网络世界，使跨境贸易更加自由、便利。正如罗斯坦·J. 纽沃斯（Rostam J. Neuwirth）所言，历史上贸易与法律的发展交织在一起，而且二者与科学技术的革新也紧密相连。[②] 由于世界各国都共存于相互依赖的网络空间中，[③] 数字贸易具有内在的全球性与国际性，数字贸易也需要以国际性贸易规则的方式进行调整。

数字贸易需要新规则吗？该问题成为新时期多边或双边贸易协定无法回避且尚存分歧的问题。与传统的实物贸易不同，数字贸易的特点表现在两个层面：其一，互联网承担起传输功能，创造出一个普遍的、具有目的性的网络，进而能够支持任何类型的服务；[④] 其二，在数字贸易中，如美国贸易代表迈克尔·弗罗曼（Micheal Froman）所言，信息流动与货物移动同

[①] 参见 OECD, *Guide to Measuring the Information Society 2011*, OECD Publishing, 2011, p.14。

[②] 参见 Rostam J. Neuwirth, "Global Market Integration and the Creative Economy: The Paradox of Industry Convergence and Regulatory Divergence", *Journal of International Economic Law*, Vol. 18, 2015; Bernard Hoekman, Beata Smarzynska Javorcik, *Global Integration and Technology Transfer*, The World Bank Publishing, 2006; J. C. Somers, "Impact of Technology on International Trade", *American Journal of Economics and Sociology*, Vol. 21, 1962。

[③] 参见〔美〕罗伯特·基欧汉、约瑟夫·奈《权力与相互依赖》（第四版），门洪华译，北京大学出版社，2012，第237~295页。

[④] 参见 Timothy Wu, "Application-Centered Internet Analysis", *Virginia Law Review*, Vol. 85, 1999, pp. 1189-1193。

样重要。① 根据欧洲国际政治经济中心报告，对信息的限制将降低大约8%的国内生产总值。② 遗憾的是，贸易政策制定者在当前仍未就信息自由事项达成一致意见。

由于数字贸易与实物贸易的差异性，数字贸易需要新的贸易规则，特别是应以 WTO 改革为契机解决数字贸易问题，并以数字贸易议题谈判为重点推进 WTO 改革。因此，本书以《美墨加协定》、TPP、美韩 FTA、《欧盟与加拿大全面经济和贸易协定》等为例，对国际性贸易协定规则进行类型化区分，将现有的互联网贸易规则分为确权性规则、限权性规则与赋权性规则。上述三种类型的规则共同促进了数字贸易的自由发展。③ 由此，本章试图回答以下三个核心问题：为何需要以 WTO 为基础解决数字贸易问题，数字贸易是否需要新的贸易规则以及数字贸易需要什么样的贸易规则。

第一节 以 WTO 改革为契机解决数字贸易问题

诚如哈米德·马姆杜（Hamid Mamdouh）所言，大多数的贸易自由化都是自发的。④ 技术的变革、市场需求的变动共同推动贸易自由化向纵深发展。在数字贸易领域，市场与技术的深层次作用需要有新的贸易规则进行调整。当前，网络空间国际经贸治理机制正处于塑造的关键节点。法治化治理是数字贸易的终极目标。正基于此，为应对网络空间经贸规则治理的挑战，国际社会应从国际法、国内法层面加速推动网络空间经贸规则法治

---

① 参见 WTO Public Forum, "USTR Warns Poor Countries Would be the Biggest Losers if Bali Fails", https://www.wto.org/english/news_e/news13_e/pfor_01oct13_e.htm, 最后访问时间：2017 年 3 月 25 日。
② 参见 Matthias Bauer, Hosuk Lee-Makiyama, Erik van der Marel, Bert Verschelde, "The Costs of Data Localisation: A Friendly Fire on Economic Recovery", *ECIPE Occasional Paper*, No. 3, 2014。
③ 参见孙南翔《从限权到赋权：面向未来的互联网贸易规则》，《当代法学》2016 年第 5 期。
④ 参见 Hamid Mamdouh, "Services Liberalization, Negotiations and Regulation: Some Lessons from the GATS Experience", in Aik Hoe Lim, Bart De Meester (eds.), *WTO Domestic Regulation and Services Trade: Putting Principles into Practice*, Cambridge University Press, 2014, p. 325。

化治理进程。

当前WTO正面临严峻的挑战,其原因主要来自以下三个层面:第一,国际经贸格局变动影响世贸组织体系的既有稳定性,特别是美国、欧盟、中国和日本在国际贸易领域的实力和地位发生变化;第二,WTO协定文本存在滞后性,除贸易便利化等程序性规则外,WTO协定文本自1995年后没有与时俱进地修订;第三,大型区域贸易协定的勃兴导致WTO的地位受到威胁。在上述三个原因的共同作用下,WTO改革具有必要性。在此契机下,通过WTO改革解决数字贸易问题具有可行性。

首先,WTO仍是迄今为止唯一的多边贸易机制。尽管互联网经贸规则正面临碎片化的威胁,我国仍应坚持在WTO框架下解决互联网经贸规则问题。互联网经贸具有跨国性,只能由国际社会共同解决。同时,数字贸易问题是新议题,其核心是解决数字贸易的客观情势变化与法律规则滞后之间的冲突。在可行性上,各成员方具有求同存异并实现共同利益的动机。

其次,WTO可确保数字贸易的非歧视待遇。一方面,WTO协定涉及货物贸易、服务贸易、投资等诸领域。由于非歧视待遇是WTO协定的基石,将数字贸易纳入WTO协定可确保数字贸易及其相应投资政策的非歧视性。另一方面,WTO对"国家安全""安全""公共秩序"等例外规则进行了严格限制。[①] 这有利于避免成员方肆意扩大国家安全等概念,阻碍互联网经贸活动的正常进行。

一 数字贸易规则具有全球公共产品的属性

虽然贸易是自古以来就有的社会行为,然而每次技术革命都将贸易活动的范围拓展至更远之处。以工业技术、航海技术为代表的近代技术革命

---

① 例如,欧洲议会要求《欧盟战略性行业投资法规草案》应符合世贸组织协定下对安全和公共秩序的限制性要求,特别是《服务贸易总协定》关于限制措施不构成歧视性待遇或变相贸易限制的规定。同时,GATS评注5规定,公共秩序例外只能在对社会的基本价值形成实质性的和足够严重的威胁情况下才可以被适用。换言之,在世贸组织法层面,援引安全和公共秩序例外的标准较高,成员方需要证明其限制投资措施满足保障社会基本价值的功能。

推进了国际贸易的发展；20世纪末期的信息技术革命则为互联网贸易的开展提供了科技基础与现实条件。当前，信息技术深刻地改变着国际贸易体系，集中体现为数据流动的需求日益加深。

归纳而言，互联网具有四种与先前技术相区别的特征：其一，互联网使全球信息实时传输成为可能（包括视听材料）；其二，互联网提供了点对点、点对多和多对多的通信渠道，使个人和组织与其他人的交流成为可能；其三，互联网的参与方能够匿名地进行通信；其四，通过数据库、搜索引擎和机器人，互联网成为前所未有的信息接收工具。① 互联网技术的发展也使数据流动成为开展贸易的必要条件。

数据流动具有全球公共产品的属性，也就必然反映为跨境的国际法问题。一方面，由于网络空间的虚拟性、无边界性和电子化，单一国家无法对所有数据流动及行为进行排他性管辖。② 数据自由流动依赖国际层面的协同与合作。本质上，在网络空间进行的贸易活动具有全球性与国际性。另一方面，任何国内的数据限制措施均具有一定的域外性，甚至产生全球范围内的溢出效应。③ 因此，数据流动需要通过国际性的机制进行协调。

传统上，贸易自由化与便利化都是以贸易协定的方式推动的。互联网贸易结合了互联网与贸易的双重属性。当前，随着信息技术的发展，互联网几乎涵盖了所有的贸易活动，直接与数据流动相关。根据世界贸易组织的定义，"电子商务"被理解为"通过电子方式对货物和服务进行生产、分销、营销、销售或交付的活动"。④ 从该概念出发，通过电子方式进行的贸易活动不可避免地体现为数据或信息的流动。更进一步地，美国政府认为电子商务区别于传统商贸的主要因素在于其承担着"销售货物或服务的电

---

① 参见 Rolf H. Weber, *Regulatory Models for the Online Word*, Kluwer Law International, 2002, p. 41。
② 参见 Yochai Benkler, "Internet Regulation: A Case Study in the Problem of Unilateralism", *European Journal of International Law*, Vol. 11, 2000, p. 172。
③ 参见 Steven R. Salbu, "Regulation of Borderless High-Technology Economies: Managing Spillover Effects", *Chicago Journal of International Law*, Vol. 3, 2002, p. 142。
④ World Trade Organization, "Work Programme on Electronic Commerce", http://www.wto.org/english/tratop_e/ecom_e/wkprog_e.htm, 最后访问时间：2017年3月26日。

子职责"。这意味着以电子形式达成的任何商业合同都被视为电子交易，即使其在网络之外履行相关的义务。由此，互联网时代的贸易活动更频繁地体现了数据流动的特征。

二 跨境数据流动对国际贸易规则的影响

（一）跨境数据流动为企业提供新的贸易机会

传统上，所有的产品购买与销售都与现金流紧密相关。虽然一些互联网贸易也产生金钱上的给付行为，然而，众多互联网服务提供商以获得信息与数据的方式获取商业利润。关于信息流动问题，有学者认为信息构成全球公共产品，因为其对经济发展、生产力提高和创新等具有重要的作用。[1] 然而，免费的"公共产品"难以准确衡量贸易商的趋利动机，更难以将贸易商的行为纳入政府的规制范围。

在数字贸易中，服务对价并非总是金钱，还包括数据和信息。数据在互联网的自由流动能够为用户跨境传输信息。具体而言，不仅电子服务和电子商务需要信息的流动，传统的制造业和物流业等部门也能够通过信息流动实现优化运营和提高生产力的目标，进而提供新的增长机会。换言之，数字贸易概念随互联网技术的发展而发生变化，例如，当前的云计算、物联网等服务也均依赖数据的跨境流动。

互联网技术促使产品贸易网络化。随着互联网技术的推广，更多的产品以服务方式呈现，该现象被称为产品服务化趋势。[2] 例如，在现实中，唱片、书籍等已逐渐转化为数据交换的方式进行销售。产品服务化的重要推动力在于产品贸易的信息化。当前，互联网已不仅是一项具体的服务，更是产品交易的重要平台。网络平台包括搜索引擎、社交媒体、电子商务平台、应用商店、价格比较网站等，它们在社会和经济生活中的作用

---

[1] 参见 Adeno Addis, "The Thin State in Thick Globalism: Sovereignty in the Information Age", *Vanderbilt Journal of Transnational Law*, Vol. 37, 2004.

[2] 参见 Hosuk Lee-Makiyama, "Future-Proofing World Trade in Technology: Turning the WTO ITA Agreement (ITA) into the International Digital Economy Agreement (IDEA)", *ECIPE Working Paper*, No. 4, 2011.

愈加凸显，使得消费者能够发现互联网信息和商机，进而最大化地利用电子商务。① 毫无疑问，在互联网时代，信息已构成数字贸易赖以存在的根基。

（二）数据治理措施对国际贸易规则的影响

一方面，作为信息和通信交流的新媒体，互联网本身具有信息媒介的功能。互联网的贸易功能不仅体现在产品的生产、销售、分销和交付等层面，还反映为营销功能。更为核心的是，涉及互联网的信息媒介功能。一个国家限制数据跨境流动时，可能导致电子服务提供的低效率，消费者选择范围的显著降低，最终导致互联网碎片化，以及国内市场与国外市场相隔断。信息是互联网时代的核心要素。互联网的发展取决于信息在全球网络的自由流动。若是数据被阻碍或扭曲，依赖互联网而发展的多种商业和消费者的贸易权利将受影响。②

由此，数据治理措施与国际贸易规则也有密切的联系。如帕纳吉奥蒂斯所言，对跨境数据流动和计算机网络的限制可能构成市场准入和服务贸易的障碍。③ 若是对信息流动的阻碍侵害了服务及服务提供者的贸易利益，成员方可能基于国际贸易协定中的国内法规、市场准入和国民待遇进行抗辩。

另一方面，升级版的网络充当着贸易平台（trade platform）的功能。④ 互联网并非创造了一种新的服务，而是创造出一种新的平台，其他服务可

---

① 上述网络平台也有规制的不足，例如它们的透明度不足，以及对于用户而言的强大的议价能力等不足。参见 European Commission, "A Digital Single Market Strategy for Europe", https://ec.europa.eu/digital-single-market/en/news/digital-single-market-strategy-europe-com2015 - 192 - final, 最后访问时间：2018 年 4 月 1 日。

② 参见 Google Corporation, "Enabling Trade in the Era of Information Technologies: Breaking down Barriers to the Free Flow of Information", https://www.transnational-dispute-management.com/article.asp?key=1658, 最后访问时间：2017 年 5 月 4 日。

③ 参见 Panagiotis Delimatsis, *International Trade in Services and Domestic Regulations*, Oxford University Press, 2007, p.78。

④ 参见 ITC, "Opening Welcome: The State of the Internet Industry, IT Conversations (Oct. 5, 2004)", http://itc.conversationsnetwork.org/shows/detail270.html, 最后访问时间：2017 年 5 月 4 日。

以该平台为基础进行。信息自由是否受国际贸易协定的调整尚有争议,[①] 但至少与贸易相关的信息（information relating commerce）可受国际贸易协定管辖。

具体而言,互联网承担着交付渠道的贸易功能。在电信服务自由化之外,GATS 还保障互联网作为分销渠道的自由性,主要表现为,通过与其他传输媒介的对比,确保对所有传输媒介的无差别待遇,进而实现互联网的产品分销功能。对数据传输的禁止将导致互联网分销渠道的关闭,进而影响贸易利益。例如,在"美国博彩案"中,美国将赌博活动划分为线上和线下两种规制模式,虽然它强调全面禁止网络赌博,然而却默许部分线下赌博。该案上诉机构从分销渠道的角度理解美国的措施。该上诉机构认为,若是一成员阻止特定服务的跨境提供,但并没有相应禁止内部流通,那么其可能违反 GATS 义务。进一步地,在"中国视听产品案"中,上诉机构将演化解释引入互联网贸易自由的成员方义务。该案涉及中国对数字产品网络分销的限制。该案上诉机构认为,互联网可被视为一种分销渠道,网络提供（supplying online）不构成具体的服务类别,[②] 因此,分销渠道本身不应成为对特定服务部门进行限制的理由。换言之,对互联网分销媒介的限制构成对服务贸易的障碍,而对互联网分销媒介的限制时常以禁止信息或数据传输的方式实现。

三 国家数据治理规则需要国际机制的协调

（一）各国对数据治理规则的倾向

当前,在多边或双边贸易体系内,各国也在进行着数据治理规则的博

[①] 参见 Susan Aaronson, "Why Trade Agreements are not Setting Information Free: The Lost History and Reinvigorated Debate over Cross-Border Data Flows, Human Rights, and National Security", *World Trade Review*, Vol. 14, 2015, pp. 671-695; Diane A. MacDonald, Christine M. Streatfeild, "Personal Data Privacy and the WTO", *Houston Journal of International Law*, Vol. 36, 2014, pp. 625-653。

[②] 参见 Panel Report, "China-Publications and Audiovisual Product", WT/DS363/R, 12 August 2009, paras. 7.1209-7.1220。

弈。就美国而言，虽然特朗普上台后，美国减少了对多边主义的支持力度，然而，与信息服务相关的 TPP 规则极有可能在美国参与的双边场合中继续适用。从根本上，TPP 的数据流动规则符合美国产业利益。在 2016 年发布的《情况说明：电子贸易的核心障碍》报告中，美国贸易代表指出，一些政府通过僵化的、侵扰性的方式规制电子贸易。其中，一些国家是为了实现合法的公共政策目标，而另一些国家则明显是保护主义的。[1]

在 TPP 中，澳大利亚、新西兰和加拿大关注在跨境数据转移过程中的规制空间（regulatory space）。上述国家认为，政府应有保护针对本国国民的数据隐私权利的权限。澳大利亚甚至还提出关于数据流动的替代性草案，主张采取更有弹性的数据流动规则以满足国内隐私体系的不同要求。另外，越南明确反对美国的主张，认为美国的主张与越南以国家安全理由限制互联网使用和数据转移的国内法相冲突。越南也在 2016 年颁布的新的网络信息安全法中规定，国家安全的利益远高于其他价值。马来西亚的法律也包括对数据跨境转移的限制。新加坡则推崇对数据自由流动的合法限制，特别是基于公共道德的理由限制数据流动的可能性。目前，韩国、菲律宾等国家仍维持较高水平的数据保护法。由此可见，各国对数据治理规则仍具有不同的倾向。

（二）欧美间的数据治理规则博弈

在与贸易相关的互联网规制中，存在众多的数据治理关切。最为典型的例子是欧盟与美国之间持续十多年的隐私权保护之争。早在 2000 年，美国与欧盟就缔结了双边《安全港协议》（Safe Harbor Agreement），规定美国公司从其欧盟附属公司传输数据时应受到特定限制，具体限制为 7 项隐私原则：通知、个人选择权（choice）、第三方保护水平一致（onward transfer）、个人可获得（access）、安全性、数据完整性和实施要求。[2] 随后，为保障国

---

[1] 参见 USTR, "Fact Sheet: Key Barriers to Digital Trade in March 2016", https://ustr.gov/about-us/policy-offices/press-office/fact-sheets/2016/march/fact-sheet-key-barriers-digital-trade，最后访问时间：2017 年 5 月 4 日。

[2] 参见 Export Government, "U. S. -EU Safe Harbor Overview", http://export.gov/safeharbor/eu/eg_main_018476.asp，最后访问时间：2017 年 5 月 4 日。

家安全需要，美国颁布并执行了《爱国者法案》(USA Partriot Act)。根据《爱国者法案》规定，美国机构能自动获得与反恐相关的所有数据，而无须履行程序规定。该法案随即在欧盟引起轩然大波。有大量欧盟客户的微软和谷歌等美籍网络运营商在接受调查时承认，即使是收集、存储和取得数据行为都排他性地发生在美国之外，在法定条件下其仍有义务向美国机构提供欧盟客户的相关信息。

显而易见，上述规定与双边《安全港协议》和《欧盟数据保护指令》(EU Data Protection Directive)存在冲突。针对跨境信息流动，欧盟通过欧盟数据95/46/EC指令禁止个人信息向没有达到足够数据保护水平的第三国传送。同时，《欧盟数据保护指令》要求公司向外提供私人信息时负有通知客户的义务，而美国《爱国者法案》则无此规定。[①] 欧盟随后启动了数据保护立法工作，该立法旨在对所有在欧盟境内的云服务提供者和社交网络产生直接影响。

欧盟法院最终裁定安全港原则无效，因为其违反了欧盟条约对基本权利的保护。具体而言，欧盟与美国签署的安全港原则规定，欧盟要求对私人数据传输达到"足够保护标准"，其要求限制权利的措施对保护国家安全、公共利益或法律执行是必要的。[②] 当然，欧盟委员会也试图通过解释，限制跨境数据流动的国家安全例外范围，指出对基本权利的限制的例外必须被狭义地理解，并产生于公开可获得的法律。除此之外，该措施在民主社会中是必要的，且符合比例性。[③] 欧盟还承诺对例外的使用应被审慎地考察。

本质上，欧盟与美国签署的《安全港协议》是为了解决商业自由的问题。欧盟法院通过将基本权利适用于商业行为，进而裁定《安全港协议》

[①] 参见 Amar Toor, "Microsoft's Patriot Act Admission Has the EU Up in Arms", http://www.engadget.com/2011/07/06/microsofts-patriot-act-admission-has-the-eu-up-in-arms/，最后访问时间：2016年12月24日。

[②] 参见 Department of Commerce, "Safe Harbor Privacy Principles", http://export.gov/safeharbor/eu/eg-main018475.asp，最后访问时间：2016年12月24日。

[③] 参见 European Parliament, "Communication on the Functioning of the Safe Harbour from the Perspective of EU Citizens and Companies Established in the EU", http://ec.europa.eu/justice/data-protection/files/com 2013 847 en.pdf，最后访问时间：2016年12月24日。

无效。需要注明的是，欧盟第 2006/24 号指令的序言附注 9 提及，《欧洲人权公约》第 8 条规定，任何人都有私人生活和通信被尊重的权利。公共机构只能在符合法律并且该干预为民主社会所必要的情况下，行使干预的权力。民主社会所必要的情况包括：国家安全或公共安全利益，基于阻止秩序混乱或犯罪，基于保护他人的权利和自由。由此可见，数据治理规则之间的差异时常引发贸易争端，甚至引起国家间的争议。[1]

第二节　WTO 协定对数字贸易活动的规范与约束

一　WTO 协定对数字贸易活动的可适用性

关于缔结于 20 世纪 90 年代的 WTO 协定是否可调整互联网时代的跨境信息流动问题，理论和实践均存有一定争议。在理论上，文森特主张 WTO 协定可适用于电子商务以及以电子方式提供的服务（electronically supplied services）等新兴贸易领域。[2] 在争端解决实践中，美国和中国曾分别在"美国博彩案"和"中国视听产品案"中主张其在缔约时无法预见互联网技术的兴起，因而 WTO 协定不应适用于新的产品形式。[3] 然而，上述案件的专家组和上诉机构均认为，对 WTO 协定的可适用性分析应依据条约解释的惯常方式确定 WTO 协定对信息流动的可适用性。[4] 具体而言，WTO 协定规定的与数据治理相关的规则如下。

---

[1] 参见孙南翔、张晓君《论数据主权——基于虚拟空间博弈与合作的考察》，《太平洋学报》2015 年第 2 期。

[2] 参见 Sacha Wunsch-Vincent, "The Internet, Cross-Border Trade in Services, and the GATS: Lessons from U.S.-Gambling", *World Trade Review*, Vol.5, 2006, pp.323-324。

[3] 参见 Panel Report, "United States — Measures Affecting the Cross-Border Supply of Gambling and Betting Services", WT/DS285/R, 10 November 2004, para.6.285; Report of the Appellate Body, "China — Measures Affecting Trading Rights and Distribution Services for Certain Publications and Audiovisual Entertainment Products", WT/DS363/AB/R, 21 December 2009, para.408。

[4] 参见孙南翔《认真对待"互联网贸易自由"与"互联网规制"——基于 WTO 协定的体系性考察》，《中外法学》2016 年第 2 期。

第四章 推进数字贸易谈判 提升全球公共产品的治理价值

（一）计算机与网络服务的自由

WTO 各成员方在 1998 年部长级会议上达成了一项关于电子传输的免税备忘录。① 正是由于服务贸易的无形性与电子传输的免税承诺，对服务贸易的限制更多地采用了边境后措施。具体而言，服务贸易自由化主要体现为消除歧视的竞争条件或限制市场准入的国内法规及其他相关障碍。然而，服务贸易的开放承诺针对特定部门。虽然 GATS 第 1.1 条规定该协定适用于成员方采取的影响服务贸易的措施，但根据 GATS，成员方只有在其承诺减让表中对特定部门进行承诺后，才承担市场准入、国民待遇等特定义务。②

在实践中，WTO 成员方多采用《GATS 服务部门分类清单》（*Service Sectoral Classification List*，以下简称"W/120"）和《联合国临时中间产品归类细则》（*United Nations Provisional Central Production Classification*，以下简称"临时 CPC"）定义服务产品。③ 在 W/120 下，互联网相关的服务活动主要体现于计算机部门中；相似地，临时 CPC 也存在专门对计算机服务的部门分类。④ 以 W/120 为例，其计算机服务项下包括 5 个分支部门，分别为计算机硬件安装相关的咨询服务、软件启动服务、数据处理服务、数据库服务、其他服务。换言之，多数成员方承担上述服务部门的自由化义务。

---

① 参见 WTO, "Work Continues on Issues Needing Clarification", https://www.wto.org/english/thewto_e/minist_e/min05_e/brief_e/brief19_e.htm, 最后访问时间：2016 年 12 月 24 日；Susan Aaronson, "Why Trade Agreements are not Setting Information Free: The Lost History and Reinvigorated Debate over Cross-Border Data Flows, Human Rights, and National Security", *World Trade Review*, Vol.14, 2015, p.682。
② 当然，服务贸易的最惠国待遇和透明度等义务是一般性义务。参见 Jan Wouters, Coppens Dominic, "Domestic Regulation within the Framework of GATS", http://www.law.kuleuven.be/iir/nlwp/WPIWP93e.pdf, 最后访问时间：2016 年 12 月 24 日。
③ 参见 Rolf H. Weber, Mira Burri, *Classification of Services in the Digital Economy*, Springer Publishing, 2013, pp.19-21。
④ 参见 GATS Council, "Background Note by the Secretariat, Computer Related Services", https://www.wto.org/english/tratop_e/serv_e/w45.doc, 最后访问时间：2016 年 12 月 24 日。

（二）互联网传输媒介的自由

除了成为一项具体的产品或服务类别外，互联网还承担着交付渠道的贸易功能。Web 2.0 充当着贸易平台的功能。[①] 理论上，WTO 协定也保障互联网作为分销渠道的自由性，主要表现为两个层面：其一，通过《电信附件》义务确保成员方间的互联网的互联互通性；其二，通过与其他传输媒介的对比，实现所有传输媒介的无差别对待，进而确保互联网作为产品分销渠道的有效性。

第一，WTO 成员方通过《电信附件》及《基础电信参考文件》推动互联网的互联互通。《电信附件》第 1 条指出，该附件宗旨为考虑电信服务不仅是某项经济活动，也构成了其他活动的重要传输工具。该文件第 3 条指出，电信是指以电磁为方式的信号传输和接收。进而，公共电信传输网络包括电报、电话、电传和数据传输等。[②] 需要注意的是，它也明确排除了影响电缆以及广播或电视播报分配的措施。[③] 由此可见，WTO 协定调整的电信服务试图将其义务限定于那些需要通过获得和适用电信网络和服务才能有效运作的特定服务，而排除对信息传送与发布相关的承诺，特别是作为信息传播功能的广播、电视等渠道。换言之，《电信附件》并不创设提供服务的权利，其功能在于给予承诺的服务行业的市场准入机会，并且阻止成员方通过电信服务施加贸易障碍。[④]

第二，互联网应被视为无差别的产品分销渠道。在 WTO 协定文本签署时，互联网并非广泛使用的交付渠道。随着互联网技术的发展，网络迅速成为众多可电子化贸易产品的便捷的分销途径。根据 WTO 争端解决实践，成员方的自由贸易承诺应从传统的交付方式拓展至以互联网技术为代

[①] 参见 ITC, "Opening Welcome: The State of the Internet Industry, IT Conversations (Oct. 5, 2004)", http://itc.conversationsnetwork.org/shows/detail270.html, 最后访问时间：2016 年 12 月 24 日。

[②] 《电信附件》第 3（b）条使用了"inter alia"表明它不限于所列的传输方式。

[③] 参见 Rolf H. Weber, Mira Burri, *Classification of Services in the Digital Economy*, Springer Publishing, 2013, p. 61.

[④] 参见 Bobjoseph Mathew, *The WTO Agreements on Telecommunications*, Peter Lang Publishing, 2001, p. 77.

表的交付渠道，包括所有未来可能出现的新的交付方式。该案上诉机构指出，市场准入承诺表明其他成员方服务提供者具有可通过任何分销形式提供服务的权利，包括通过信函、电话、互联网等，除非成员方的承诺表有明确的相反规定。① 换言之，该上诉机构表明 GATS 项下的跨境交付的承诺包括从一个成员方到另一个成员方的所有可能的服务提供方式。最终，该案上诉机构裁定美国限制网络赌博的方式违反 GATS 义务。换言之，互联网可被视为一种分销的渠道，网络提供不构成具体的服务类别，② 因此，分销渠道自由也为 eWTO 的良性运作提供基础。

（三）作为信息媒介的互联网的自由

作为信息和通信交流的新媒体，互联网本身还具有信息媒介的功能。WTO《电子商务工作计划》将"电子商务"定义为"货物和服务通过电子的方式进行生产、分销、营销、销售或交付"。③ 互联网的贸易功能不仅体现在产品的生产、销售、分销和交付等层面，还反映在营销功能上。更为核心地，涉及互联网作为信息媒介的功能。信息自由是否受 WTO 协定的调整尚有争议，④ 但至少与贸易相关的信息可受 WTO 协定管辖。成员方可援引 GATT 1994 第 23 条和 GATS 第 23.3 条等非违反之诉确保互联网的信息自由。⑤《电子商务

---

① 参见 Appellate Body Report, "United States — Measures Affecting the Cross-Border Supply of Gambling and Betting Services", WT/DS285/AB/R, 7 April 2005, para. 348；Panel Report, "United States — Measures Affecting the Cross-Border Supply of Gambling and Betting Services", WT/DS285/R, 10 November 2004, para. 6.285。

② 参见 Panel Report, "China-Publications and Audiovisual Product", WT/DS363/R, 12 August 2009, paras. 7.1209-7.1220。

③ 参见 Council for Trade in Services, "Note by the Secretariat: The Work Programme on Electronic Commerce", https://www.wto.org/english/tratop_e/ecom_e/ecom_e.htm, 最后访问时间：2017 年 1 月 2 日。

④ 参见 Susan Aaronson, "Why Trade Agreements are not Setting Information Free: The Lost History and Reinvigorated Debate over Cross-Border Data Flows, Human Rights, and National Security", World Trade Review, Vol. 14, 2015, pp. 671-695；Diane A. MacDonald, Christine M. Streatfeild, "Personal Data Privacy and the WTO", Houston Journal of International Law, Vol. 36, 2014, pp. 625-653。

⑤ 非违反之诉保障的是可预期的利益。例如，GATS 第 23.3 条规定，如任何成员认为其根据另一成员在该协定第三部分下的具体承诺可合理预期获得的任何利益，由于实施与该协定规定并无抵触的任何措施而丧失或减损，则可援用 DSU。

工作计划秘书长评注》指出，如果一个成员方禁止或限制承诺服务的电子交付活动，那么这些措施可通过第 23.3 条的非违反之诉而受到质疑，因为它削弱了其他成员方的可期待的利益。①

二 WTO 协定对数据跨境流动的合法性限制

虽然 WTO 协定并未对跨境自由流动提供法律基础，数据跨境流动却能够为 WTO 协定中的合法措施所阻却。WTO 体系的核心在于寻求贸易自由化和监管自主性（regulatory autonomy）之间的适当平衡。在实践中，除了贸易保护主义目的外，跨境数据规制措施也可能服务于一系列重要的价值，例如国家安全、公共道德、环境保护等。②

（一）WTO 协定中的个人数据保护

基于服务贸易的内在属性，GATS 规定对个人数据保护的目标可作为限制自由贸易的合法抗辩。具体而言，它包括两项合法性目标：保护个人隐私权与保障安全。

第一，出于保护与个人信息处理和传播有关的个人隐私及保护个人记录和账户的机密性的目的，成员方可实施确保遵守不违反协定的法律规则所必要的措施。该条款可以调整所有涉及个人隐私以及具备敏感性的私人数据。通信的技术安全是任何交易不可或缺的要素。③ 因此，在网络贸易中，信息技术服务和金融服务等需要符合特定保密程度的国家要求。

第二，基于安全的合法目标，成员方也可实施合法的贸易限制措施。显然，此条款的"安全"概念并非安全例外条款项下的"国家安全"。换言

---

① 参见 Council for Trade in Services,"Note by the Secretariat: The Work Programme on Electronic Commerce", https://www.wto.org/english/tratop_e/ecom_e/ecom_e.htm, 最后访问时间：2017 年 1 月 2 日。

② 参见 Gabrielle Marceau, Joel P. Trachtman,"A Map of the World Trade Organization Law of Domestic Regulation of Goods: The Technical Barriers to Trade Agreement, the Sanitary and Phytosanitary Measures Agreement, and the General Agreement on Tariffs and Trade", *Journal of World Trade*, Vol. 18, 2014, pp. 351 - 352。

③ 参见 Weber Rolf, H.,"Regulatory Autonomy and Privacy Standards under the GATS", *Asian Journal of WTO and International Health Law and Policy*, Vol. 7, 2012, p. 40。

之，除国家安全之外，基于其他类型安全的服务规制措施可以通过援引该条款而得以正当化。需要注明的是，虽然该条款的目的是确保服务提供者遵守相应的规定，但根据"墨西哥软饮料案"上诉机构所言，"确保遵守"并不意味着措施将必然保证结果的实现，只需要该限制措施对目标的实现是合适的。①

（二）数据跨境流动的公共道德保护

GATT 1994 第 20 条规定了成员方可以采取保护公共道德所必要的措施，而 GATS 则进一步规定成员方可采取保护公共道德或公共秩序的措施。该条款同样适用于跨境数据流动中。

"美国博彩案"专家组使用了《牛津英语词典（简编版）》(*Shorter Oxford English Dictionary*) 对"公共"(public) 的定义："全体人民所有的或属于全体人民的；属于、影响到或关于集体或国家的。"基于此，专家组认为，若是一项措施能符合 GATS 第 14（a）条规定，其"必须旨在保护作为集体或国家的人民的利益"。② 相应地，关于"道德"的定义是"关于正确或错误行为的生活习惯"。③ 最终，专家组认为 GATS 第 14（a）条"公共道德"含义为"由集体或国家所支持的是非对错行为标准，或能够代表集体或国家的是非对错标准"。④

WTO 专家组承认"公共道德"无法进行单一的解释，它"随着时间和空间的变化而变化，并且受到包括现有的社会、文化、道德和宗教价值的一系列因素的影响"。⑤ 因此，根据自身的体系和价值观念，成员方拥有在

---

① 参见 Report of Appellate Body, "Mexico — Taxes on Soft Drinks", WT/DS308/AB/R, 6 March 2006, para. 74。
② 参见 Panel Report, "United States — Measures Affecting the Cross-Border Supply of Gambling and Betting Services", WT/DS285/R, 10 November 2004, para. 6.463。
③ 参见 Panel Report, "United States — Measures Affecting the Cross-Border Supply of Gambling and Betting Services", WT/DS285/R, 10 November 2004, para. 6.464。
④ 参见 Panel Report, "United States — Measures Affecting the Cross-Border Supply of Gambling and Betting Services", WT/DS285/R, 10 November 2004, para. 6.465。
⑤ 参见 Report of the Panel, "United States — Measures Affecting the Cross-Border Supply of Gambling and Betting Service", WT/DS285/R, 10 November 2004, para. 6.461。

其管辖领域内定义和适用"公共道德"的权利。① 基于"公共道德"的模糊性，专家组和上诉机构一般也无须将争议中的"公共道德"具体化，而是将"公共道德"的认定权留给成员方。② 当然，该权利也并非绝对自由的，成员方负有将该条款进行善意适用的义务。③ WTO 专家组和上诉机构并没有严格区分线上与线下的交易方式，换言之，它采用一视同仁的方式将贸易规则适用于实体贸易与互联网贸易。同时，公共道德具有演化的特征，更能够被适用于网络领域。④

对滥用公共道德例外的限制体现在措施的必要性和序言的程序正义要求上。针对跨境数据规制措施的必要性分析的难点体现在对可替代性措施的分析上。多种形式的互联网规制都对公共道德具有贡献，然而，由于政治体制与文化背景的差异，成员方对互联网规制措施选择的偏好并非完全相同。在实践中，如 Dieter Ernst 所言，在解决公共政策问题上，美国总是认为"自愿体系"更合适，⑤ 而欧盟等其他经济体则强调更积极主动地保护公共利益。⑥ 正如 Michael Ming Du 所言，不同社会的公民的文化和经验自然

---

① 参见 Report of the Panel, "United States — Measures Affecting the Cross-Border Supply of Gambling and Betting Service", WT/DS285/R, 10 November 2004, para. 6.461。该观点也在 2014 年"欧盟海豹案"上诉机构报告中得到确认。参见 Reports of the Appellate Body, "European Communities — Measures Prohibiting the Importation and Marketing of Seal Products", WT/DS400/AB/R, 22 May 2014, para. 5.199。

② 参见 Reports of the Appellate Body, "European Communities — Measures Prohibiting the Importation and Marketing of Seal Products", WT/DS400/AB/R, 22 May 2014, para. 5.199。

③ 参见 Report of the Panel, "United States — Measures Affecting the Cross-Border Supply of Gambling and Betting Service", WT/DS285/R, 10 November 2004, para. 6.461。

④ 在"欧盟海豹案"中，公共道德的内涵有了新的拓展。该案不仅涉及保护动物的健康和服务，而且还涉及种族信仰以及不人道的消费方式。参见 Robert Howse, Joanna Langille, "Permitting Pluralism: The Seal Products Dispute and Why the WTO Should Accept Trade Restrictions Justified by Noninstrumental Moral Values", *Yale Journal of International Law*, Vol. 37, 2012, p. 368。

⑤ 参见 Dieter Ernst, "Indigenous Innovation and Globalization: The Challenge for China's Standardization Strategy", *East-West Centre Papers on June 2011*, http://www.eartneitcenter.crg/sites/default/files/private/emstindigenouonsinnavation.pdf, 最后访问时间：2019 年 11 月 20 日, pp. 33-34。

⑥ 例如，欧盟与美国之间的隐私权争议。参见 Gregory Shaffer, "Globalization and Social Protection: The Impact of EU and International Rules in the Ratcheting up of U.S. Privacy Standards", *The Yale Journal of International Law*, Vol. 25, 2000, pp. 1-88。

地导致了对特定类型规制的不同见解和偏好，强制 WTO 成员方更改偏好是不合理的。① 总而言之，在互联网信息自由的限制上，成员方具有对基于公共道德等合法理由对网络信息进行审查的权利，但是互联网规制对贸易的负面影响不应超过必要性的范围。

在明确跨境数据规制措施的合法目标及其必要性后，成员方还应该确保措施的实施不构成歧视或变相贸易限制。例如，针对危害公共道德的信息技术产品与网络赌博、色情等服务，成员方应确保一视同仁地对待本国与外国的产品、服务与服务提供者，并且应该将相同的禁止或限制措施同等地适用于所有类型的分销渠道。当然，GATT 1994 第 20 条序言要求并非禁止所有形式的歧视，它允许非恣意的与合理的歧视，但是该合理的歧视适用方式应具有明确性与限定性。

（三）数据跨境流动的网络安全关切

在信息时代，网络安全的维护非常必要。网络安全的维护有赖于对 GATT 1994 第 21 条的解释与适用。其中，"重要的安全利益""国际关系中的紧急情况下采取的行动"等术语可否从实体空间拓展到网络空间具有至关重要的影响。一方面，"重要的安全利益"本身就是个发展的概念，随时空的变化而变化。理论上，任何可能保护 GATT 1994 第 21 条项下的特定利益的主张都构成"重要的安全利益"。"重要的安全利益"包括军事与国防问题。在当代，也可能拓展至民用通信基础设施、环境安全、网络安全等新的领域。②

另一方面，对"国际关系中的紧急情况"的理解应包括网络中的紧急情况。例如，2010 年 12 月，计算机蠕虫病毒（Stuxnet）侵入全球许多工业自动化仪器。据报道，它还入侵了位于布什尔和纳坦兹的伊朗核设施的处

---

① 参见 Michael Ming Du, "Domestic Regulatory Autonomy under the TBT Agreement: From Non-discrimination to Harmonization", *Chinese Journal of International Law*, Vol. 6, 2007, p. 274.

② 例如，2007 年对爱沙尼亚的网络攻击、全球变暖、跨境水污染、恐怖主义注资等。参见 Eric Pickett, Michael Lux, "Embargo as a Trade Defense against an Embargo: The WTO Compatibility of the Russian Ban on Imports from the EU", *Global Trade and Customs Journal*, Vol. 10, 2015, p. 28.

理系统,并且实施了控制并蓄意造成自我毁灭。① 该情形应被视为紧急情况。进一步地,网络战被视为战争的新形式。例如,2007 年,由于互联网受到攻击,爱沙尼亚政党、政府、银行和媒体的网站遭遇了长达三周的瘫痪时间。该互联网攻击被指责为俄罗斯黑客所为,爱沙尼亚政府为此花费巨大。② 综上所述,若根据 WTO 争端解决专家组和上诉机构观点,网络本身是中性媒介,那么现实中的战争与虚拟世界中的战争也就无异。换言之,网络战是战争,或至少是可援引安全例外条款的国家紧急状态的一种形式。③ 如果发生网络战,成员可以通过跨境数据规制措施实现自身国家安全。

当然,避免滥用国家安全例外体现在对该条款的"认为的必要性"的解释上。GATT 1994 第 21 条赋予成员方认定"它认为必要的措施"。正如 Raj Bhala 教授所述,该条款的"它(it)"表明在决定其行为是否满足 GATT 1994 第 21(b)条要求的问题上,成员方具有排他性的裁量权。④ 虽然对上诉机构和专家组能否进行审查有不同的认识,但这至少表明成员方是具有很大的决定何种行为符合该条款必要性的裁量权。该条款还规定了"必要的"这一术语,反映出成员方应该善意地进行解释与适用。

在跨境数据规制措施上,成员方应该确保手段和目的之间具有必要的关联性。出于安全利益的考虑,跨境数据规制的措施必须以保护国家安全利益为目的。"必要的"术语也表明成员方需要善意地考虑是否有替代性措施,即在相同的保护水平下还有限制更少的措施。⑤ 当然,该术语

---

① 参见 Fredrik Erixon, Hosuk Lee-Makiyama, "Digital Authoritarianism: Human Rights, Geopolitics and Commerce", *ECIPE Occasional Paper*, No. 5, 2011, p. 10。
② 参见 Fredrik Erixon, Hosuk Lee-Makiyama, "Digital Authoritarianism: Human Rights, Geopolitics and Commerce", *ECIPE Occasional Paper*, No. 5, 2011, p. 10。
③ 参见 Claire Oakes Finkelstein, Kevin H. Govern, "Inroduction: Cyber and the Changing Face of War", *Pennsylvania Legal Scholarship Repository Paper*, No. 1566, 2015, pp. x-xx。
④ 参见 Raj Bhala, "National Security and International Trade Law: What the GATT Says, and What the United States Does", *University of Pennsylvania Journal of International Economic Law*, Vol. 19, 1988, pp. 268-269。
⑤ 参见 Wesley A. Cann, "Creating Standards of Accountability for the Use of the WTO Security Exception: Reducing the Role of Power-based Relations and Establishing a New Balance between Sovereignty and Multilateral", *Yale Journal of International Law*, Vol. 26, 2001, pp. 452-453。

第四章　推进数字贸易谈判　提升全球公共产品的治理价值

实际上也反映了一些客观限制，例如利益受损的风险并不存在，或者所使用的措施与目的之间并没有关联，那么成员就不能援引该条款正当化其措施。①

三　传统多边贸易协定的局限性

传统的多边贸易协定能够通过条约解释的方法，处理数据跨境流动的新问题。回溯历史，1998 年，WTO 成员方签署《电子传输的免税备忘录》，同意延长对电子传输不施加关税的国家实践。同时，成员方启动全方位审查与电子商务相关的贸易议题的工作计划。2001 年，WTO 成员方启动多哈发展回合谈判，包括电子商务和信息技术需求的议题。尽管成员方达成一致意见不对电子传输施加关税，然而现有的多边贸易协定仍存在以下不可调和的难题。

第一，传统的贸易规则无法自动拓展至数据跨境流动领域。虽然乌拉圭回合谈判取得举世瞩目的成果，然而 1994 年谈判未能预见货物和服务在信息时代更新换代周期的加快，而且新型的、综合性的或多功能的产品与日俱增。现有的 WTO 协定文本仍有模糊和不确定之处。以数字产品归类为例，成员方尚无法确定电子产品到底归属货物还是服务，或是受到多重规则的重叠适用。该类规则的模糊或空白不仅削弱了成员方的合理预期，更引发了由规则不确定性而导致的贸易争端，增加了贸易商的经济成本，更减损了多边贸易规则的正当性。成员采取对数据跨境流动的规制措施将直接影响数字产品的贸易。

第二，前互联网时代的多边贸易规则无法保障互联网的信息平台功能。在 GATS 签署时，电信服务仍处于"前互联网"时代。承诺减让表仅识别出 14 种不同类型的电信服务，前 7 种被认为是基础性的，后 7 种被视为具有附加价值。在实践中，升级版的网络充当着贸易平台。互联网并非创造出一种新的服务，而是创造了一种新的信息平台，其他服务可以通过互联网

---

① 参见 Hannes L. Schloemann, Stefan Ohlhoff, "'Constitutionalization' and Dispute Settlement in the WTO: National Security As an Issue of Competence", *American Journal of International Law*, Vol. 93, 1999, p. 443。

信息平台进行数据交换。这意味着《电信附件》对基本服务自由化的承诺与当前的互联网服务的规制措施不具有强相关性。例如,《电信附件》并未对互联网的传输功能、信息交换功能进行确认。更进一步地,前互联网时代,谈判缔约方将互联网服务分为以传输为目的的电信服务与以内容为目的的视听服务。然而,新产生的服务类型具备传输性与内容目的性的双重属性,例如,即时媒体视频服务、网络电话等。①

第三,通过文本模糊性,成员方具有实施贸易限制政策的灰度空间。多边贸易协定并未意识到互联网的信息传输功能,未能明确地保护互联网的媒介功能。成员方可通过特定的互联网规制措施,实施"非黑非白"的贸易限制政策。例如,在航空运输中,增加服务信息可获得性和附加服务的成本将降低该航空公司在特定市场的竞争能力。在旅游服务中,若不能通过当地旅游机构采用的电脑预定系统,服务提供者可能无法完成相应的服务,也不能及时处理服务,从而导致服务时间延迟,② 这可能对服务贸易造成障碍。然而,上述障碍是否违反WTO协定的问题仍存争议。

更为重要的是,跛行的WTO体制难以满足互联网贸易的规则需求。贸易谈判曾为WTO的三大核心机制之一,然而多边贸易规则正经历行动困境。自2001年多哈发展回合启动以来,至今新一轮的谈判成果仍寥寥无几。③ 由此,现有的多边贸易协定无法满足互联网贸易的需求。

第三节 数字贸易问题的规则创新路径

自20世纪80年代起,随着计算机、软件和卫星等技术的发展,以美国和日本为首的国家主张将信息自由纳入贸易协定的管辖范围。然而,由于

---

① 参见 Shin-yi Peng, "GATS and the Over-the-Top Services: A Legal Outlook", *Journal of World Trade*, Vol. 50, 2016, pp. 22-23.
② 参见 Bernard Hoekman, Carlos A. Primo Braga, "Protection and Trade in Services: A Survey", *Open Economies Review*, Vol. 8, 1997, p. 292.
③ 多哈发展回合的显著成果仅包括《贸易便利化协议》《公共健康宣言》。与谈判付出的人力、物力、资金和时间相比,规则升级成本远高于其收益。

第四章　推进数字贸易谈判　提升全球公共产品的治理价值

其他国家认为此举将对国家主权构成威胁，并削弱国家对跨境信息流动的控制能力，① 国际社会最终并未缔结有拘束力的贸易规则。随着数字贸易、手机和云技术的发展，跨境信息流动再次成为贸易协定谈判中的热点议题。如西方学者所言，互联网加速了新的法律规则的发展。②

一　数字贸易问题的新规则及其类型

（一）数字贸易问题的新规则③

多边贸易协定的根本宗旨在于促进贸易的自由化与便利化。④ 一般而言，多边贸易协定存在两种实现自由贸易的方式——积极一体化与消极一体化。管理去中心化（policed decentralization）禁止多边贸易协定成员方采取歧视性政策，一般被称为消极一体化；相互承认和协调则要求成员方积极创造条件便利国际贸易，被称为积极一体化。⑤ 虽然二者目标具有同一性，然而，消极一体化与积极一体化的实际效果并不完全相同。消极一体化要求缔约方不造成国内产品与外国产品间的歧视待遇，积极一体化则要求缔约方采取统一的、协调的贸易政策。总体而言，积极一体化路径的开放程度远大于消极一体化。

正如乔尔·P. 特拉赫特曼（Joel P. Trachtman）所言，在贸易自由化上，第一层次为确定对待贸易产品与服务的国民待遇和最惠国待遇；第二层次是促使各国贸易措施符合比例性要求，并且以科学为基础确定贸易政策；第三层次则是反映各国贸易政策的积极协调过程。⑥ 未来贸易条款的更

---

① 参见 Susan Aaronson, "Why Trade Agreements are not Setting Information Free: The Lost History and Reinvigorated Debate over Cross-Border Data Flows, Human Rights, and National Security", *World Trade Review*, Vol. 14, 2015, p. 672。
② 参见 J. R. Henry, H. Perriht, "The Internet is Changing the Public International Legal System", *Kentucky Law Journal*, Vol. 88, 2000, p. 895。
③ 参见孙南翔《从限权到赋权：面向未来的互联网贸易规则》，《当代法学》2016年第5期。
④ 例如，《建立世界贸易组织的马拉喀什协定》序言提及 WTO 协定的根本宗旨是贸易自由化和便利化。
⑤ 参见 Federico Ortino, *Basic Legal Instruments for the Liberalization of Trade: A Comparative Analysis of EC and WTO Law*, Hart Publishing, 2004, p. 12。
⑥ 参见 Joel P. Trachtman, *The Future of International Law: Global Government*, Cambridge University Press, 2013, p. 201。

新体现为从第二层次向第三层次迈进的过程。现有的互联网贸易规则也体现了上述特征。在互联网贸易中，最为典型的新规则包括阻止电子贸易壁垒的规则与赋予贸易商电子权利的规则。

以美欧的数字贸易规则为例。由于信息技术的至关重要性，美国将电子贸易作为谈判协定的优先事项。特别是，美国希望建立起限制信息流动的明确规则，集中反映在审查与过滤机制、数据中心及服务器本地化要求、隐私权保护等事项。① 然而，其他国家却担心美国强化信息控制能力将损害本国利益。例如，出于消费者保护的关切，欧盟对互联网贸易自由的推动进程相对较缓慢。欧盟自由贸易协定多采用在服务贸易章节处理信息技术产品合作与电子商务融合的事项。② 除规定阻止电子贸易壁垒外，欧盟对外签署的自由贸易协定（FTAs）一般不对信息流动作出承诺。美欧分歧也体现在对《安全港协议》的不同态度上。③

归纳而言，美国与欧盟之间的分歧体现在两个层面：其一，如何有效地甄别并避免电子贸易保护措施，确保互联网贸易的正常和有序开展；其二，如何定义"电子权利"（digital rights），确保互联网贸易的进一步发展，并实现国家间的协同政策。由此，笔者将与互联网贸易相关的新规则区分为两类：一为限制政府权力的规则，主要体现为以消极一体化的方式实现贸易自由；二为赋予贸易商权利的规则，体现为以积极一体化的路径实现贸易自由。当然，韩国、加拿大等其他国家和地区的分歧也集中反映在如何规避互联网贸易的不当规制以及如何保障个人的合法权利上。

具体而言，自由贸易协定也有类似的反映。例如，韩国与美国签署的

---

① 参见 Susan Ariel Aaronson, "What does TPP Mean for the Open Internet?", http://www.gwu.edu/~iiep/assets/docs/papers/TPP%20Policy%20Brief%20EDIT.pdf, 最后访问时间：2017年2月20日。

② 参见 Sacha Wunsch-Vincent, Arno Hold, "Towards Coherent Rules for Digital Trade: Building on Efforts in Multilateral Versus Preferential Trade Negotiations", in Thomas Cottier (eds.), *Trade Governance in the Digital Age*, Cambridge University Press, 2012, pp.192-193。

③ 欧盟法院将促进自由贸易的安全港原则裁定为无效，因为其违反了欧盟条约对基本权利的保护。参见 Judgment of the Court (Grand Chamber), "Maximillian Schrems v. Data Protection Commissioner", Case C-362/144, 6 October 2015。

FTA 规定电子商务的信息自由流动规则;① 而韩国与欧盟签署的 FTA 并不存在信息自由的规定。国际社会其他国家也不存在统一观点,欧盟和加拿大的 FTA 并不包含信息自由的条款,而加拿大与哥伦比亚的 FTA 则包括明确的信息自由和隐私权的规则。

(二) 传统的限权性路径:对政府权力的有力约束

信息与权力相关,权力要么促进信息自由流动,要么阻碍信息流动。② 政府权力的不当使用将产生贸易壁垒。近期,电子保护主义概念愈加受到国际社会的重视。美国和欧盟等都单边地批评其他国家的规制措施构成互联网贸易障碍。由此,电子保护主义构成互联网自由贸易的显著挑战之一。

电子贸易壁垒被视为电子保护主义的表现形式。在形式上,互联网贸易与实物贸易的显著差别在于贸易对象的无形性、服务过程的虚拟性与服务效果的即时性。若信息跨境流动并不需要相应的有形物的跨境转移,那么相应的贸易无须履行海关程序。本质上,数字贸易必须采取某种形式的联系,要么通过直接的实体联系,要么通过通信网络。成员方政府对贸易的障碍也体现在阻止贸易商与消费者进行联系上。美国国际贸易委员会报告将"电子保护主义"视为电子贸易的障碍或阻碍,其包括强制当地成分要求、分化的数据隐私和保护规则、不充分的知识产权保护与不明确的法律框架、持续增长的网络审查制,以及传统的不必要的关税程序等。③

---

① 该 FTA 已于 2012 年生效适用。参见 USTR, "Chapter 15 Electronic Commerce, Article 15.8 (Cross Border Information Flows)", https://ustr.gov/trade-agreements/free-trade-agreements/korus-fta, 最后访问时间:2017 年 2 月 20 日。
② 参见 D. E. Denning, "Power over Information Flow", in Ramesh Subramanian and Eddan Katz eds., *The Global Flow of Information: Legal, Social and Cultural Perspectives*, New York University Press, 2011, p.271。
③ 参见 United States International Trade Commission, "Digital Trade in the US and Global Economies", Investigation No. 332-532 Publication 4415, July 2013, paras. 5.1-5.36。有学者认为,国家对互联网的干预体现为:将知识产权转移作为外国企业获得市场准入的条件、要求外国企业以与本国公司合资的方式进入本国市场、将强制当地成分作为赋予外国公司的合同的条件。参见 Iva Mihaylova, "Could the Recently Enacted Data Localization Requirements in Russia Backfire?", *Journal of World Trade*, Vol. 50, 2016, p.314。

应对电子保护主义的有力措施在于限制国内规制权力。新服务的发展受到碎片化的规制和监管的挑战,并且不存在受认可的国际标准。① 由此,限制政府权力的数字贸易规则体现在确保国家的规制要求与合法目标相关,并且不超过其所必要限度的负担。此方法为传统的消极一体化的贸易自由路径。

(三) 新型的赋权性路径:给予贸易商的电子权利

李·牧山浩石(Hosuk Lee-Makiyama)曾与他人发布研究报告,主张通过创设新的《国际数字经济协定》(*International Digital Economy Agreement*),实现数字贸易自由化。具体而言,牧山浩石等认为,在新事物上WTO还有很多与互联网相关的工作需要完成,包括电信服务。同时,WTO应建立起对数字经济贸易的承诺,将原先的承诺拓宽至互联网服务。② 由此,互联网贸易自由仍需要拓展原先WTO协定的承诺范围。

传统上,有效地促进服务贸易的方法主要关注两类重要的生产要素——商业存在(资本)和劳动力移动(人员)。③ 对数字贸易而言,放宽资本和劳动力移动限制能在一定程度上实现贸易自由的功能,然而更重要的是,对跨境数据流动和计算机网络的限制将直接破坏贸易的持续进展。换言之,贸易商的电子权利主要体现在信息权及其相关的隐私权保障上,甚至还包括互联网的接入权。

在信息权上,贸易谈判者需要更新多边贸易协定的电子商务条款,进而避免挑选条约,确保全球互联网维持一个自由贸易区。赋予贸易商的信息权旨在创造互联网的全球可贸易环境。2008年6月,在韩国首尔举办的OECD部长级会议以"互联网经济的未来"为主题,最终形成《首尔宣

---

① 参见 Aik Hoe Lim, Bart De Meester, "Addressing the Domestic Regulation and Services Trade Interface: Reflections on the Way Ahead", in Aik Hoe Lim, Bart De Meester (eds.), *WTO Domestic Regulation and Services Trade: Putting Principles into Practice*, Cambridge University Press, 2014, p. 333。

② 参见 Fredrik Erixon, Hosuk Lee-Makiyama, "Digital Authoritarianism: Human Rights, Geopolitics and Commerce", *ECIPE Occasional Paper*, No. 5, 2011, p. 23。

③ 参见 Panagiotis Delimatsis, *International Trade in Services and Domestic Regulations: Necessity, Transparency, and Regulatory Diversity*, Oxford University Press, 2007, p. 63。

第四章　推进数字贸易谈判　提升全球公共产品的治理价值

言》。该宣言指出，各国将致力于在加强网络可信性与安全性的前提下，建立起公正平等的规制环境，并维持开放的信息自由流动的环境，保障互联网经济成为全球共享之物。①

在确保贸易商应有的信息权外，在互联网上，几乎所有的贸易产品都能以数据或信息的方式储存、运输、分销和营销，互联网贸易规则涉及消费者的信息保护等权利。在多边层面，OECD 起草了《关于平衡隐私权、安全和数据自由流动的自愿性原则》。② 该原则承认政府保障隐私权和安全的正当性需求，但通过数据质量、目的明确、限制利用、安全保护、公开和个人参与等原则，强调以明文方式保障经济性信息在全球的自由流动。③ 然而，该原则并没有强制性的拘束力。

除信息权外，互联网接入权也是电子权利的内在要素之一。然而，美国和欧盟对其有不同认识。主要表现在：第一，在法律背景上，欧盟国家具有人权保护的完整体系，而美国则倾向于信息自由；第二，在权利属性上，在以法国为代表的部分欧盟国家中，互联网接入权是基本的人权，而美国将接入视为发展议题而非人权议题；第三，在规制手段上，欧盟和美国对国家与企业在保护隐私中的作用与功能配置有不同主张。④ 毋庸置疑，至少在贸易层面，互联网接入权构成国家发展的权利，甚至是增加中小企业贸易机会的重要方式。例如，TPP 第 24 章 "中小企业" 规定应通过提供网络信息和链接的方式，增加中小企业的贸易机会。

需要说明的是，WTO 协定本身具有特定的适用范围，不可能解决互联

---

① OECD, "The Seoul Declaration for the Future of the Internet Economy", https://www.oecd.org/sti/40839436.pdf, 最后访问时间：2018 年 3 月 1 日。
② 除隐私权外，在互联网经济框架下，OECD 还关注电子识别和认证、儿童权益保护、密码体系、互联网治理等领域。参见 OECD, "Internet Economy", http://www.oecd.org/sti/ieconomy/, 最后访问时间：2017 年 3 月 23 日。
③ OECD, "OECD Guidelines on the Protection of Trans-border Flows of Personal Data", http://www.oecd.org/internet/ieconomy/oecdguidelinesontheprotectionofprivacyandtransborderflowsofpersonaldata.htm, 最后访问时间：2017 年 3 月 23 日。
④ 关于欧盟和美国对跨境信息流动的不同策略和行为，参见 Susan Aaronson, "Why Trade Agreements Are Not Setting Information Free: The Lost History and Reinvigorated Debate over Cross-Border Data Flows, Human Rights and National Security", *World Trade Review*, Vol. 14, 2015, pp. 687-691。

网规制的所有问题,可拓展的互联网规制领域建立在与贸易的相关性之上。① 然而,现有的双边贸易协定甚至将承诺义务拓展至贸易领域之外,比如人权事项等。

二 借鉴新兴区域贸易协定建构 WTO 数字贸易规则

2011 年,谷歌公司在其发布的研究报告中提出两项 21 世纪互联网贸易议程:其一,政府应该减小现有 WTO 框架内的缝隙(gaps),进而确保 GATS 能适用于所有的互联网贸易;其二,政府应谈判能够符合当前信息经济的新规则,并将它们涵盖在双边和多边贸易协定中。② 遵循上述思路,新型的数据贸易规则也可分为确权型规则、限权型规则和赋权型规则。由于数据贸易在 21 世纪初逐渐兴起,其产生与发展的过程较短,下面对数字贸易规则分析文本主要以晚近签署或公开的 USMCA、TPP 等为主。

(一) USMCA:以数字贸易为方向深化区域层面的经贸合作

2018 年,最为引人瞩目的国际经贸协定是美国牵头的《美墨加协定》。2018 年 9 月 30 日,美国、加拿大和墨西哥历时 13 个月的自由贸易协定谈判落下帷幕。三国一致同意于 2018 年 11 月 30 日共同签署新贸易协定。从某种程度上,《美墨加协定》保留了原协议的主要框架,是 NAFTA 的升级版。

《美墨加协定》的创新点之一在于首次专章规定了"数字贸易"问题,与"跨境服务贸易""电信"等章节相互独立,取代了传统美式自由贸易协定中的电子商务章节。《美墨加协定》第 19 章"数字贸易"适用于缔约方通过或维持的、以电子手段影响贸易的措施。在共同点上,《美墨加协定》

---

① 参见 Fredrik Erixon, Hosuk Lee-Makiyama, "Digital Authoritarianism: Human Rights, Geopolitics and Commerce", *ECIPE Occasional Paper*, No. 5, 2011, p. 17。
② 参见 Google Corporation, "Enabling Trade in the Era of Information Technologies: Breaking Down Barriers to the Free Flow of Information", http://www.transnational-dispute-management.com/article.asp?key=1658, 最后访问时间:2017 年 3 月 23 日。

延续了 TPP 协定等对数字产品非歧视待遇、避免对电子交易造成不必要监管负担、不对数据处理中心和源代码进行贸易限制,以及保护消费者合法利益等规定。从这一层面看,《美墨加协定》保持了 CPTPP 的基本框架。①

作为 2018 年全球瞩目的最新经贸协定文本,与先前经贸协定不同,《美墨加协定》"数字贸易"章节具有如下创新点。

第一,在适用范围上,《美墨加协定》增加了关于算法、信息内容服务提供商、交互式计算机服务、政府数据等新内容,使得《美墨加协定》从电子商务规则发展为数字贸易规则。例如,该协定第 19.12 条规定:"任何一方不得要求被涵盖的人使用位于该地区的计算机设备,以此作为在该领域开展业务的条件。"第 19.18 条规定:"各缔约方应努力开展合作,确定各缔约方扩大获取和使用其公开的政府信息,包括数据,以增加和创造商业机会,特别是中小企业的商业机会。"新的规则内容使得数字贸易规则体系更加完善和系统。

第二,在权利范围上,《美墨加协定》在消费者权利和个人信息保护层面强化了缔约方共识。除透明度要求外,《美墨加协定》第 19.8 条直接规定了缔约方建立个人信息保护法律框架的指导原则,包括限制收集原则、自由选择数据质量、目的规范匹配、使用限制、安全保障、透明化、个人参与和可问责性。它要求各缔约方确保遵守保护个人信息的措施,确保对个人信息跨界流动的任何限制都是必要的且与所面临的风险相称。另一个亮点在于,该协定大量涉及区域性合作标准与合作机制,以此推广美式经验。例如,该协定要求缔约方参照《亚太经合组织隐私框架》。

第三,在整体目标上,《美墨加协定》旨在弱化国家对数字贸易的监管能力。与 CPTPP 相比,《美墨加协定》删除了相应条款中的国家监管能力的规定。例如,在运算设备条款中,新协定删除了"每一缔约方可就运算设备使用制定自己的监管要求"。同时,新协定也删除了"本协定不阻止在商业谈判合同中包含或实施与提供源代码相关的条款,或缔约方要求对源代码作出必要修改等要求"以及"源代码不包括关键基础设施所使用的软

---

① 虽然美国尚未签署 CPTPP,但是作为 TPP 起草者,美国在确定基本框架和内容上产生了重要影响。

件"等规定。

总体上,作为特朗普政府的重要经贸外交成果,《美墨加协定》被称为美国 21 世纪贸易协定的新范本。在美国单边主义的背景下,《美墨加协定》是 2018 年全球最为重要且难得的国际经贸合作成果,推动了自由的数字贸易规则的建立。在此层面,《美墨加协定》数字贸易章节有被复制推广的可能,对其发展应进行跟踪分析。

(二) 以区域贸易协定为基础建构 WTO 数字贸易规则

1. 明确 WTO 基本原则对数字贸易的可适用性

在争端解决实践中,美国和中国曾分别在"美国博彩案"和"中国视听产品案"中主张其在缔约时无法预见互联网技术的兴起,因而 WTO 协定不应适用于新的产品形式。然而,上述案件的上诉机构和专家组均认为,对 WTO 协定的可适用性分析应依据条约解释的惯常方式确定 WTO 协定对争议产品的可适用性。同时,上诉机构和专家组反复强调,对 WTO 协定的适用应在考虑特定案件的实施情形和法律语境下,以逐案分析的方式进行确定。[①] 换言之,现有的争端解决机制并未提供 WTO 协定对数字贸易的可适用性的明确保障。在协定文本缺乏可预见性的前提下,个案分析的裁决思路难以解决所有与贸易相关的互联网规制问题。

为实现数字贸易规则的稳定性和可预见性,在 WTO 数字贸易规则中,应该明确 WTO 基本原则对数字贸易活动具有可适用性,特别是非歧视原则、透明度原则和合理救济原则等。

2. 规定限权性规则:避免不必要的电子贸易壁垒

由于电子保护主义的存在,在 WTO 协定外,缔约方建立符合互联网贸易需求的新规则具有迫切性和必要性。除确认性规则外,消极一体化的传统贸易规则制定路径也反映在互联网贸易规则中,集中体现于缔约方明文限制不必要的电子贸易壁垒。

[①] 参见 Report of the Appellate Body, "United States — Import Prohibition of Certain Shrimp and Shrimp Products", WT/DS58/AB/R, 12 October 1998, para. 159。

第四章　推进数字贸易谈判　提升全球公共产品的治理价值

美韩 FTA 首次规定了电子商务中的信息自由流动,第 15.8 条规定:"认识到信息自由流动对贸易便利化以及保护个人信息的重要性,成员方应该致力于避免对跨境电子信息流动施加或维持不必要的障碍（unnecessary barriers）。"[1] 相似地,在加拿大与哥伦比亚的 FTA 中,第 1502.4 条"一般条款"也规定,缔约方认识到避免以电子方式实施不必要的贸易障碍的重要性。[2]

关键问题在于如何理解"不必要的电子贸易障碍"概念。根据加拿大与哥伦比亚的 FTA,缔约方的义务包括两个层面:其一,缔约方不应以不适当的电子方式阻碍贸易;其二,与其他方式采取的贸易相比,缔约方不应对电子方式提供的贸易施加更具限制性的措施。

本质上,应对电子保护主义的核心在于实现数字贸易的非歧视性。第一,要求确保缔约方不能因为产品或服务以电子方式为表现就否认该产品或服务的法律效果、有效性或可执行性。换言之,这就将非歧视待遇拓展至互联网交易中。[3] 第二,限权性条款确认了"技术中性"（technological neutrality）的原则,禁止因技术使用方式对货物或服务制定不合理的差别待遇。

当然,数字贸易的限权性规则还应区分"必要的贸易限制措施"与"不必要的贸易限制措施"。根据《维也纳公约》第 31 条和第 32 条确定的条约解释的文本方法,一方面,"必要的"可被理解为"不可或缺的";另一方面,也可被理解为"对目标作出贡献"。WTO 协定发展出一系列关于"必要性"的案例,甚至影响其他国际性裁决机构的推理方式与裁决思路。在 WTO 争端解决实践中,上诉机构认为 WTO 协定的"必要的"含义更倾向于"不可或缺的",而非仅仅是"有贡献"。[4] 条约积极性义务的"必要

---

[1] 该 FTA 已于 2012 年生效。
[2] 参见 Shin-yi Peng, "GATS and the Over-the-Top Services: A Legal Outlook", *Journal of World Trade*, Vol. 50, 2016, p. 36。
[3] 参见 Rolf H. Weber, "Digital Trade and Ecommerce: Challenges and Opportunities of the Asia-pacific Regionalism", *Asian Journal of WTO and International Health Law and Policy*, Vol. 10, 2015, p. 333。
[4] 参见 Report of Appellate Body, "Korea — Measures Affecting Imports of Fresh, Chilled and Frozen Beef", WT/DS161/AB/R, 11 December 2000, para. 161。

的"解释与例外条款的"必要性"解释相似,一般应考察争议中的利益或价值的重要性、措施实现目标的贡献程度、措施的贸易限制性,以及其他潜在的可替代性措施。① 换言之,必要的贸易限制措施应对合法目标具有贡献,并且具有相对最低的贸易限制性。

因此,建议 WTO 协定可以规定限权性规则,避免国家规制对数字贸易活动造成不必要的贸易障碍。同时,借鉴 CPTPP 第 14.11 条的必要性认定,即"实现合法公共政策目标的措施应满足两个条件:(a) 不得以构成任意或不合理歧视的方式适用,或对贸易构成变相限制;(b) 不对信息传输施加超出实现目标所需要的限制"。毫无疑问,该条款使得限权性规则更明确,并增加了对贸易规制措施的适用方式的约束。

3. 规定赋权性规则:确保合理的信息自由及其例外

尽管避免电子贸易主义的规则能够减少阻碍数字贸易发展的壁垒,但消极一体化本身难以从根本上实现全球的自由贸易,在数字贸易领域尤为如此。与传统实物贸易相比,数字贸易的兴起与发展更需要赋予贸易商电子权利作为保障,以此实现全球互联网规制的统一化。

信息是数字贸易发展的基础,与数字贸易相关的赋权性规则的构建以信息自由为前提,包括赋予贸易商信息自由权、互联网接入权以及禁止当地成分要求等。

在信息自由权上,以 CPTPP 为例,其"电子商务"章节要求成员方确保全球信息和数据的自由流动,并承诺不施加对当地数据处理中心的限制,同时要求软件源代码不应该被要求转让或进行评估。此外,直接规定缔约方不应对电子传输征税,不通过歧视性措施或彻底屏蔽支持国内生产者或服务者。除避免新的电子贸易障碍外,美国与智利、新加坡、秘鲁、哥伦比亚、中美自由贸易区与多米尼加共和国等贸易协定规定任何缔约方都不能提出当地成分要求。本质上,禁止对数据中心的当地成分要求有利于推动信息的自由流动。相似地,加拿大和哥伦比亚的 FTA 也包括确保信息自由流动、透明度和隐私权保护的规则。

---

① 参见 Report of the Appellate Body, "Brazil — Measures Affecting Imports of Retreaded Tyres", WT/DS332/AB/R, 3 December 2007, para. 178。

第四章 推进数字贸易谈判 提升全球公共产品的治理价值

除正面规定信息自由的权利外,现有的互联网贸易规则也通过鼓励设置协调的标准实现信息的自由化。正如苏姗·艾伦森(Susan Aaronson)所言,在隐私权上,美国和欧盟存在难以调和的分歧。根据美国法,网络隐私权为消费者权利,然而在欧盟、澳大利亚和加拿大,隐私权被视为须经政府保护的人权。①《OECD隐私权和个人数据跨境流动保护指南》序言指出,尽管各国隐私权保护立法的存在使得贸易规则具有可预见性,但不同国家立法的差异构成了个人数据跨境自由流动的障碍。由此,协调网络隐私权分歧的方式只能通过协同性的标准。例如,欧盟与加勒比地区国家要求在数据保护领域进行合作,并且要求缔约方实现与欧盟标准相协同的数据保护标准。②

需要注意的是,信息自由并非绝对,它也受到例外条款的限制。现有自由贸易协定并未否认国家的互联网规制权。例如,CPTPP规定对电子方式跨境传输的自由化要求不得阻止缔约方为实现合法公共政策目标而采取或维持限制性措施。正如美国国际贸易委员会报告所反复强调的,对数据流动的必要限制应当符合现有的贸易规则。③ 现有的贸易规则通常以一般例外与安全例外的方式实现在贸易自由与政府合法性规制间的平衡。

在数字贸易语境下,例外规则也有细微的变化。以欧盟与加拿大起草的《全面经济和贸易协定》为例,安全例外规则"维持和维护国际和平与安全的国际义务"并未与《联合国宪章》相联系,④ 而是笼统地规定"本协定不阻止为实现国际和平和安全目的国际义务,缔约方采取其认为对保

---

① 参见 Susan Aaronson, "Why Trade Agreements are not Setting Information Free: The Lost History and Reinvigorated Debate over Cross-Border Data Flows, Human Rights, and National Security", *World Trade Review*, Vol. 14, 2015, p. 682。
② 参见 European Commission, "International Affairs: Free Trade Agreements", http://ec.europa.eu/enterprise/policies/international/facilitating-trade/free-trade/index_en.htm#h2-2,最后访问时间:2017年3月23日。
③ 该报告指出,现有的贸易规则要求限制措施应是非歧视的、比例性的和公开透明的,并且应是最小贸易限制性的措施。参见 United States International Trade Commission, "Digital Trade in the US and Global Economies", Investigation No. 332 - 532 Publication 4415, July 2013, para. 5. 25。
④ GATT 1994第21(c)条规定:"本协定的任何规定不得解释为:阻止任何缔约方为履行其在《联合国宪章》项下的维护国际和平与安全的义务而采取的任何行动。"

护必要安全利益必要的行为"。换言之,与 GATT 1994 相比,该双边贸易协定拓展了对"国际和平和安全"的理解,进而使其更可适用于网络和平与安全的语境。

由此,笔者建议 WTO 协定规定赋权性规则,确定合理的贸易信息自由,并通过一般例外和安全例外条款,保障成员方的合法规制权。

本章小结

WTO 协定建立在消极一体化的基础上,其核心目标在于确保成员方单边施加的政策与措施不构成不必要的或歧视性的贸易障碍。① 以消极一体化为导向的 WTO 协定未能满足以美国为主的网络大国的利益需求。除涉及传统的服务贸易规则外,《美墨加协定》还涉及跨境数据流动、禁止本地化措施等敏感事项。由此,众多专家学者建议认真对待新的贸易形式,并将乌拉圭回合后的电子贸易革命、网络中性等规定到文本中,进而实现网络空间的跨境交易自由。② 需要说明的是,除上述分析的规则外,数字贸易的规则还涉及知识产权保护、中小企业能力建设等。③ 如乔尔·特拉赫特曼所言,事实上,国际法的成长与国内法相似,先是确定基本的财产权与安全规则,随后转向创造公共产品和规制目的的政策。④

实践中,WTO 谈判应以数字贸易规则为重点,各谈判方在求同存异的基础上,可对确权性规则、限权性规则和赋权性规则进行协商和谈判,以此为基础实现 WTO 作为全球公共产品的价值。

---

① 参见 Petros C. Mavroidis, "Driftin' Too Far from Shore — Why the Test for Compliance with the TBT Agreement Developed by the WTO Appellate Body is Wrong, and What Should the AB Have Done Instead", *World Trade Review*, Vol. 12, 2013, p. 509。

② 参见 Pierre Sauve, "A Plurilateral Agenda for Services? Accessing the Case for a Trade in Services Agreement (TISA)", *NCCR Working Paper*, No. 29, 2013, pp. 14-15。

③ 参见 Brian Bieron, Usman Ahmed, "Regulating E-commerce through International Policy: Understanding the International Trade Law Issues of E-commerce", *Journal of World Trade*, Vol. 46, 2012, pp. 545-570。

④ 参见 Joel P. Trachtman, *The Future of International Law: Global Government*, Cambridge University Press, 2013, p. 1。

第五章　重塑 WTO 争端解决机制　维护多边贸易机制的功能价值

虽然争端解决机制长期被认为是"皇冠上的明珠",然而 WTO 争端解决机构的自我扩权、裁决非一致性及其对国家核心利益的忽视导致其面临合法性危机。应对 WTO 争端解决机制合法性危机需要重塑主权国家对国际裁决机构自主行为的有效约束。在内部层面,可通过发挥上诉机构和专家组报告的商谈功能,认可疑义从轻解释方法,赋予成员更大的规制政策空间;在外部层面,可引入调解和仲裁等多元化纠纷解决机制并激励国家集体行动,强化成员对争端解决的合理控制。

第一节　认真对待 WTO 争端解决机制的改革

截至 2017 年,WTO 共登记了 572 起案件,出具了 231 份专家组报告与 150 份上诉机构报告。[①] 在理论界,有学者褒扬 WTO 法是模范国际法。[②] 然而,在美国阻碍其本国原上诉机构成员杰妮芙·希尔曼续任后,有越来越多的上诉机构成员期满离职,并且时至 2020 年 9 月无法启动新成员任命程

---

① 参见 WTO,"Appellate Body Annual Report for 2017",WT/AB/28,February 2018。
② 参见杨国华《为什么 WTO 是模范国际法》,《国际商务研究》2016 年第 6 期;张乃根《反思 WTO 法:二十年及未来——兼评"WTO 法是模范国际法"》,《国际经济法学刊》2015 年第 3 期;何志鹏《"WTO 法是模范国际法"的语义分析与现实观察》,《国际经济法学刊》2015 年第 3 期。

序。WTO争端解决机制正面临严峻的危机。① 实践中，尽管中国、欧盟等反对美国经贸单边主义做法，但它们同样认为WTO争端解决机制应进行改革，并发起联合提案。当前，不仅WTO争端解决机制，国际投资仲裁解决机制、国际刑事法院等也相继爆发危机。上述国家间争端解决机制代表着不同的模式、不同的制度设计、不同的价值文化，② 为何这些曾经为世界和平和发展发挥重要作用的国际争端解决机制都面临挑战？这引发了国内外学术界和实务界的追问。

有学者从合法性角度指出，WTO等国际争端解决机制忽视了非政府组织和公民社会的声音，应通过改革实现更大的透明度和公共参与。③ 有学者从国际经贸协定的不完全性出发，认为改革争端解决机制的前提在于恢复积极有效的谈判程序。④ 还有研究指出，争端解决机制的司法能动主义等问题导致了国际法治陷入危机。⑤ 在国内研究中，愈来愈多的学者从"WTO法是模范国际法"中警醒过来，开始探索WTO争端解决机制的改革路径。⑥ 2018年11月，二十国集团领导人峰会指出，有必要推进WTO体系现代化改革。然而，现有的研究仅从WTO规则本身讨论文本上的缺陷，并试图通

---

① 截至2018年1月，WTO上诉机构只剩下3名成员，若不能完成补选，WTO上诉机构成员人数将在2019年底少于3名，低于每起案件的法定上诉机构成员人数，从而不可避免地陷入停摆阶段。WTO上诉机构停摆将导致争端解决机构无法受理当事方对专家组报告的上诉，进而产生未决案，实际上将导致整个WTO争端解决机制无法运行。

② 参见Mark Huber, Greg Tereposky, "The WTO Appellate Body: Viability as a Model for an Investor-State Dispute Settlement Appellate Mechanism", *ICSID Review*, Vol. 32, 2017, pp. 545-594。

③ 参见Manfred Elsig, "The World Trade Organization's Legitimacy Crisis: What Does the Beast Look Like?", *Journal of World Trade*, Vol. 41, 2007, pp. 75-98; Sivan Shlomo-Agon, "Clearing the Smoke: The Legitimation of Judicial Power at the WTO", *Journal of World Trade*, Vol. 49, 2015, pp. 539-590。

④ 参见Bernard Hoekman, "Proposals for WTO Reform: A Synthesis and Assessment", *Minnesota Journal of International Law*, Vol. 20, 2011。

⑤ 参见Bradly J. Condon, "Captain America and the Tarnishing of the Crown: The Feud between the WTO Appellate Body and the USA", *Journal of World Trade*, Vol. 52, 2018; Robert Howse, "The World Trade Organization 20 Years on: Global Governance by Judiciary", *European Journal of International Law*, Vol. 27, 2016; Petros C. Mavroidis, "The Gang That Couldn't Shoot Straight: The Not So Magnificent Seven of the WTO Appellate Body", *European Journal of International Law*, Vol. 27, 2016。

⑥ 参见文洋《WTO改革：新压力与新机遇》，《学习时报》2018年12月17日，第2版。

第五章 重塑 WTO 争端解决机制 维护多边贸易机制的功能价值

过文本修改实现改革 WTO 的目标。这恐怕无助于解决 WTO 争端解决机制的危机。实际上，阿米塔夫·阿查亚等指出，主流的国际规范研究集中在构建国际组织的"美好规范"上，忽视了对"美好"国际组织的追求。① 无疑，现有的研究忽视了从"不完美的"国际争端解决体系出发看待 WTO 改革。本章拟从争端解决机构、文化及其内部解释规则出发，分析 WTO 争端解决机制面临的问题。

一 WTO 争端解决机制所引发的困境

实际上，争端解决机制的设计决定了它拥有一定程度上维护自己价值观的权力。② 因此，除制度外，化解国际争端解决机制的危机还应回归其自主性的问题，即争端解决机制的文化与人的因素。本质上，国际争端解决机制的危机来自国际裁决机构与国家之间的失衡状态。实践中，虽然国家拥有至高无上的主权，然而国际法在国家同意让渡范围内约束着国家主权的行使。特别是，以国际法官、仲裁员、WTO 上诉机构和专家组成员组成的国际裁决机构通过条约解释与适用等国际裁决规则，不断维护甚至发展国际规范，进而约束着国家权力的行使。③ 正如美国学者丹尼尔·阿比比所指出的，当前由国际法所确定的外部权力构成美国立法权、行政权和司法权之外的新权源。④ 在此意义上，作为国际法裁决和执行监督的机构，国际争端解决机制担负着约束和控制国家行为的责任。⑤ 当国际裁决机构所享有

---

① 参见 Amitav Acharya, "How Ideas Spread: Whose Norms Matter? Norm Localization and Institutional Change in Asian Regionalism", *International Organization*, Vol. 58, 2004, pp. 239-275；吴文成《组织文化与国际官僚组织的规范倡导》，《世界经济与政治》2013 年第 11 期。
② 齐飞：《WTO 争端解决机构的造法》，《中国社会科学》2012 年第 2 期，第 153 页。
③ 相比于较为成熟的国内法律修订程序和机制，国际多边体制的条约修订颇有难度。本质上，保持国际法的发展更多依赖于条约解释的路径。例如，尽管《联合国宪章》自 1971 年起就未再修订过，但通过条约解释，它还是一部实际上不断发展的"有生命力的法律文件"。参见 Jessica Liang, "Modifying the UN Charter through Subsequent Practice: Prospects for the Charter's Revitalization", *Nordic Journal of International Law*, Vol. 81, 2012, pp. 4-5。
④ 参见 Daniel Abebe, "Cyberwar, International Politics, and Institutional Design", *The University of Chicago Law Review*, Vol. 83, 2016, pp. 4-5。
⑤ 参见 Joel P. Trachtman, "International Legal Control of Domestic Administrative Action", *Journal of International Economic Law*, Vol. 17, 2014, pp. 753-786。

的自我权力日益膨胀并不受约束时，国际组织或裁决机构的决议或裁决将威胁主权国家的安全与秩序。

不可否认，WTO 成立 24 年来，对全球贸易发展作出了实质性的贡献。然而，近期国际社会对 WTO 争端解决机制合法性及有效性也提出诸多质疑。这些质疑主要围绕争端解决机构自我扩权、国际争端解决报告不一致性、条约解释忽视国家利益与集体利益。

（一）争端解决机构的自我扩权

WTO 争端解决机制具有特殊的审理模式。它首创了两级审案制，[1] 在专家组审理裁决的基础上，WTO 上诉机构可对专家组报告的法律问题进行再认定。[2] 总体上，WTO 上诉机构的作用有三个层面：第一，提供解决 WTO 专家组认定分歧的机会；第二，提供指导未来相似诉讼的裁决方法，增强争端解决的可预见性；第三，在谈判功能无法发挥作用的情况下，在一定程度上，上诉机构解释允许对 WTO 法进行司法发展。[3]

WTO 的两级审案制体现出更多的"司法化"特征，即通过正式的证据规则和程序，由运用传统法律推理工具的独立法官负责争端解决，而非交由受影响各方谈判解决。[4] "司法化"的 WTO 争端解决机制虽然促进了国际贸易纠纷的便捷解决，但也长期遭受理论界和实务界关于司法能动主义的批评。例如，美国指责上诉机构在归零系列案件中作出了扩张解释，其主要关注在于上诉机构和专家组所谓的"过度管辖"，而且还指责上诉机构和专家组在裁决中分析大量的多余事项。[5] 此类事项与法律争议解决并

---

[1] 参见赵维田等《WTO 的司法机制》，上海人民出版社，2004，第 49~51 页。
[2] 近期，国际投资仲裁机制的改革方案之一就是增加国际投资仲裁的上诉审程序。
[3] Bradly J. Condon, "Captain America and the Tarnishing of the Crown: The Feud between the WTO Appellate Body and the USA", *Journal of World Trade*, Vol. 52, 2018, p. 537.
[4] 参见〔美〕杰克·戈德史密斯、埃里克·波斯纳《国际法的局限性》，龚宇译，法律出版社，2010，第 158 页。
[5] 参见 U. S. Mission to International Organizations in Geneva, "Statements by the United States at the Meeting of the WTO Dispute Settlement Body", https://geneva.usmission.gov/2018/03/01/statements-by-the-united-states-at-the-february-28-2018-dsb-meeting/，最后访问时间：2018 年 4 月 14 日。

第五章 重塑 WTO 争端解决机制 维护多边贸易机制的功能价值

无太大关系。①

WTO 上诉机构突破成员共同缔约意图并增加当事方义务的情形也曾在"中国视听产品案"后引起广泛的关切。② 在该案中,中国政府强调中国在 2001 年加入世界贸易组织时无法预见电子贸易的快速发展,因此"录音制品分销服务"本身不包括"电子分销",然而上诉机构认为,GATS 及其承诺表与 WTO 协定一样,都是一种无期限的、具有持续义务的多边条约。由于"录音制品"与"分销"具有一般属性,因此,这些术语的含义会随着时间变化而发生变化。③

某种程度上,在多边贸易规则常年无法更新的背景下,发展 WTO 法只能通过争端解决体系,④ 即通过专家组或上诉机构对 WTO 协定进行解释,以填补法律空白及漏洞。然而,DSU 第 3.2 条本身要求争端解决机构的建议和裁决不能增加或减少适用协定所规定的权利和义务,否则将削弱多边贸易体系的可靠性和可预测性。更为危险的是,国际裁决机构向来具有自我扩权的惯性。其一般做法为:首先在相对没有争议的案件中运用法律技术扩大其权限,由于案件结果符合各方预期,一般不引起大的争议,由此该案成为后续案件应考虑的有说服力的先例;随着先例积累,最终国际裁决机构自我扩大的权限就将被确定下来。⑤ 在此层面上,WTO 争端解决机构的自我扩权及其司法能动主义问题应得到重视并解决。

(二) 国际争端解决报告的不一致性

国际争端解决的不一致性时常引发对其合法性的批评。除国际投资仲

---

① ICSID 裁决书也被认为存在大量的多余事项。参见〔德〕Karl-Heinz Böckstiegel《商事仲裁与投资仲裁:当今两者差异几何?》,傅攀峰译,《仲裁研究》2014 年第 2 期。
② 参见王衡《WTO 服务贸易承诺减让表之解释问题研究——以"中美出版物和视听产品案"为例》,《法商研究》2010 年第 4 期;房东《对"文本"的扬弃:WTO 条约解释方法的一种修正——以服务贸易具体承诺表的解释为分析起点》,《法律科学》2011 年第 3 期。
③ 参见 Appellate Body Report, "China-Audiovisual Products", WT/DS363/AB/R, 21 December 2009, p. 396。
④ 参见 Yves Bonzon, "Institutionalizing Public Participation in WTO Decision Making: Some Conceptual Hurdles and Avenues", Journal of International Economic Law, Vol. 11, 2008, p. 751。
⑤ 参见 Shoaib Ghias, "International Judicial Lawmaking: A Theoretical and Political Analysis of the WTO Appellate Body", Berkeley Journal of International Law, Vol. 24, 2006, p. 535。

裁领域外，有研究发现 WTO 上诉机构至少在司法救济、一般例外措施的识别，以及贸易、其他税费和进口费等认定上存在裁决不一致的现象。[①]

以 GATT 1994 第 20 条的解释为例。在早期的"美国虾案"和"美国石油案"中，上诉机构认定，在争端发生后不能开展谈判意味着 WTO 成员无法满足 GATT 1994 第 20 条序言的要求，因为参与谈判或磋商的目的是避免歧视。[②] 然而，在随后适用一般例外条款的案件中，上诉机构并未继续适用该磋商要求。相反地，后续的上诉机构在分析歧视是否恣意或不公正时，将关注点集中在歧视原因及其合理性上。特别是，《服务贸易总协定》第 14 条等也未使用强制性谈判的要求。[③] 从条约解释出发，此类强制性谈判要求无法得到条约文本的惯常解释、上下文以及目标与宗旨解释等规则的支持，也并未得到国际法相关规则的认同。在此层面，WTO 上诉机构在早期案件中已存在前后不一致的裁决。

在"美国双反执行案"中，上诉机构拒绝了宽泛地通过所有权的控制方法认定中国国有企业行使公共机构职能并扭曲市场的观点。实际上，WTO 争端解决机构否认了美国"政府股权控制论"的观点，而使用了"政府职能论"的观点。[④] 在随后的"美国碳钢（印度）案"中，虽然上诉机构回溯了"美国双反执行案"对公共机构的认定，然而它也指出"被政府有意义地控制"是"拥有、实施或被赋予政府权力"的证据性标准。[⑤] 上诉机构变相认可了所谓的"有意义地控制"与公共机构认定的关联性，该标准有可能在未来的案件处理中获得更高的认可度。特别是，上诉机构强调

[①] 参见 Frieder Roessler, "Changes in the Jurisprudence of the WTO Appellate Body during the Past Twenty Years", *Journal of International Trade Law and Policy*, Vol. 14, 2015, pp. 129-146。

[②] 参见 Appellate Body Report, "United States — Standards for Reformulated and Conventional Gasoline", WT/DS2/AB/R, 20 May 1996; Appellate Body Report, "United States — Import Prohibition of Certain Shrimp and Shrimp Products (US-Shrimp)", WT/DS58/AB/R, 6 November 1998。

[③] 参见 Bradly J. Condon, "Does International Economic Law Impose a Duty to Negotiate?", *Chinese Journal of International Law*, Vol. 17, 2018, p. 73。

[④] 参见 Appellate Body Report, "United States — Definitive Anti-Dumping and Countervailing Duties on Certain Products from China", WT/DS379/AB/R, 11 March 2011, paras. 277-279。

[⑤] 参见 Appellate Body Report, "US-Carbon Steel (India)", WT/DS436/AB/R, 8 December 2014, para. 4.29。

第五章　重塑 WTO 争端解决机制　维护多边贸易机制的功能价值

对公共机构的认定依据各成员具体情况而定。换言之，上诉机构逐步从对公共机构的严格认定转向更为宽松的标准，极可能成为新的裁决不一致的案件。

WTO 争端解决裁决存在不一致性的现象，这并非 WTO 争端解决机制的合法性问题，因为随着时间推移和客观情势变更，不同时期对同一法律问题可能出现合乎常理的不同认定。然而，根本问题在于 WTO 裁决不一致性未得到正视并难以得到明确纠正。基于此，美国等成员认为有必要在 WTO 委员会和争端解决机构会议上对上诉机构裁决不一致性和一贯性问题进行公开讨论，也有学者建议对上诉机构案例法进行评估。①

（三）条约解释忽视国家利益与集体利益

当前，越来越多的国际案件涉及国家利益与集体利益。有观点认为，随着 WTO 的创立，WTO 协定将成为一部国际贸易领域的"宪法"，这将迫使各成员不得不采取与国家利益相悖的贸易政策，并将引发 WTO 权力过度扩张现象。② 本质上，WTO 创设了"客观性评估"的审查标准，采用对抗国家主权的直接调查方法解决反倾销等贸易分歧。③ 该方法时常被指忽视了国家利益。

在"中国原材料案"和"中国稀土案"中，WTO 上诉机构和专家组虽然承认国家主权及国家内在规制权的概念，但仍通过严格的文本主义拒绝了中国环境保护措施的合法主张。④ 在上述案件的裁决中，上诉机构和专家组侧重于使用惯常解释、上下文解释，忽视了同样重要的目的和宗旨解释。

---

① 参见 Bernard Hoekman, "The World Trade Order: Global Governance by Judiciary?", *European Journal of International Law*, Vol. 27, 2016, pp. 1083-1093.

② 参见〔美〕杰克·戈德史密斯、埃里克·波斯纳《国际法的局限性》，龚宇译，法律出版社，2010，第 155 页。

③ 参见 Petros C. Mavroidis, "The Gang That Couldn't Shoot Straight: The Not So Magnificent Seven of the WTO Appellate Body", *European Journal of International Law*, Vol. 27, 2016, pp. 1107-1118.

④ 专家组在"中国稀土案"中指出："国家主权被明确表明为批准国际条约的决定，并且接受此类批准带来的利益和义务的决定。在成为 WTO 成员时，中国当然并没有丧失其关于自然资源的永久主权，其享有作为国家地位的自然推定。中国或者其他 WTO 成员并没有'放弃'其采用出口配额或环保措施的其他权利。然而，中国同意以遵守 WTO 规则的方式行使，并且当其发展和执行保护可耗竭自然资源的政策时尊重 WTO 条款。"

虽然《建立世界贸易组织的马拉喀什协定》序言明确提及"保护和维护环境",然而上诉机构和专家组仍拒绝《中国加入世界贸易组织议定书》第11.3条援引GATT 1994相关例外条款的可能性。[①] "欧盟海豹案"裁决也面临相似的问题。[②] 从本质上说,WTO裁决更加重视自由贸易价值,而缺乏主权国家集体利益的考虑,这导致了国家在保护自由贸易和维护国家利益政策选择上的难题。

有学者主张贸易协定应该给政府提供更大的"政策空间"以追求国内政策目标。[③] 然而,WTO争端解决机构的部分裁决使得国家规制权受到不合理的限制。[④] 虽然建立在比较优势与国际分工基础上的国际贸易体系并未过时,但是现有的国际争端解决机制的危机在于WTO争端解决对国家利益以及集体利益的过度忽视,这与国际投资仲裁中的东道国规制权受损的情况极为相似。

二 WTO争端解决规则所引发的困境

除WTO争端解决机构外,WTO争端解决规则本身也存在条约文本与实践脱节的问题。这使得WTO争端解决机制无法解决新问题,特别是在适用一般例外、安全例外等逃避机制问题上。在一定程度上,通过适用发展的条约解释,条约文本能够符合客观情势的变化。若以静止观点理解条约权利与义务,条约文本的稳定性和可预见性将被削弱;而若适用发展的条约解释,则条约解释将融合缔约方的意图和国际法的发展理念,有效避免恣意解释文本的风险,同时打破原始主义的藩篱。[⑤] 然而,发展的条约解释并

---

① 国内学界也开展了对裁决的系统分析。例如,顾宾:《论WTO稀土案裁决报告的明显失误和亟宜纠正》,《国际经济法学刊》2015年第3期。
② 参见 Appellate Body Report, "EU-Seal Products", WT/DS400/AB/R, 22 May 2015。
③ 参见 Timothy Meyer, "Saving the Political Consensus in Favor of Free Trade", *Vanderbilt Law Review*, Vol. 70, 2017。
④ 参见 Denise Prevost, "States' Regulatory Autonomy to Protect Societal Values by Legitimate Regulatory Distinctions", in Leila Choukroune (ed.), *Judging the State in International Trade and Investment Law*, Springer Publishing, 2016, pp. 53-74。
⑤ 参见 Luigi Crema, "Subsequent Agreements and Subsequent Practice within and outside the Vienna Convention", in Georg Nolte (ed.), *Treaties and Subsequent Practice*, Oxford University Press, 2013, p. 23。

第五章 重塑 WTO 争端解决机制 维护多边贸易机制的功能价值

非万能的，它受限于条约文本与缔约方的共同意图。当前，成员方的规制措施层出不穷，难以被原始的条约文本记载，更难以实现缔约方的共同意图。综合而言，WTO 争端解决规则的缺陷包括文本与实践脱节、普遍价值与个案相冲突，以及裁决技术的滞后性等方面。下文将以互联网规制为例阐述 WTO 争端解决规则引发的困境。

（一）关于文本与实践脱节的问题

1. 技术发展与例外条款规则文本的滞后性

法律难以跟上变化莫测的客观实践是互联网法的严峻挑战之一。[①] 对于例外情形的适用，绝大多数情况是难以事先界定的。[②] 技术问题引发了对 WTO 协定的解释性难题，特别是技术性转换（technological translation）问题的解释。技术性转换要求对技术性法律文本的适用不依赖缔约时的技术水平。例如，在 20 世纪 90 年代早期起草《建立世界贸易组织的马拉喀什协定》及其附件时，"网络信息存档"（online information retrieval）或者"数据处理服务"（data processing services）术语是否包括谷歌或雅虎之类的搜索引擎呢？如果是，一些国家可能将承认对外国网站的更开放的市场准入义务，而这几乎没有任何人先前能够意识到。[③]

最初，WTO 缔约者认为货物贸易和服务贸易具有相似性，并且将服务作为贸易的一部分写入协定。然而，当时的缔约者并没有预料到通信技术的巨大发展。更为重要的是，当前互联网协议得到普遍适用。正如 GATS 文本所反映的，在缔结 GATS 时，互联网还仅仅是一个狭隘范围的"电信服务"，甚至于更为微观的"电话服务贸易"以及一些附加服务，例如"三方呼入"和"声音邮件"等。缔约者并没有规定所有 GATS 下的服务提供类型将以互联网协议的方式体现。毫无疑问，起草者更大程度将互联网视为

---

① 参见 Mark A. Lemley, "The Law and Economics of Internet Norms", *Chicago-Kent Law Review*, Vol. 73, 1998, pp. 1267-1270。
② 参见 Alan O. Sykes, "Economic 'Necessity' in International Law", *American Journal of International Law*, Vol. 109, No. 2, 2015, p. 323。
③ 参见 Tim Wu, "The World Trade Law of Censorship and Internet Filtering", *Chicago Journal of International Law*, Vol. 7, No. 1, 2006, p. 281。

服务部门，而不是一种服务模式。①

时至今日，电信已成为一个独特的服务提供平台。事实上，这是互联网的本质，即互联网承担起传输功能，并创造一个普遍的、具有目的性的网络，进而能够支持任何类型的服务。作为结果，虽然电信的基础服务只是包含在服务的一个狭窄范围内，但是任何旅行、金融甚至医疗服务都可以通过信息网络的方式传送。

然而，WTO 协定并不能适用于所有与贸易相关的互联网规制问题。例如，对 GATS 而言，它并没有直接涉及信息自由的问题。即使可以通过"发展的条约解释"对特定的义务进行演化解释，但是条约解释并不等同于条约修改。《维也纳公约》第 40 条规定，除非另有规定，条约修改需要所有缔约方同意。条约修改需要满足一定的程序性要求，例如通知、磋商，并最终缔结条约。② 在 WTO 协定中，DSU 第 3.2 条规定争端解决机构的建议和报告不得增加或减损成员方的权利与义务，这在法理上直接否认了争端解决机构修改 WTO 协定的可能性。③ 此外，上诉机构也曾公开表明"嗣后行为"是对条约的"解释"（interpretation），而并非"修改"（modification）。④

由此可见，技术发展对例外条款的适用产生了新的需求，而以信息自由等为代表的新需求却难以通过现有 WTO 协定进行规制。

2. 对域内措施与域外措施适用的不确定性

WTO 协定规制的对象通常为成员方的域内措施。然而，在对公共道德的保护上，争端解决机构对成员方实施的域外措施的可裁决性含糊其词。

---

① 参见 Tim Wu, "The World Trade Law of Censorship and Internet Filtering", *Chicago Journal of International Law*, Vol. 7, No. 1, 2006, p. 282。

② 参见 Alexander M. Feldman, "Evolving Treaty Obligations: A Proposal for Analyzing Subsequent Practice Derived from WTO Dispute Settlement", *N. Y. U Journal of International Law and Politics*, Vol. 41, 2009, pp. 665-666。

③ 还有一个显著区别，即对条约修改持不同意见的缔约方享有退出公约的权利。例如，《建立世界贸易组织的马拉喀什协定》第 10.3 条规定："部长级会议可以成员方的四分之三多数决定在部长级会议指定的期限内，未接受修正的任何成员方有权退出世界贸易组织，或经部长级会议同意，仍为成员。"

④ 参见 Appellate Body Report, "EC-Bananas Ⅲ (Article 21.5)", WT/DS27/AB/RW/USA, para. 386。

第五章 重塑 WTO 争端解决机制 维护多边贸易机制的功能价值

在互联网时代，更多的互联网规制措施产生了域外效果，但是，直至目前，成员方的域外保护措施能否受 WTO 协定调整仍不明确。

经济全球化强化了国家之间的规制措施的相关性。如图 5-1 所示，若国家间并无贸易往来，A 国的规制措施并不对 B 国产生影响。然而，若国家间发生贸易往来，A 国与 B 国的规制措施具有规制效果的相交性。换言之，针对 A 国与 B 国相交的领域，基于地域性与实施效果原则，两国可通过国际协定进行协调，同时也具有进行单边规制的合法性。WTO 协定试图解决 A 国与 B 国相交领域的规制分歧。然而，以公共道德、人权保护等为合法理由的主张反映的则是 A 国对纯粹属于 B 国领域内的事项能否进行保护。

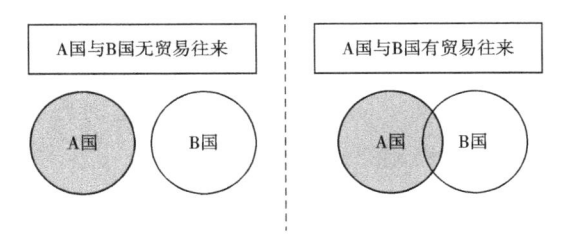

图 5-1 规制措施效果示意图

实践中，WTO 协定并没有明确回答对具有域外效果的国内规制措施的可适用性问题；而规制的域外性在互联网规制中更为鲜明。以公共道德为例，目前的争议在于一成员方能否使用公共道德例外对出口国的公共道德进行保护，焦点在于"域内导向限制"（inwardly-directed restrictions）还是"域外导向限制"（outwardly-directed restrictions）。①

具体而言，成员方限制贸易的正当理由有三种类型：第一，规制措施旨在直接地保护本国国内公民的道德，例如美国对网络赌博的禁止；第二，规制措施与出口国的货物或服务相关，例如，成员方对国外使用童工行为而采取的保护措施；第三，该规制措施旨在针对出口国生产的货物或服务，出口国的国家行为被视为冒犯本国道德，但是该行为不直接涉及禁令产品

---

① 参见 Mark Wu, "Free Trade and the Protection of Public Morals: An Analysis of the Newly Emerging Public Morals Clause Doctrine", *Yale Journal of International Law*, Vol. 33, 2008, p. 235。

的生产,① 例如,对俄罗斯产品的进口禁令。第一种类型为"域内导向限制",而后两种类型为"域外导向限制"。即使在"美国虾案"中,上诉机构仅指出美国法规能适用于处于公海并进行巡游的海龟。现有的 WTO 协定能否对处于他国主权内的国民进行保护仍具有不确定性。然而,这在互联网规制下却具有重要性。例如,互联网规制本身具有外溢性,一国国内规制措施将影响其他国家的信息获取。

"美国虾案"上诉机构曾提出"管辖权限制"(jurisdictional limitation),间接回应了 GATT 1994 第 20 条是否仅适用于保护位于进口国范围之内的事项,是否能够拓展至保护位于其他成员方领域内的事项,以及成员方能否对不属于任何成员方的领土范围内的事项行使管辖权。② 具体而言,在"美国虾案"中,美国主张海龟是共享的全球资源(shared global resources),且争议中的海龟的生活区域在美国管辖范围内。该案上诉机构指出,海龟是具有高度流动性的动物,在不同的沿海国管辖权范围内和深海之间游动,当然没有任一国家主张对海龟的排他性产权权利,至少当海龟在海洋中自由游动时是这样。因此,上诉机构并不讨论关于 GATT 1994 第 20 (g) 条有无潜在的管辖权限制问题,而只是确认在该案的特定情形下,该游动的和濒危的海洋物种与美国基于 GATT 1994 第 20 (g) 条的目的具有足够关联性(sufficient nexus)。③

遗憾的是,"美国虾案"建立起的"足够关联性"标准并不明确。在现有的争端解决实践中,域外政策目标主要关注涉及出口国加工或生产方法的标准设定问题。④ 例如,对损害动物福利的生产过程的区别待遇。举例如下,A 国希望禁止所有来自 B 国的产品,因为 B 国允许使用童工。如果其

---

① 参见 Mark Wu, "Free Trade and the Protection of Public Morals: An Analysis of the Newly Emerging Public Morals Clause Doctrine", *Yale Journal of International Law*, Vol. 33, 2008, p. 235。
② 相关的争论可参见 Lorand Bartels, "Article XX of GATT and the Problem of Extraterritorial Jurisdiction: The Case of Trad Measures for the Proteciton of Human Rights", *Journal of World Trade*, Vol. 36, No. 2, 2002, pp. 340-358。
③ 参见 Appellate Body Report, "US-Shrimp", WT/DS58/AB/R, 12 October 1998, para. 7.53。
④ 参见 John H. Jackson, "Comments on Shrimp/Turtle and the Product/Process Distinction", *European Journal of International Law*, Vol. 11, 2000, p. 303。

第五章　重塑 WTO 争端解决机制　维护多边贸易机制的功能价值

旨在保护 A 国国民的公共道德，它是否可以将该禁令正当化？迪波尔德分析认为，一般而言，这是不合理的，因为 A 国是将其道德价值强加于 B 国。然而，问题也可以从另一个角度看待。通过阻止本国国民获得使用童工的产品，A 国制定的旨在保护本国公共道德的政策与域外道德之间的联系就不复存在。[①] 也有学者主张，A 国保护的是 A 国的公共道德。简言之，其推理模式是 A 国不能将公共道德强加给 B 国，但是 A 国对本国公共道德的维持具有相当程度的权限。因此，为成功援引公共道德，被诉方应该主张该措施的使用主要是为了保护本国的公共道德，而非保护外国的公共道德。[②]

2009 年 9 月，欧盟通过了主要针对海豹产品的进出口限制的法律。该措施旨在保护动物福利。欧洲议会和欧盟委员会指出，基于欧盟食品安全机构的广泛调查，用于杀害海豹和抽取海豹油的典型方法导致海豹遭受了显著的和不必要的痛苦。欧盟认定对商业性海豹产品的禁令是合适的，因为欧洲的公共道德将海豹的遭遇视为残忍的和非人道的。随后，加拿大和挪威将欧盟禁令诉至 WTO 争端解决机构，认为欧盟措施违反了 WTO 的非歧视义务。欧盟主张其并未违反 WTO 义务，该措施的目的在于保护动物服务的合法关注，而非保护国内市场。该案上诉机构也规避了对域外管制措施保护问题的回应。

然而，互联网规制本身可能极易涉及域外问题。若是认定对具有一定关联性的域外事项的保护构成成员方非关切目标的内容，那么也就相对变相地承认了美国几乎对所有互联网信息和互联网规制措施都享有关联利益。这似乎助长了网络大国对他国数据安全的威胁活动，并将最终导致在国家安全、公共道德与公共秩序认定上的美国主义。因此，关于对域外事项的非贸易关切的认定尚不具有合理性。

[①] 参见 Nicolas F. Diebold, "The Morals and Order Exceptions in WTO Law: Balancing the Toothless Tiger and the Undermining Mole", *Journal of International Economic Law*, Vol. 1, No. 1, 2007, p. 69。

[②] 参见 Nicolas F. Diebold, "The Morals and Order Exceptions in WTO Law: Balancing the Toothless Tiger and the Undermining Mole", *Journal of International Economic Law*, Vol. 1, No. 1, 2007, p. 69。

(二) 关于价值抽象性与个案孤立性的问题

1. 法律价值冲突的抽象性与法律适用的具体性

互联网规制是国家权力在互联网领域的适用,具备合法性基础。国家规制甚至可构成习惯国际法规则,并直接适用于条约或协定未规定的情形。《国际责任条款草案》第 25 条规定了"必要情形"(necessity)事项。因此,在国际法层面,国家能够在符合特定必要性条件的情况下进行合法的规制。[1]

本质上,任何贸易限制都违反了某种权利。[2] 国家规制的合法性表现为试图在自由贸易利益与非贸易关切利益之间划定一条平衡线。例如,禁止特定的色情交易的道德收益(moral gain)需要与由于拒绝赋予贸易自由的道德损失(moral loss)进行权衡。[3]

正如麦诺尔阐释的,在规范公共利益上,存在法律技术性问题与道德价值二元分离的缺憾。[4] 理论上,保护公共利益价值的难度在于其缺乏一种完整的概念框架。在国际法层面,该缺陷被进一步放大。由于国际法体系不存在等级制度,WTO 协定也并未设置价值位阶。奥提诺主张 WTO 协定的条约结构表明它倾向于建立价值位阶(a ranking of values),其中,贸易自由化代表了基本政策,而其他合法性的政策目标则处于第二性或例外性政策的地位。[5] 然而,该观点受到了广泛质疑。例如特拉赫特曼指出:"显而

---

[1] 参见 International Law Commission, "Draft Articles on Responsibility of States for Internationally Wrongful Acts with Commentaries", UN Doc. A/56/10, pp. 83-84。更具体而言,《国家对国际不法行为的责任条款草案评注》指出援引必要情形的两个条件:其一,唯为保护本国基本利益免受严重迫切危害情况下,必要性才得以援引;其二,援引该必要性并不损害其他国家或国际社会基本利益。

[2] 参见 Robert W. McGee, "The Moral Case for Free Trade", *Journal of World Trade*, Vol. 29, 1995, p. 69。

[3] 参见 Steve Charnovitz, "The Moral Exception in Trade Policy", *Virginia Journal of International Law*, Vol. 38, 1998, p. 692。

[4] 参见 W. S. Minor, "Public Interest and Ultimate Commitment", in C. J. Friedrich (eds.), *Nomos V: The Public Interest*, Atherton Press, 1962。

[5] 参见 Federico Ortino, "From 'Non-Discrimination' to 'Reasonableness': A Paradigm Shift in International Economic Law?", *Jean Monnet Working Paper* 01/05, p. 54。

第五章 重塑 WTO 争端解决机制 维护多边贸易机制的功能价值

易见地,贸易价值或其他社会价值都并非独立占优的。相反地,我们被要求确定各个价值所执行的程度,即通过立法的或裁决的程序在这些价值之间进行权衡(trade-offs)。"[1] 然而,时至今日,不管 WTO 协定文本还是争端解决实践,都不存在关于价值的等级排序及位阶。

贸易关注与非贸易关注本身都是 WTO 协定致力于实现的目标,但是各个价值间并没有绝对性或占优性之分。由此,回归现实,正如史蒂凡所言,利益冲突的解决只能通过个案得以实现。[2] 换言之,对于国家安全、公共道德、私人权利保护,抗辩贸易自由的能力体现在具体条款和具体个案中。然而,抽象的概念本身导致了适用的模糊性和不确定性,某种程度上表现为裁决机构过宽或过窄地解释风险。特别是在网络时代,国家对虚拟空间的控制力弱化。同时,由于 WTO 协定内的国家安全等概念的模糊性,例外条款适用的不确定性更为明显。

虽然如纽维尔斯所言,在未来变化的情境下,这种模糊性给成员方提供了对抗重要安全利益新威胁的行动能力。[3] 然而,敞开式的例外条款分析带来了诸多不稳定性。在实践中,美国开始关注其境外的国家安全问题。它通过中央情报机构和国家安全机构等广泛地收集海外信息。[4] 该类型的措施是援引国家安全例外还是公民的信息安全例外,都有很大程度的不确定性。更何况,在国际裁决机构的适用与解释上,相应的模糊性更大。

2. 个案分析难以解决普遍性问题

针对条约的解释与适用,沃茨·詹宁斯认为,在国际法的语境下,法院一般对背离主要义务的例外进行严格的解释,尽管疑义从轻(*in dubio*

---

[1] Joel P. Trachtman, "Trade and … Problems, Cost-Benefit Analysis and Subsidiarity", *European Journal of International Law*, Vol. 9, 1998, p. 33.

[2] 参见 Stefan Zleptnig, *Non-Economic Objectives in WTO Law: Justification Provisions of GATT, GATS, SPS and TBT Agreement*, Martinus Nijhoff Publishers, 2010, p. 111。

[3] 参见 Rostam J. Neuwirth, Alexandr Svetlicinii, "The Economic Sanctions over the Ukraine Conflict and the WTO: 'Catch-XXI' and the Revival of the Debate on Security Exceptions", *Journal of World Trade*, Vol. 49, No. 5, 2015, p. 912。

[4] 参见 Andrew Kent, "Disappearing Legal Black Holes and Converging Domains: Changing Individual Rights Protection in National Security and Foreign Affairs", *Columbia Law Reivew*, Vol. 115, 2015, p. 1033。

mitius）原则表明对例外的解释应该表现出更大自由化的趋势。① 然而，克莱布斯教授指出，GATT 1994 第 20 条构成了对基本义务的例外，如果进行宽泛解释将背离 GATT 1947 的目的与宗旨。② 类似地，上诉机构表明，与条约其他术语在语境和目的与宗旨下的惯常含义解释相比，仅仅将条约条款归类为"例外"本身不能要求对条款进行更为严格或狭窄的解释。换言之，应该使用条约解释的一般性规则。

基于国家主权，安全例外成为保障国家主权的必然要求。然而，正如上诉机构和专家组反复论述的，对 WTO 协定条款的义务是具体情况具体分析，甚至于对特定成员方适用例外条款也是通过逐案分析（case-by-case analysis）的方式。遗憾的是，目前尚不存在对安全例外适用的一致的国家实践。③

荣格（Roger Alyord）对安全例外适用的建议则包括在自由贸易协定中规定适用的方式。例如，1999 年欧盟与南非签署的自由贸易协定规定："本协定不得排除基于公共道德、公共政策、公共安全理由等对产品进口、出口、转运、二手货物产品（trade in used goods）进行禁止或限制。然而，该限制不应以恣意的或不合理的歧视的方式实施，或者构成对缔约方贸易的变相限制。"相似地，该类型的条款也规定在《加拿大与以色列自由贸易协定》《加勒比地区与哥斯达黎加自由贸易协定》《加勒比地区与多米尼加共和国自由贸易协定》《以色列与土耳其自由贸易协定》等国际文件中。

正如拉伦茨所言，每次法益衡量都必须考量具体的个案情势，没有一个案件会与另一个案件完全相同，因此，不能期待会获得一种单凭涵摄即可解决问题的预期。但他也承认，事件的比较或许应促成类推适用，也可对事件作某种程度的类型化，它可以使法益"衡量"变得容易。④

然而，上述更新的协定也无法消除不确定性。同时，个案分析的裁决思路将导致对安全例外适用的模糊性。个案分析难以解决带有普遍性的互

---

① 参见 Watts Jennings, *Oppenheim's International Law*, Oxford University Press, 1992, p. 1278.
② 参见 Jan Klabbers, "Jurisprudence in International Trade Law: Article XX of GATT", *Journal of World Trade*, Vol. 26, 1992, p. 88.
③ 参见安佰生《WTO 安全例外条款分析》，《国际贸易问题》2013 年第 3 期，第 128 页。
④ 〔德〕卡尔·拉伦茨：《法学方法论》，陈爱娥译，商务印书馆，2003，第 286 页。

联网规制问题。例如,个案分析无法回答 WTO 贸易协定是管制所有的信息流动,还是仅仅管制那些与商业交易相关的信息。① 更深层次而言,争端解决机构也无法评估所有成员方具有特殊性的互联网规制措施的合理性。因此,在协定文本缺乏可预见性的基础上,个案分析的裁决思路难以解决与贸易相关的互联网规制问题。

(三) 关于裁决技术性的问题

1. 一体化与碎片化的举证责任的冲突

如前所述,WTO 协定中存在两种一体化的方式,即积极一体化与消极一体化。管理去中心化(policed decentralization)禁止 WTO 成员方采纳歧视性的政策,一般被称为消极一体化(negative integration);相互承认和协调则要求 WTO 成员方积极创造条件便利国际贸易,被称为积极一体化(positive integration)。②

由此,WTO 的规则可以分为三种类型:积极的规则(positive rules)、可证实的抗辩(affirmative defenses)与自主权利(autonomous rights)。③ 然而,条款的本质以及其举证责任分配并非总是明确的,特别是对于例外和自主权利之间的界分。自主权利排除了积极权利的适用,并且被视为排除性条款(excluding provisions)。例外是一项能够允许成员方正当化其违背义务的规则,而自主权利则是一项允许成员方在替代的管制体系下参与管制行为的规则。④ 换言之,自主权利规则排除了对积极规则的适用,而例外规

---

① 参见 Susan Aaronson, "Why Trade Agreements are not Setting Information Free: The Lost History and Reinvigorated Debate over Cross-Border Data Flows, Human Rights, and National Security", *World Trade Review*, Vol. 14, 2015, p. 678。

② 参见 Federico Ortino, *Basic Legal Instruments for the Liberalization of Trade: A Comparative Analysis of EC and WTO Law*, Hart Publishing, 2004, p. 12。

③ 参见 David Unterhalter, "Allocating the Burden of Proof in WTO Dispute Settlement Proceedings", *Cornell International Law Journal*, Vol. 42, 2009, pp. 210-211。

④ 参见 Michelle T. Grando, "Allocating the Burden of Proof in WTO Disputes", *Journal of International Economic Law*, Vol. 9, 2006, p. 615; David Unterhalter, "Allocating the Burden of Proof in WTO Dispute Settlement Proceedings", *Cornell International Law Journal*, Vol. 42, 2009, p. 252; Bradly J. Condon, "Treaty Structure and Public Interest Regulation in International Economic Law", *Journal of International Economic Law*, Vol. 17, 2014, p. 337。

则允许在违背积极规则之后进行援引抗辩。

WTO上诉机构和专家组认为,对具体义务的积极规则的违反的举证责任在申诉方,例如基于GATT 1994第1.2、2.1、3.2条等;① 对特定义务的具有可证实抗辩的例外规则而言,举证责任归对此进行主张的争议方,例如GATT 1994第11.2、20、23条。② 然而,若是规定限制适用范围,而非可证实的抗辩,那么该条款并不存在"一般规则与例外"(general rule-exception)的关系,该举证责任在申诉方。③

"欧盟关税优惠案"上诉机构区分了对特定义务范围的限制,以及对义务违反后可抗辩的例外。它认为,在特定情形下,若一条款允许与其他条款的义务不相符,并且该条款提及另一条款,那么申诉方应承担举证责任,证明争议措施的不一致性。④ 除此之外,可证实的条款被视为例外或抗辩,援引并证明措施一致性的责任归于申诉方。根据如上分析,在实现一体化进程中,由于GATT 1994与《技术性贸易壁垒协定》(以下简称"TBT协定")的不同规定,上诉机构和专家组在解释相应条款时有不同的理解。条款的差异影响了举证责任。一般而言,根据"谁主张,谁举证"的观点,争议方承担证明自身积极主张和抗辩主张的义务。⑤ DSU并没有包括明确的举证责任的条款,举证责任在WTO争端解决中愈加复杂,并且更加司法化。⑥

以安全例外适用的举证责任为例。GATT 1994第21条的安全例外是由被诉方举证证明其义务,而TBT协定则是由申诉方举证。在TBT协定下,在互联网规制的网络安全争议中,申诉方需要证明其措施对实现国家安全目标的实质性贡献,同时,申诉方可能还需要进一步说明,因为信息技术

---

① 参见 Appellate Body Report, "United States — Measures Affecting Imports of Woven Wool Shirts and Blouses from India", WT/DS33/AB/R, 25 April 1997, pp. 15-16。

② 参见 Appellate Body Report, "United States — Measures Affecting Imports of Woven Wool Shirts and Blouses from India", WT/DS33/AB/R, 25 April 1997, pp. 15-16。

③ 参见 Appellate Body Report, "EC-Sardines", WT/DS231/AB/R, 23 October 2002, para. 275。

④ 参见 Appellate Body Report, "EC-Tariff Preferences", WT/DS246/AB/R, 20 April 2004, para. 88。

⑤ 参见 Appellate Body Report, "US-Tuna", WT/DS381/AB/R, 13 June 2012, para. 216。

⑥ 参见 David Palmeter et al., *Dispute Settlemetn in the World Trade Organization*, Cambridge University Press, 2004, pp. 80-84。

第五章　重塑 WTO 争端解决机制　维护多边贸易机制的功能价值

标准能提供与争议措施相同的实现安全目标的等价贡献程度，以标准为基础的安全措施是与 WTO 相符的替代性措施。[①] 与货物贸易标准适用 TBT 协定不同，服务贸易没有专门法及标准的协定，但 GATS 在第 6 条中直接规定了服务标准不构成不必要的贸易障碍。根据条约文本，服务标准的合理性争议可援引 GATS 的例外条件。在贸易自由化及其例外条款的规则中，在货物贸易与服务贸易的举证责任分配上，为何申诉方与被诉方的义务正好相反，其合法性尚无法明确。

举证责任本身也是实现管制自由化或多样化的有力工具。[②] 然而，关键的问题是，例外条款的适用都采用一套分析框架，即确定合法目标与完成必要性测试。相对地，上诉机构和专家组却规定了不同的举证责任。对于 TBT 协定的申诉方而言，它如何提供事实证明其他成员方的技术标准能够适合其国家安全、公共道德等关切？如何提供事实证明其他成员方的技术标准对其国情而言是必要的？

现有的裁决报告表现出例外条款适用的不合理性。为何相同的诉求，在不同的 WTO 协定下，却具有不同的举证责任？如果建立起不同协定的不同举证责任，那么举证责任的标准如何界定？是否都是同一标准？这些都是碎片化的条约解释所引发的问题。

正如"欧盟石棉案"上诉机构指出的，WTO 争端解决机制并不支持举证责任分配是根据在收集信息证明案件中比较申诉方和被诉方面临的困难程度的结果的说法。[③] 然而，现实中，申诉方如何证明被诉方引用安全例外的"动机"完全是商业性的？若要求此证明，那么申诉方将难以诉诸 WTO 协定以保障自由贸易的权利，特别是在网络安全政策相关的争议中。[④]

在"美国丁香烟案"中，上诉机构指出，基于特定条款的功能和合理

[①] 参见 Shin-yi Peng, "Cybersecurtiy Threats and the WTO National Security Exceptions", *Journal of International Economic Law*, Vol. 18, 2015, p. 477。

[②] 参见 Bradly J. Condon, "Treaty Structure and Public Interest Regulation in International Economic Law", *Journal of International Economic Law*, Vol. 17, 2014, p. 333。

[③] 参见 Appellate Body Report, "EC-Sardines", WT/DS231/AB/R, 23 October 2002, para. 281。

[④] 参见 Shin-yi Peng, "Cybersecurtiy Threats and the WTO National Security Exceptions", *Journal of International Economic Law*, Vol. 18, 2015, p. 477。

性裁决者才能解决在该条款项下的举证责任分配问题。① 在举证责任上，上诉机构和专家组将"自裁决条款"的本质考虑在内。"美国丁香烟案"上诉机构认为 GATT 1994 第 21 条的举证责任应考虑该条款的逻辑及其服务的功能。② 同时，上诉机构也反复强调满足举证责任的证据的本质与范围必须具体措施具体分析、具体条款具体分析、具体案件具体分析。③ 由此可得出推论，申诉方将更愿意援引 TBT 协定第 2.1 条进行起诉，而非援引 GATT 1994 相关的义务。④ 该推论将导致 GATT 1994 相关例外条款无用，这与有效性原则相背离。正基于此，现有的争端解决实践尚无法解决一体化与碎片化的条约适用问题。

2. 措施与合法性目标间的因果关系

在现有的必要性测试中，"美国石油案"专家组强调它并不考察公共政策的必要性，而只是考察贸易措施是否对实现贸易目标有必要。⑤ "美国博彩案"专家组也认可 WTO 成员方具有自主决定对 GATS 第 14（a）条公共道德和公共秩序目标的保护程度的权利。⑥ 在"韩国牛肉案"中，上诉机构指出，韩国可以采取旨在全面消除欺诈情形的保护，也可以采取显著降低欺诈案件的保护，上述措施的目标都是相同的。⑦ 简言之，成员方有权决定其认为的适当合法的保护水平。例如，在国家安全关切中，成员方有对国家安全保护水平的决定权。换言之，WTO 争端解决机构只能在被诉方给定的保护水平下，进行必要性分析。⑧

---

① 参见 Appellate Body Report, "US-Clove Cigarettes", WT/DS406/AB/R, 4 April 2012, para. 286。
② 参见 Appellate Body Report, "US-Clove Cigarettes", WT/DS406/AB/R, 4 April 2012, para. 286。
③ 参见 Appellate Body Report, "United States — Shirts and Blouses", WT/DS33/AB/R, 25 April 1997, paras. 41-42。
④ 除了举证责任外，TBT 协定例外条款所允许的合法性目标是开放性的。在"欧盟海豹案"中，欧盟认为基于维护 WTO 体系的一致性，上诉机构应认定 GATT 1994 第 20 条的合法性目标也是开放性的。然而，本质上，该案上诉机构认为该认定的权限归属 WTO 的成员方。换言之，上诉机构否定了欧盟的主张。参见 Appellate Body Report, "EC-Seal Products", WT/DS400/AB/R, 22 May 2014, paras. 5.127-5.128。
⑤ 参见 Appellate Body Report, "US-Gasoline", WT/DS2/AB/R, 20 May 1996, para. 6.22。
⑥ 参见 Panel Report, "US-Gambling", WT/DS285/R, 10 November 2004, para. 6.461。
⑦ 参见 Appellate Body Report, "Korea — Measures Affecting Imports of Fresh, Chilled and Frozen Beef", WT/DS161/R, 11 December 2000, para. 178。
⑧ 参见 Stefan Zleptnig, *Non-Economic Objectives in WTO Law: Justification Provisions of GATT, GATS, SPS and TBT Agreement*, Martinus Nijhoff Publishers, 2010, p. 134。

第五章 重塑 WTO 争端解决机制 维护多边贸易机制的功能价值

然而，保护水平影响着手段与目标之间的关联，它并非完全不被审查。例如，在 2014 年"日本捕鲸案"中，澳大利亚认为日本在南极洲的捕鲸研究项目违反了其《国际捕鲸管制公约》（International Convention for the Regulation of Whaling）义务。[①] 但是，日本认为根据该公约第 8.1 条"基于科学研究的目的"批准捕鲸活动符合条约义务。同时，日本认为，在裁决过程中，对于确定审批决定是否"恣意的或反复无常的"、"明显不合理的"或"恶意作出的"等问题上，国际法院的权限是受限的。国际法院的角色是确保国家决定作出后其执法的统一化，而非审查决定本身。[②]

但在该案中，大多数法官认为应分析捕鲸活动是否涉及科学研究，同时，也认为对鲸的捕杀和加工处理是否"基于科学研究"的认定应考察该项目的设计和执行对实现既定目标是否合理。[③] 上述认定是客观性认定。最终，该案法官认为日本批准的捕鲸活动是出于广泛的科学研究的目的，但是，并没有证据表明该项目的设计和执行对于实现既定目标是合理的。[④]

WTO 争端解决实践也是如此。虽然上诉机构和专家组认为对合法目标的保护水平进行认定的权利归于成员方，然而，他们通过争议措施对目标贡献程度的分析，实际上变相地确定了措施与目标之间的关联性。他们还指出，争议措施对目标贡献程度越大，其必要性就愈加明显。换言之，他们也间接地决定了成员方对合法目标的保护水平，而这本质上应该由成员方自主决定。由此，现有的争端解决实践不能妥当地平衡成员方与裁决机构之间的权力。

三 WTO 争端解决机制正面临体系性危机

不管是 WTO 争端解决机构的自我扩权或裁决的不一致，还是忽视对国

[①] 参见 IWC，"International Convention for the Regulation of Whaling"，https：//iwc.int/convention，最后访问时间：2016 年 12 月 20 日。
[②] 参见 Reports of Judgments, Advisory Opinions and Orders，"Whaling in the Antarctic（Australia V. Japan：New Zealand Intervening）"，ICJ Judgment of 31 March 2014，para. 65。
[③] 参见 Reports of Judgments, Advisory Opinions and Orders，"Whaling in the Antarctic（Australia V. Japan：New Zealand Intervening）"，ICJ Judgment of 31 March 2014，para. 67。
[④] 参见 Reports of Judgments, Advisory Opinions and Orders，"Whaling in the Antarctic（Australia V. Japan：New Zealand Intervening）"，ICJ Judgment of 31 March 2014，paras. 224-227。

家利益和集体利益的保护,本质上,WTO 争端解决机制面临的合法性危机是体系性的,应通过外部机制改革和内部机制完善两个方式进行解决。

在所有国际授权机制下,独立性和控制力之间一直存在紧张的矛盾关系,对国际裁决机构的授权尤其如此。诸多研究假设国际裁决机构的现有控制力是充分的并且有效的,[1] 然而国际裁决机制本身具有内在的缺陷,而这并非仅限于国际贸易领域。如雅各布·柯根所言,国际裁决机构的控制是相对虚弱的。在外部控制层面,因为国际立法的结构性限制,以及国际政治和外交的不完备性,国家一般难以纠正国际争端解决机构的错误解释;在对内控制层面,因为司法独立原则,国家难以通过直接的方式要求国际争端裁决者撤销或撤回错误的裁决,国际争端裁决者有其自身利益并倾向于或者被鼓励扩张自身以及国际争端解决机构的权力。[2] 无疑,WTO 争端解决机制的缺陷具有体系性,这与其他国际授权机制均相似。

第二节 WTO 争端解决机制合法性危机的层次分析

国际裁决机构的扩权、裁决非一致性及其对国内核心利益需求的忽视,导致了国际争端解决机制面临合法性危机。知名国际关系学者肯尼思·N. 华尔兹提出,可通过国际制度、国内因素和参与者等层次分析方法来理解国际冲突与合作。[3] 目前,国际裁决机构面临的问题是体系性的,因此,笔者将从国际争端解决中的裁决者、文化及国家等层面分析体系性缺陷的成因。

---

[1] 参见 Richard H. Steinberg, "Judicial Lawmaking at the WTO: Discursive, Constitutional, and Political Constraints", *American Journal of International Law*, Vol. 98, 2004, p. 249; William J. Davey, "Has the WTO Dispute Settlement System Exceeded Its Authority?: A Consideration of Deference Shown by the System to Member Government Decisions and Its Use of Issue-Avoidance Techniques", *Journal of International Economics*, Vol. 4, 2001, p. 79。

[2] 参见 Jacob Katz Cogan, "Competition and Control in International Adjudication", *Virginia Journal of International Law*, Vol. 48, 2008, p. 415。

[3] 参见〔美〕肯尼思·N. 华尔兹《人、国家与战争——一种理论分析》,倪世雄等译,上海译文出版社,1991。

第五章　重塑 WTO 争端解决机制　维护多边贸易机制的功能价值

一　国际争端解决中的裁决者偏好：信托模型下的代理人懈怠

国际关系理论使用信托模型解释国家为何授权国际法院和仲裁庭享有决断权力。一般而言，国际法院或仲裁庭有两种模型：代理模型与信托模型。在代理模型中，作为委托人的国家基于效率理由授权国际法院和仲裁庭（代理人）解决争议，即仲裁庭能够更好更快地解决当事方之间的争议；相反地，信托模型强调裁决的可信性和独立性，认为通过引入中立第三方可增加国际法承诺和义务的可信性，因而国家授予国际司法机构裁决的权力。[1] 相对于代理模型，信托模型中的国际司法争议解决权力行使应是消极的，因为国家对它的控制水平低于代理模型。[2] 有研究发现，与国际投资仲裁庭相比，WTO 上诉机构和专家组更类似于信托模型。[3]

然而，信托模型的重要缺陷是容易出现代理人懈怠（agent slack）问题。代理人懈怠表现在裁决者将背离授权的目的——国际组织的宗旨和目的，而突破授权范围从事其他行为。代理人懈怠的出现有两个条件：代理人被授予自由裁量权以及相对分散的控制架构。如安德鲁·科特尔等所言，自由裁量权的授予带来懈怠的机会，但是只有像 WTO 那样拥有国际职员且具有相对分散的控制架构的国际组织才会出现懈怠问题。[4]

WTO 争端解决机构裁决者的代理人懈怠体现在上诉机构和专家组发展出自身偏好。他们有推进国际组织自我使命的官僚动机，因此产生与国家授权相冲突的独立裁判偏好。[5] DSU 基本宗旨在于保证客观、迅速、正确地解决争议。[6] 然而，在 WTO 体系中，专家组和上诉机构基于自身及国际组

---

[1] 参见 Andreas Kulick, *Reassertion of Control over the Investment Treaty Regime*, Cambridge University Press, 2017, p.8。

[2] 参见 Karen J. Alter, "Agents or Trustees? International Courts in their Political Context", *European Journal of International Relations*, Vol.14, 2008。

[3] 参见 Giandomenico Majone, "Two Logics of Delegation: Agency and Fiduciary Relations in EU Governance", *European Union Politics*, Vol.2, 2001, p.110。

[4] 参见〔美〕戴伦·霍金斯等《国际组织中的授权与代理》，白云真译，上海人民出版社，2015，第 266 页。

[5] 参见〔美〕戴伦·霍金斯等《国际组织中的授权与代理》，白云真译，上海人民出版社，2015，第 262 页。

[6] 参见张月姣《亲历世界贸易组织上诉机构》，社会科学文献出版社，2017，第 21 页。

织的利益,偏离了国家对其中立裁决的授权。例如,WTO 裁决者将信息获得的便捷性价值凌驾于正确裁决的价值之上。这可以在 WTO 上诉机构对"负面可获得事实"的认定中得到验证。

《反补贴协定》第 12.7 条规定了正向的可获得事实规则。① 该条款目的在于鼓励利益相关方提供信息。基于该条款,美国确定了其关税法第 776 条下的可获得信息和负面可获得信息规则。② 针对负面可获得信息,如果当事方不能尽最大努力提供信息,美国管理机构可在其他可获得事实中选择对利益相关方具有负面影响的信息作为认定依据。在"美国碳钢(印度)案"中,印度认为美国负面可获得信息规则与《反补贴协定》第 12.7 条正向可获得事实规则不符,因为它并不鼓励使用那些最精确的可获得信息。然而,WTO 上诉机构认为,调查机构必须使用可获得信息,包括那些相关利益方未能提及的合理必要信息,进而实现精确的认定;当事方的不合作本身并非使用可获得信息的基础,调查机构必须从可获知的证据中形成推论。③ 正基于此,上诉机构最终认定美国关税法第 776(b)条并不要求调查机构从事与《反补贴协定》第 12.7 条不一致的做法,进而拒绝了印度的主张。④ 毫无疑问,上诉机构实际上通过美国实践论证相关规则的合法性问题。从某种程度上,WTO 上诉机构通过认可美国负面可获得信息规则,实际降低了《反补贴协定》中的证据标准,进而放弃了对事实认定的法定决断权,而更多地依赖于申诉方,由此产生代理人懈怠的问题。

---

① 如任何利害关系成员或利害关系方不允许使用或未在合理时间内提供必要的信息,或严重妨碍调查,则可在可获得的事实基础上作出初步或最终裁定。
② 美国关税法第 776(a)条规定,管理机构可在以下三种情况下使用其他可获得的事实:第一,必要信息没有在记录中;第二,利益相关方或任何其他个人拒绝或未能够提供被要求的信息或实质性妨碍程序;第三,管理机构不能够证实所提交的信息。
③ 参见 Appellate Body Report, "US-Carbon Steel (India)", WT/DS436/AB/R, 8 December 2014, para. 4.422。
④ 这对中国也至关重要。例如,在"双轴土工格栅案"中,美国要求中国政府提供一系列评估中国政府与出口生产商关系的信息,中国政府提供了企业注册和基本股东信息,但无法提供其他被要求的信息,诸如企业内部章程、企业的条款、许可证,以及所有者的信息、董事会成员,或者生产者的控制人。由于中国政府被假定持有那些使出口生产商构成公共机构的证据,因此,最终对中国作出不利的决定。

第五章 重塑 WTO 争端解决机制 维护多边贸易机制的功能价值

二 国际争端解决中的组织文化：合作而非竞争的模式

1948 年，国际法院法官阿尔瓦雷兹指出，一个机构一旦建立，便有了自己的生命，它必须依据国际生活的要求而非创立者的观点加以发展。① 与其他国际解决机制和国内司法机制不同，WTO 争端解决机制形成了合作而非竞争的组织文化。在实践中，WTO 上诉机构和专家组在团结协作氛围下裁决案件，进而间接地使得公正裁决的市场竞争机制不复存在。

第一，秘书处、专家组、上诉机构在争端解决上进行通力合作。在 WTO 法理中，专家组都被强制地要求在相同的法律问题上遵循上诉机构的裁决。② 专家组的工作由 WTO 秘书处的工作人员进行协助。具体而言，WTO 规则司协助专家组裁决案件，并提供解决规则争端案件的方法；法律司则协助与支持专家组在关于非规则争端案件中的裁决。因此，即使是临时的专家成员，专家组也知晓先前专家组和上诉机构如何解决相似的法律问题。更进一步地，如果专家组试图违背或超越先前裁决的观点，它将会被警告：上诉机构将可能推翻此认定。③ 由此，WTO 争端解决专家组和上诉机构通过 WTO 内部部门间的互通有无，将作出完全一致而非相对独立的裁决。

第二，专家组和上诉机构成员进行通力合作。专家组和上诉机构成员被过度要求实现完全一致的裁决。例如，上诉机构工作程序包含了如下"共同掌权"的规则：（1）确保裁决的一致性和连贯性；（2）上诉机构成员应在争端解决活动和其他 WTO 活动中保持同步；（3）为完成第 1 项中提到的目标，在上诉机构报告分发给 WTO 成员方之前，负责裁决上诉的部门应该与其他部门的成员交换观点。上述规则促进了该体制的内在一致性。一般而言，在上诉口头庭审后，所有的上诉机构成员将在日内瓦会面，并

---

① 参见 ICJ, "Individual Opinion by M. Alvarez", [1948] I. C. J. Rep., p. 68。
② "美国不锈钢（墨西哥）案"专家组认为 DSU 并没有要求 WTO 专家组遵循先前专家组或上诉机构报告。然而，该案上诉机构反驳了此观点，认为 DSU 第 3.2 条"可靠性和可预见性"的保障要求优先于第 11 条"客观性评估"的要求。参见 Report of the Appellate Body, "United States — Final Anti-Dumping Measures on Stainless Steel from Mexico", WT/DS344/AB/R, 30 April 2008, paras. 155–157。
③ 参见 Meredith Kolsky Lewis, "Dissent as Dialectic: Horizontal and Vertical Disagreement in WTO Dispute Settlement", *Stanford Journal of International Law*, Vol. 48, 2012。

与 3 名负责审理的上诉机构成员讨论案情。① 研究发现,上诉机构的第一批成员甚至曾达成一致,相互承诺不公开发表不同意见。②

第三,专家组和上诉机构报告构成事实上的先例。在"美国不锈钢(墨西哥)案"中,专家组接受了美国在计算反倾销税中的归零方法,而没有考虑之前上诉机构在此问题上的做法。在上诉阶段,上诉机构严厉批评了专家组罔顾上诉机构裁决的做法,裁定上诉机构对附属协定的解释对 WTO 专家组是有拘束力的。③ 它进一步指出,嗣后的专家组并不能自由地背离上诉机构报告所采纳的法律解释和法律原则(ratio decidendi),因为争端解决机构通过的报告是实现可预见性的有效方法。毫无疑问,正如佩特罗斯·马弗鲁第斯所言,WTO 上诉机构创造了一系列关于案例法的体系,时常是难以穿越的。④ 然而,WTO 争端解决组织文化侧重强调裁决报告权威性,使得 WTO 争端解决机制形成了相互合作的裁决氛围,自然导致无法及时对裁决不一致的案件进行更正或纠偏。

三 国际争端解决中的国家作用:缺乏呼吁的制衡机制

持续的国际争端解决司法化现象引发了国家对司法能动主义的担心。在国内法体系下,立法机构和司法机构相互制衡,立法机构可通过引入解释模糊条文的立法或者纠正违背立法机构意图的司法解释,解决司法扩张问题。⑤ 然而,在国际层面,尚缺乏对国际争端解决机构的制衡机制。

实践中,条约文本的模糊性给不受约束的国际司法能动主义打开了大

---

① 参见 Meredith Kolsky Lewis,"The Lack of Dissent in WTO Dispute Settlement", *Journal of International Economic Law*, Vol. 9, 2007, pp. 895-931。

② 参见 Alberto Alvarez-Jimenez,"The WTO Appellate Body's Decision — Making Process: A Perfect Model for International Adjudication?", *Journal of International Economic Law*, Vol. 12, 2009, pp. 316-320。

③ 参见 Report of the Appellate Body,"United States — Final Anti-Dumping Measures on Stainless Steel from Mexico", WT/DS344/AB/R, 30 April 2008, paras. 160-162。

④ 参见 Petros C. Mavroidis,"The Gang That Couldn't Shoot Straight: The Not So Magnificent Seven of the WTO Appellate Body", *European Journal of International Law*, Vol. 27, 2006, pp. 1107-1118。

⑤ 参见 Tom Ginsburg,"Bounded Discretion in International Judicial Lawmaking", *Virginia Journal of International Law*, Vol. 45, 2005, p. 631。

第五章 重塑 WTO 争端解决机制 维护多边贸易机制的功能价值

门。条约的模糊性是不可避免的。在此背景下，有学者主张，第三方裁判者的裁决能够影响国家的行为。[①] 裁判者对条约文本模糊之处作出裁定，将影响当事各国的行为。在存在有效制衡的机制下，当事国可以选择磋商新条款以避免争议。然而，当前，WTO 多哈回合谈判裹足不前导致无法对司法能动主义进行有效约束。[②]

理论上，既然无法从立法层面修订模糊的条约文本，且司法机构不可避免具有一定的能动主义，那么国家应能够对其认为不妥当的司法能动裁决发表意见。换言之，国家应能对过度管辖的国际裁决机制进行呼吁并限制。阿尔伯特·O. 赫希曼关于"退出、呼吁与忠诚"的经典理论提供了理解此问题的思路。[③] 对争端解决机制裁定不满意的当事方可以选择退出法院管辖权，进而抛弃该组织。若前景暗淡、没有人挺身而出或借助某事件扭转局面的话，国家的"愚忠"行为是不大可能发生的。[④] 因此，对呼吁更强烈的"发泄"，可减少在退出机制方面的压力。[⑤] 无疑，在退出和愚忠之间，呼吁应该是不满意的国家能够采用的重要工具。[⑥] 其一，国家能够寻求推翻国际争端解决机构的解释，要么修改条约，要么启动正式解释；其二，更为一般的呼吁机制包括"批评"国际争端解决裁决的能力，包括间接地限制国际争端解决机构的管辖权、组成成员及其在未来案件中的有效权力；其三，更为激进的是，国家可以通过故意忽视特定决定的方式表达其不满。[⑦] 总体上，国家能够通过呼吁的方法限制国际裁决机构司法造法，并纠

[①] 参见 Tom Ginsburg, "Bounded Discretion in International Judicial Lawmaking", *Virginia Journal of International Law*, Vol. 45, 2005, p. 643。

[②] 参见 Bradly J. Condon, "Captain America and the Tarnishing of the Crown: The Feud between the WTO Appellate Body and the USA", *Journal of World Trade*, Vol. 52, 2018, p. 535。

[③] 参见 Albert O. Hirschman, *Exit, Voice and Loyalty: Responses to Decline in Firms, Organizations, and States*, Harvard University Press, 1970。

[④] 参见〔美〕阿尔伯特·O. 赫希曼《退出、呼吁与忠诚——对企业、组织和国家衰退的回应》，卢昌崇译，经济科学出版社，2001，第 178 页。

[⑤] 参见韩逸畴《退出、呼吁与国际法的演化和发展——基于阿尔伯特·赫希曼的理论视角》，《法律科学》2015 年第 2 期，第 188 页。

[⑥] 参见 Joseph Weiler, "The Transformation of Europe", *The Yale Law Journal*, Vol. 100, No. 8, 1991, pp. 2403-2483。

[⑦] 参见 Tom Ginsburg, "Bounded Discretion in International Judicial Lawmaking", *Virginia Journal of International Law*, Vol. 45, 2005, p. 631。

正裁决机构和裁判者潜在的不当行为。

然而,当前,国家无法在 WTO 争端解决机制体系内对国际司法能动主义表达关切。一方面,WTO 争端解决机制的"负面协商一致"原则导致国家无法进行合理呼吁。例如,尽管 WTO 协定允许上诉机构成员提出不同意见,迄今为止,上诉机构 70 项左右的裁决是全体一致达成的。[①] 实际上,国家与国际组织相互制衡机制的存在并不阻碍裁决的通过。例如,在 GATT 时期,为设立和通过专家组报告,各成员方需要协商一致,任何国家都享有否决权。事实上,在 GATT 1947 长达 70 多年的存续期内,只有少量的报告被否决。[②] 在此层面,WTO 争端解决机制的反向协商一致为争端解决机构增加了更大的权力,[③] 但也削弱了各成员进行呼吁和制衡的有效性。另一方面,与 NAFTA 等国际裁决机制相比,有 164 个成员的 WTO 上诉机构的解释更难以被推翻。虽然 WTO 部长级会议和总理事会可以发布权威解释,但是不同的事项必须经由 2/3、3/4 多数甚至全体成员通过。因此,在实践中,WTO 规则更多使用的是协商一致原则。即使在正式的投票中,如果少数成员强烈拒绝,也将难以得出一致的意见。

由此,现有的 WTO 争端解决机制使得呼吁机制无法实现。在国际裁决机构与成员无法进行沟通的情况下,成员不得不选择更为极端的退出作为对抗国际争端解决机制的方法,以迫使 WTO 进行相应的改革。

如前所述,WTO 争端解决机制正面临合法性危机。国际裁决机构的裁决者由于自我偏好发展出背离授权主体的利益;国际裁决机构的组织制度强制要求合作导致了裁决非一致性无法得到纠正;国际裁决机构与国家之间制衡机制的缺失进一步导致了国际裁决机构的自我扩权。根本上,WTO 争端解决机制合法性危机的解决应以重塑国际裁决机构与国家之间的关系为出发点。

[①] 参见〔美〕戴伦·霍金斯等《国际组织中的授权与代理》,白云真译,上海人民出版社,2015,第 262、279 页。

[②] 参见 Richard H. Steinberg, "Judicial Lawmaking at the WTO: Discursive, Constitutional, and Political Constraints", *American Journal of International Law*, Vol. 98, 2004, p. 263。

[③] 参见 Tom Ginsburg, "Bounded Discretion in International Judicial Lawmaking", *Virginia Journal of International Law*, Vol. 45, 2005, p. 631。

第五章　重塑 WTO 争端解决机制　维护多边贸易机制的功能价值

第三节　改革 WTO 争端解决机制的
理念与外部路径

在实施去多边化的政策的同时，美国在多边贸易机制内提出诸多关切。本质上，多边贸易机制存在的困境与美国不无关系。例如，欧洲委员会提出关于 DSU 第 21.5 条和第 22 条的"顺序"程序的有权解释，然而，由于美国毫不妥协地反对此提议，WTO 总理事会最终未能作出解释。[①] 美国经贸单边主义阻碍了多边贸易机制的正常运转，也阻碍了多边贸易体系的自我修复。当然，我们也应该看到多边贸易机制存在协商一致等问题上的缺陷。然而，上述缺陷并非全球化所造成的，因而也无法通过去多边化解决。美国的单边主义做法无疑具有不合法性。为应对美国的挑战，国际社会应积极探索新方案，甚至考虑没有美国参与的 WTO 的可能性。

一　基本理念：约束国际裁决机构的自主行为

国际裁决机构司法造法本身难以避免，其存在也得到国家实践的认可。很多国家承认国际司法机构在一定程度上享有自主裁决的功能。[②] 国家认可国际组织的自主性行为，并非要求全面控制国际组织的行动自由，只是国际组织的自主性行为应受到合法性的约束。在国际法治和全球治理语境下，合法性术语被广泛使用。[③] 一般而言，合法性包括规范性和社会性两个层面：在规范性层面，机制的合法性取决于制度在执行过程中能否实现既定的标准；

[①] 参见 Tetyana Payosova, Gary Clyde Hufbauer, Jeffrey J. Schott, "The Dispute Settlement Crisis in the World Trade Organization: Causes and Cures", *Peterson Institute for International Economics* No. PB18-5, p. 1。

[②] 例如，美国在"石油平台案"中表明国际法院的决定将能够保护全球商业船舶的运输。参见 Mohamed Shahabuddeen, *Precedent in the World Court*, Cambridge University Press, 1996, p. 13。

[③] 参见 Jeffrey L. Dunoff, M. A. Pollack, *Interdisciplinary Perspectives on International Law and International Relations: The State of the Art*, Cambridge University Press, 2013, pp. 321-345; A. Von Bogdandy, I. Venzke, *In Whose Name? A Public Law Theory of International Adjudication*, Oxford University Press, 2014; N. Grossman, "The Normative Legitimacy of International Courts", *Temple Law Review*, Vol. 86, 2013, pp. 61-106。

在社会性层面,合法性则要求国际裁决机构具有沟通和商谈的功能。[1]

在某种程度上,WTO 的声誉建立在争端解决机制的基础之上。[2] 一方面,在规范层面,WTO 争端解决机制的合法性来源于主权国家成员的授权与同意。国家成员要么以批准协定的形式,要么以加入 WTO 协定的方式,通过建立特定的裁决规则和标准确定 WTO 争端解决机制的合法性。另一方面,在社会层面,WTO 争端解决机制的合法性来自国际裁决机构与国家之间的制衡与约束。换言之,国家成员仍有权对裁决者和裁决机构作出评价。[3] 本质上,国际裁决机构的代理人懈怠与组织文化偏好实际体现为规范合法性的缺失;国际裁决机构的外部制约失衡则是社会合法性缺失的表现。正基于此,争端解决机制体系性危机的化解应通过重塑合法性确定国家和国际争端解决机构的关系。

二 外部修复路径:改革 WTO 争端解决的组织文化

(一) 上诉机构和专家组职能的回归

美国布伦南大法官将"观点市场"概念运用于不同意见的制度中,认为探寻真理的最佳途径是在观点集聚的竞争市场中作出正当的选择。[4] 先前案件在持续不断地为嗣后案件提供裁决的思路和推理过程。在一定程度上,对先前裁决的背离提供了多元的裁决观点,形成有利于公正裁决的观点池。通过观点池,背离先前裁决的行为具有进一步指示或纠正的功能。例如,多元观点可为争端参与人和相关裁决机构提供辨别先前案件的方式,为后

---

[1] 参见 Robert Howse, Hélène Ruiz-Fabri, Geir Ulfstein, Michelle Q. Zang, *The Legitimacy of International Trade Courts and Tribunal*, Cambridge University Press, 2018。

[2] 参见 Tom Ginsburg, "Bounded Discretion in International Judicial Lawmaking", *Virginia Journal of International Law*, Vol. 45, 2005, p. 631。

[3] 参见 Robert Howse, Hélène Ruiz-Fabri, Geir Ulfstein, Michelle Q. Zang, *The Legitimacy of International Trade Courts and Tribunal*, Cambridge University Press, 2018。除对国际裁决者的挑选外,国家可以使用更为一般的措施控制法院,包括对任命和预算权力的控制。由于干涉任命和预算控制等并不属于 WTO 协定所明确允许的方式,本书对此不赘述。

[4] 参见 Jr. William J. Brennan, "In Defense of Dissents", *Hastings Law Journal*, Vol. 37, 1986, p. 430。

第五章 重塑 WTO 争端解决机制 维护多边贸易机制的功能价值

案裁决者提供考虑争端问题的替代性路径，督促发现在先前案件推理和认定中的潜在错误，提高立法机构回应争议问题的可能性。① 因此，在国际司法实践中，对先前裁决的背离与在裁决中发表不同意见时有发生。②

相比于其他机制，WTO 上诉机构和专家组背离先前裁决和发表不同意见的频率非常低。就单独意见或并发意见而言，DSU 第 14.3 条和第 17.11 条分别规定上诉机构和专家组报告中个人发表的意见应是匿名的。这表现出专家个人或上诉机构成员背离案件多数意见的可行性。虽然如上诉机构前主席巴克斯所言，通过相互沟通上诉机构成员可形成一致的裁决意见，③然而，本质上，WTO 争端解决中的"合意"和"异议"都是观点论辩的结果。④ 在此层面，不应忽视不同观点的存在价值。任何人为地推崇"合意"或阻止"异议"均不能满足裁决说理和论证的合法性功能要求。更何况，对"异议"施加不当限制不仅侵蚀了争端解决机制的优势，更削弱了成员方对 WTO 协定进行适当反思的能力。⑤

基于此，WTO 争端解决机构应放弃过度追求一致性裁决的组织文化，允许合理的多元观点的存在。国际司法裁决的功能在于通过多方意见探寻真理，上诉机构和专家组应回归到独立、公正裁决的要求之下，而非过分追求一致性和一贯性裁决。实际上，随着时间的推移和客观情势的变化，国际争端解决的裁决在相似法律问题上可能会出现合理的变化，这本身不会削弱争端解决机制的合法性，反而会增强其合法性。⑥

---

① 参见 Meredith Kolsky Lewis, "Dissent as Dialectic: Horizontal and Vertical Disagreement in WTO Dispute Settlement", *Stanford Journal of International Law*, Vol. 48, 2012, p. 4。
② 参见 Mohamed Shahabuddeen, *Precedent in the World Court*, Cambridge Univestiy Press, 1996, pp. 149-151。
③ 参见 James Bacchus, "Lone Star: The Historic Role of the WTO", *Texas International Law Journal*, Vol. 39, 2004, p. 409。
④ 论辩（dialectic）意味着不同观点的交流和沟通，以形成确定和准确的推理与论证。参见 Meredith Kolsky Lewis, "Dissent as Dialectic: Horizontal and Vertical Disagreement in WTO Dispute Settlement", *Stanford Journal of International Law*, Vol. 48, 2012, p. 10。
⑤ 参见 Meredith Kolsky Lewis, "The Lack of Dissent in WTO Dispute Settlement", *Journal of International Economic Law*, Vol. 9, 2006, p. 896。
⑥ 参见孙南翔《超越先例作用力：基于 WTO 争端解决实践的研究》，《武大国际法评论》2015 年第 1 期。

（二）纠纷解决机制的多元化：引入调解和仲裁

国际法律服务的多元机制能够增强国际争端解决机制的竞争性，并增强国家对国际争端解决的有效控制能力。[1] 与国内体系不同，WTO 争端解决机制本身不存在权威性的自我证成，其合法性更多来自其裁决的合理性和说服力。在某种程度上，GATT 和 WTO 的效用并不在于迫使各成员将争端排他性地交由它们裁断，而是为成员提供一个（相对于其他替代方案）具有共同利益的裁判选项。[2] 因此，除上诉机构和专家组外，WTO 争端解决机制本身应探索更多的其他纠纷解决方法，例如调解、仲裁等。

与强制性的磋商程序不同，WTO 中的斡旋、调解和调停是争端各方基于同意原则而自愿采取的程序。在实践中，WTO 总干事依其职权进行的斡旋、调解和调停相对较少。WTO 成立 20 多年来，只有一件争议由总干事办公室斡旋成功解决。[3] 这也导致 WTO 争端解决存在严重的司法化倾向，进而使得上诉机构和专家组获得争端解决的垄断权力。

DSU 第 25 条提供了另一种便利解决争端的替代性方法——仲裁。作为争端解决方法，WTO 争端解决机制中的仲裁能够使用 DSU 第 21 条和第 22 条的执行机制。同时，仲裁程序必须符合 DSU 的目的和宗旨。更进一步地，即使美国的否决最终导致上诉机构停摆，WTO 成员可利用 DSU 第 25 条提起仲裁程序，使其成为上诉机制的替代方法，[4] 以此实现 WTO 争端解决机制正常运转。

在 WTO 争端解决机制中，引入调解和仲裁能够确保在符合 DSU 以及 WTO 目的和宗旨的前提下实现成员对裁决的更大的控制权，避免代理人懈怠。当然，启动临时仲裁的最大困难在于促成成员之间的合意。当前，唯有成员

---

[1] 参见 Jacob Katz Cogan, "Competition and Control in International Adjudication", *Virginia Journal of International Law*, Vol. 48, 2008, p. 441。
[2] 参见〔美〕杰克·戈德史密斯、埃里克·波斯纳《国际法的局限性》，龚宇译，法律出版社，2010，第 157 页。
[3] 参见张月姣《亲历世界贸易组织上诉机构》，社会科学文献出版社，2017，第 39 页。
[4] 参见 Scott Anderson, Todd Friedbacher, Christian Lau, Nicolas Lockhart, Jan Yves Remy, Iain Sandford, "Using Arbitration under Article 25 of the DSU to Ensure the Availability of Appeals", *CTEI Working Paper* No. 2017-17。

间进行善意沟通与妥协,才能促进 WTO 争端多元化纠纷解决机制的完善。

(三) 强化成员的呼吁作用:激励成员的集体行动

WTO 争端解决机制改革应激励国家的集体行动。由于 WTO 是不完整的契约,[①] 成员具有对争端解决强烈控制的内在偏好。本质上,贸易协定是自我执行的条约:大型参与者如果不能在其中获得利益,将对其改革失去兴趣。实际上,降低贸易大国成员的作用和影响的方案并非最佳选择。[②] 当前,反向协商一致规则使得 WTO 成员具有更小的表达权,这受到一些贸易大国成员的批评。在此层面,对 WTO 争端解决机制的改革应探索畅通表达和呼吁机制。

作为大型的区域贸易协定,NAFTA 第 11 条规定了自由贸易委员会关于该协定条款的解释是有拘束力的。在实践中,该委员会也通过发布解释的方法确定以习惯国际法的规则厘清条约文本中的公平公正标准和全面保护标准。[③] 根据授权委托关系,WTO 争端解决机构的所有权力来自成员,不应突破授权的范围。在无法通过司法解决或产生义务冲突的情况下,应激励成员进行集体行动。例如,WTO 成员可创设条约解释委员会,专门负责解决条约解释问题。毫无疑问,美国对上诉机构工作程序越权等问题的担忧应通过成员间的集体行动进行解释或解决。

除此之外,WTO 争端解决机构应认可成员方所使用的嗣后解释、嗣后惯例以及仅在若干当事国间修改多边条约协定的方法,[④] 并通过完善多边协定以及区域贸易协定等机制满足成员对发展更紧密关系的需求。在某种程度上,大型区域贸易协定和双边自由贸易协定的盛行将是不可避免的。

[①] 参见 G. Maggi Horn, R. Staiger, "Trade Agreements as Endogenously Incomplete Contracts", *American Economic Review*, Vol. 100, 2010, pp. 394–419。

[②] 参见 Bernard Hoekman, "Proposals for WTO Reform: A Synthesis and Assessment", World Bank No. WPS5525, 2011。

[③] 此例是对 NAFTA 下的征收标准及相关国际法的解释。NAFTA 第 1105 条规定,任何当事方必须给予其他当事方的投资者以符合国际法的待遇,包括公平公正待遇以及全面保护待遇。为阐述第 1105 条的含义,自由贸易委员会在 2001 年发布解释规则,认为公平公正待遇和全面保护待遇不应该超越国家习惯法。

[④] 参见孙南翔《论"发展的条约解释"及其在世贸组织争端解决中的适用》,《环球法律评论》2015 年第 5 期。

WTO 的核心价值将逐步体现为作为唯一的多边机制，对区域贸易协定和双边自由贸易协定的监督和协调。因此，WTO 争端解决机构也应更重视成员在自由贸易协定中的创新做法。

第四节　完善 WTO 争端解决规则的经验与内部路径

正如蔡从燕教授所言，在众多领域遭受严峻挑战的国际法应将目光投向类比的方法。[①] 为解决互联网规制适用 WTO 例外条款的困难，在现有争端解决实践仍具有不同程度的不确定性的前提下，笔者将目光投向类比的方法，并引入欧洲人权法院和国内法院相似的案件，以及新一代经贸协定规则，进而探索该类例外条款的内部修复机制和外部修复机制。

本质上，《维也纳公约》构成解释国际规则的有拘束力的工具。实践中，如格奥尔格·诺尔特所述，尽管与《维也纳公约》的解释方法在本质上都相同，但不同的国际机制在解释方法上还是有所侧重。WTO 争端解决机制侧重于文本导向的解释方法；地区性人权法院、《公民权利和政治权利国际公约》下的人权委员会侧重于宗旨导向的方法；ICSID、国际法院、国际海洋法法庭和国际刑事法院或法庭则更多适用文本与宗旨导向混合的方法。[②] 除解释方法导向外，不同的裁决机构也有不同的裁决倾向。下面笔者将引入欧洲人权法院、欧洲法院和美国法院的裁决思路，分析完善 WTO 争端解决条约解释的内部修复机制。

一　经验借鉴：认可国家管制权的国际性裁决

（一）欧洲人权案例及其裁量余地原则

欧洲人权法院在案件裁决中确认了动态的、以国家为中心的公共道德

[①] 参见蔡从燕《类比与国际法发展的逻辑》，法律出版社，2012，第1页。
[②] 参见 Georg Nolte, "Jurisprudence Under Special Regimes Relating to Subsequent Agreements and Subsequent Practice", in Georg Nolte (ed.), *Treaties and Subsequent Practice*, Oxford University Press, 2013, pp. 302-303。

第五章 重塑 WTO 争端解决机制 维护多边贸易机制的功能价值

概念认定方式。在"汉迪赛德诉英国案"中，欧洲人权法院裁定："《欧洲人权公约》缔约国之间不可能找到对道德的欧洲统一的概念。规定道德要求的法律随着时间和空间的变化而变化，特别是在我们所处的时代，该概念是快速变化的，并且可能将长期处于发展阶段。由于公共道德与国家机构具有直接和持续关联，与国际法官相比，原则上，国家当局能够更好地赋予该概念以准确的内容，并且作出符合限制或惩罚的必要性认定。"

同时，该案法院也认为《欧洲人权公约》第10.2条形容词"必要的"并非"不可或缺的"（indispensable）、"可取的"（admissible）之意。因此，《欧洲人权公约》国际当局可以对必要性概念体现的社会现状进行评估。这样，《欧洲人权公约》第10.2条为缔约国预留出裁量余地（a margin of appreciation）。该范围不仅给予国内立法者，而且给予要求对现行法进行解释和适用的国内司法机构。①

在另一起案件中，欧洲人权法院也强调该裁量余地将会受到其审查，审查将考察争议措施的必要性及适用，同时也包括国内法院作出的相关裁决。②

当然，对于公共政策认定而言，缔约国也具有相应的认定权限。欧盟法院在审理案件中认为，欧洲共同体的公共政策概念应该被狭义地解释，尤其是背离劳工自由移动的基本原则的情形。由此，公共政策概念不能在未诉诸欧洲共同体机构的前提下，由缔约国单边地决定其范围。然而，特定的正当化公共政策概念的情形可能会因国家的不同而不同、随时空的不同而不同，因此，有必要允许适格的国家机构施加符合条约的自由裁量权。③ 由此可见，欧盟法院实际上也认可国家对公共道德的认定权。

在案件裁决中，欧盟法院也能考察与互联网规制相关的措施。例如，在"肖克案"中，欧盟法院阐述其允许博彩部门进行垄断的情形，该情形与更为有效的消费者保护和国家监管目标有关，同时，认定并无必要区分

---

① 参见 ECtHR, "Handyside v. United Kingdom", ECHR (1976) 5, para. 48。
② 参见 ECtHR, "Leander v. Sweden", EHRR (1987) 433, para. 59。
③ 参见 ECJ, "Van Duyn Case 41/74", ECR (1974) 1337, para. 18。

线上或线下的赌博方式。首先,该法院指出当一个成员国旨在追求更高水平的消费者保护的情况下,该垄断才能够被正当化;其次,缔约国应确保对此建有立法框架,并且以一致的和体系性的方式(a consistent and systmetic manner)追求垄断所能实现的公共政策目标。① 因此,上述分析也能适用于与互联网规制相关的争议。

归纳而言,欧盟裁决机构通过裁量余地原则的适用,最大程度地发挥缔约国对合法性目标的认定,并在一定程度上给予缔约国采取其认为必要的措施的权利。②

第一,裁量余地原则的合理性基础为辅助性原则(the principle of subsidiarity)。辅助性原则厘清了国际组织与缔约国之间的关系,规定任何社会和政治团体应帮助更小的或更本土的团体实现其目标,而非减损本土团体的目标。③ 在欧盟法体系中,辅助性原则构成解决国际组织、国际司法机构与国家之间权力分配问题的指导性准则。它规定,只有在两种情况下,欧盟委员会才具有排他性的权力:其一,在与辅助性原则相一致的情况下,缔约国本身无法实现潜在的目标;其二,由于潜在行为的规模及其效果,欧盟委员会采取措施将更为有利。裁量余地原则体现了以缔约国为主的解释和适用国际协定义务的方法。

第二,裁量余地原则具有相对狭窄的适用范围。在限制权利的国际性争议中,国际裁决机构通过适用裁量余地原则,实质上将对公共道德等合法性目标的认定权赋予缔约国,甚至将对措施必要性的认定权赋予缔约国。理由在于,比起国际机构或国际法官而言,缔约国更能够清楚地辨别公民的需求,同时,对限制措施的实施效果主要体现在缔约国境内。目前,对裁量余地原则的认可,主要表现在人权等基本权利领域。

第三,对裁量余地原则适用的监督。有学者研究表明,为履行《欧洲人

---

① 参加 ECJ, "Stoß Joined Cases C-316, 358, 359, 360, 409 and 410/07", ECLI: EU: C: 2010: 504, para. 83。
② 参见孙南翔《裁量余地原则在国际争端解决中的适用及其拓展》,《国际法研究》2018 年第 4 期。
③ 参见 Alastair Mowbray, "Subsidiarity and the European Convention on Human Rights", *Human Rights Law Review*, Vol. 15, No. 2, 2015, pp. 313-316。

权公约》第 32 条项下的义务,晚近的欧洲人权法院判例更多反映出对国内决策质量的关注。[①] 这被称为对裁量余地原则的"程序性转向"(procedural turn)。在承认缔约国的自由裁量权的同时,国际机构并不否认自身的审查监督权。需要说明的是,国际机构的审查监督多是针对缔约国认定的程序性内容,而非实体性事项。

目前,只有欧洲人权法院、欧盟法院等国际性裁决机构明确了裁量余地原则,而 WTO、国际法院等尚未承认该原则。不管是对于人权还是贸易权的限制,该原则都反映了权利间的平衡。有鉴于此,笔者认为在解决互联网规制相关的公共道德认定上,WTO 争端解决机制应明确认可成员方的裁量余地。更进一步地,在 WTO 与成员方之间的关系上,应该明确认可成员方在 WTO 协定义务之外的自由权。

(二) 对国内司法裁决承认与执行的借鉴:基于国际私法的视野

美国最高法院对国家限制私人行为的范围,以及对公共道德概念的解释能够对 WTO 例外条款的适用与解释提供启示。在"米勒诉加利福尼亚州案"中,在讨论猥亵材料的违法分销时,美国最高法院裁定猥亵材料基于如下条件能够被规制:(i)适用当代社会团体标准(不必为全国标准),一般水平的人将会发现该作品作为整体存在隐晦的性利益;(ii)以公然冒犯的方式,描绘或描述由州法指向的性行为;(iii)作为整体,该作品缺乏严肃的文学、艺术、政治或科学价值。[②] 随后,美国最高法院在"阿什克罗夫特诉自由言论联盟案"中适用了该标准。[③] 换言之,美国最高法院将公共道德等认定权赋予州或更小的自治社会团体。该推理方式为解决 WTO 协定的解释缺陷提供了启示。

在国际私法领域,最主要的互联网争议难题之一在于管辖权冲突。在

[①] 参见 Oddný Mjöll Arnardóttir, "Organised Retreat? The Move from 'Substantive' to 'Procedural' Review in the ECtHR's Case Law on the Margin of Appreciation", *European Society of International Law Conference Paper Series*, No. 4, 2015, p. 5。

[②] 参见 US Supreme Court, "Miller v. California", 413 US 15, 1973, pp. 24-25。

[③] 参见 US Supreme Court, "Ashcroft v. Free Speech Coalition", 535 US 234, 2002。

对互联网的管辖上,除空间模式和属人模式外,① 第三种模式涉及积极义务和消极义务的划分。该新型管辖权模式需要满足"Zippo 测试"。在"芝宝制造商诉芝宝网站公司案"中,美国法官区分了被告在互联网从事经营活动与仅在互联网上发布信息的行为的区别:前者构成积极的管辖权,后者则是消极的管辖权,远距离的和消极的互联网争议无法赋予法院属人管辖权。若是出现积极行为与消极行为融合的情形,例如,在互联网网站中,客户能够与主计算机进行信息交换,那么,此情形的管辖权的行使由交融(interactivity)程度和信息交换的商业本质来决定。②

随后,美国法院发展出一种更为复杂的管辖权理论——效果测试(effect test)理论。该理论意味着在被告侵权行为指向法院地时,该属人管辖权就存在,但同时,被告应该清楚其行为后果的危害性。③ 2003 年,在"杨诉纽黑文检察官案"中,美国第四巡回上诉法院认定发布于康涅狄格州网站上的物质的侵害诉讼不能在弗吉尼亚州法院起诉。该法院裁定,弗吉尼亚州法院对争议中的报纸没有管辖权,因为该报纸没有明确表明在针对弗吉尼亚州观众发布网站信息或文章。④

后续的"法国雅虎案"是美国法院裁决的一个重要的转折点。雅虎是一家在加利福尼亚州登记的美国公司,拥有全球市场并具有影响力。雅虎是互联网的入口,由于某一拍卖网站涉嫌售卖纳粹纪念品,法国政府要求雅虎公司阻断对该特定内容的网络接入。然而,雅虎并没有立即移除该链接。于是,该行为引发了一系列的诉讼活动。

首先,法国法院裁定雅虎拍卖网站违反法国法律,并且签发指令要求雅虎阻拦法国公民访问雅虎任何销售纳粹相关物品的网站。法国法院听取了专家组证言,其中,包括先前的互联网设计者温顿·瑟夫。专家组证实,

---

① 参见 Marko Milanovic, "Human Rights Treaties and Foreign Surveillance: Privacy in the Digital Age", *Harvard International Law Journal*, Vol. 56, 2015, pp. 111-118。
② 参见 The United States District Court for the Western District of Pennsylvania, "Zippo MFG. Co v. Zippo Dot Com, Inc.", 952 F. Supp. 1119, 1126 (W. D. Pa. 1997)。
③ 参见 Andrej Savin, *EU Internet Law*, Edward Elgar Publishing, 2014, p. 80。
④ 参见 Fourth Circuit of United States of Appeals, "Young v. New Haven Advocate", 315 F 3d 256 (4th Cir. 2002)。

第五章　重塑 WTO 争端解决机制　维护多边贸易机制的功能价值

70%的法国用户或在法国领域内的用户的互联网协议地址可以被准确地识别在法国境内。①

随后，雅虎在美国联邦地区法院起诉了法国法院，主张法国法院指令无法得到执行，因为按照美国法律，外国指令不能被承认也不能被执行，该案被告缺乏属人管辖权。最初，美国联邦地区法院得出结论，认为法国指令不能在美国执行，因为它违反了《美国宪法第一修正案》，不管其选择国籍是否可行。② 该法院认为，通过美国公民对其他国家进行言论管制的行为与美国宪法和法律是否一致是应解决的核心问题，因为该言论是被他国互联网用户获取。虽然该问题可能涉及实质性的法律选择问题，但是法院认为这必须在美国宪法和法律框架下进行裁决，而不考虑国际法律的冲突。基于美国法适用，法院裁定法国指令在《美国宪法第一修正案》下是不可取的规制。该法院认为，虽然法国具有管制法国范围内可取的言论的主权权力，但是美国法院并不能在本国范围内执行违反美国宪法的外国指令。③

有趣的是，该案上诉法院否认了地区法院的观点。在上诉阶段，美国上诉法院多数法官承认了对该案的管辖权。虽然此举可能会使全球范围内的相似的互联网案件落入美国法院的审查范围，然而，该案上诉法官认为对争议的分析不涉及言论自由问题。最终，8 名法官中的 3 名法官认为雅虎并没有证明法国案件的影响足够显著到需要考虑美国法律，另有 3 名法官则主张没有管辖权。由此，雅虎公司败诉。

在该判例中，法官指出："产生于国际互联网使用的第一修正案问题是崭新的、重要的和困难的，我们不能在不充分、不完全或不明确的情况下进行裁决。在一个尚未全面发展的法律领域，我们必须谨慎地推进，并考虑司法适格的限制。同时，定位技术的发展能够使公司通过地理位置定位

---

① 参见 Lawrence B. Solum, Minn Chung, "The Layers Principle: Internet Architecture and the Law", *Notre Dame Law Review*, Vol. 79, 2004, p. 912。
② 参见 Lawrence B. Solum, Minn Chung, "The Layers Principle: Internet Architecture and the Law", *Notre Dame Law Review*, Vol. 79, 2004, p. 913。
③ 参见 Lawrence B. Solum, Minn Chung, "The Layers Principle: Internet Architecture and the Law", *Notre Dame Law Review*, Vol. 79, 2004, pp. 913-914。

用户的内容，另外，在技术上，雅虎告知法国法院也是可行的。"① 由此，美国法院以国际礼让的方式，尊重法国法院作出的裁决。

其他近期案件涉及美国媒体公司的外国管辖权问题，包括在澳大利亚涉及道琼斯和《华盛顿邮报》等案件中，美国法院都要求美国公司遵守当地法律。

当然，除了裁量余地原则、国际礼让原则的适用外，欧洲人权法院的试点判决程序（pilot judgment procedure）也使大规模受害者在遇到体系性违反公约事项的情况下，在国内层面有效和快速地得到救济。② 换言之，试点判决程序实际上增加了国家认定和判决的事项，然而这并不意味着人权保护的中心从欧洲人权法院转移到缔约国。在具体的规则中，欧洲人权法院通过提供更为有力的指导，帮助解决缔约国的体系性问题。③

显然，上述案件表明，在特定的国际性争端解决机构与国内裁决机构层面，法官都倾向于承认商业行为所在国的公共道德与公共秩序，并通过裁量余地原则或国际礼让原则，在一定程度上承认商业行为所在国的国家管制的合法性与必要性。换言之，上述裁决肯定了关联国家对国家管制事项不明确之处的认定权。毫无疑问，在认定互联网规制适用于 WTO 例外条款的问题上，WTO 争端解决机构可合理地借鉴上述裁决机制的先进经验。

二 内部修复路径：发挥成员方的剩余事项认定权

WTO 协定被视为不完整契约（incomplete contracts）。④ 特别是，在与国

---

① 参见 Richard Waters, Patti Waldmeir, "Yahoo loses Nazi Memorabilia Case", http://www.ft.com/cms/s/2/81127f12-83cb-11da-9017-0000779e2340.html#axzz3Ui12JCCx，最后访问时间：2016 年 12 月 12 日。

② 欧洲人权法院于 2004 年在 "Broniowski 诉波兰案"中首次适用。2011 年，试点判决程序被规定在欧洲人权法院《法院规则》第 61 条中。

③ 参见 Oddný Mjöll Arnardóttir, "Organised Retreat? The Move from 'Substantive' to 'Procedural' Review in the ECtHR's Case Law on the Margin of Appreciation", European Society of International Law Conference Paper Series, No. 4, 2015, p. 9.

④ 参见 Joel P. Trachtman, The Future of International Law: Global Government, Cambridge University Press, 2013, p. 200。

第五章 重塑 WTO 争端解决机制 维护多边贸易机制的功能价值

民待遇、比例性和与科学事项相关的条约权利和义务上,成员方在条约缔结时无法预见未来所有可能的情况,更无法实际模拟未来可能出现的所有情况。正基于此,WTO 协定本身体现了不完整性。若是从条款设计出发,WTO 协定实际上混合了严格的义务条款与可自由裁量的条款。严格的义务条款主要体现为以关税为代表的边境措施,能够被具体的数值和数量确定;可自由裁量的条款则是以国内措施为代表的措施。① 在 WTO 协定中,可自由裁量的条款反映了更大的不确定性。同时,除非有明确可供适用的具体标准,否则国内措施倾向于赋予政府自由裁量权。由此,针对不完整的条款的解释和适用,笔者认为应该确定成员方对剩余事项的认定权。

在人权领域,目前的保护措施多是以消极一体化和设定最低保护水平为主。② 有学者指出,虽然人权条约将信息和表达自由的权利国际化,但是国家如何解释自由的限制条件,或者在何种程度上,一项权利能够满足国家自身的政治和文化环境问题,这在不同国家间存在争论。③ 但是毫无疑问,对互联网规制的例外条款的适用,应更大程度地发挥成员方的主权功能。

国家规制自主性至少包含两个方面:其一,国家规制应该反映国内的文化偏好(cultural preferences),并且回应国内需求;其二,国内规制目标的实现应该反映在对产品的规制措施上,尽管有负面贸易影响,但是该规制应该得到尊重。④ 不同社会公民的文化和经验自然地导致对特定类型规制的不同见解和偏好。尽管一般的观念或不同的见解可能影响到国际贸易,但强制 WTO 成员方更改偏好的认定也是不合适的。⑤

---

① 参见 Henrik Horn, "National Teatment in the GATT", *American Economic Review*, Vol. 96, 2006, p. 394。
② 与贸易相比,人权体现出更多的域内属性,很少反映外部性的特征,因此它多以调整国内措施为主设定国家的人权权利与义务。参见 Joel P. Trachtman, *The Future of International Law: Global Government*, Cambridge University Press, 2013, pp. 118-121。
③ 参见 Alisha Husain, "Framing the International Standard on the Global Flow of Information on the Internet", *Interdisciplinary Journal of Human Rights Law*, Vol. 3, 2008, p. 36。
④ 参见 Michael Ming Du, "Domestic Regulatory Autonomy under the TBT Agreement: From Non-discrimination to Harmonization", *Chinese Journal of International Law*, Vol. 6, No. 2, 2007, p. 274。
⑤ 参见 Michael Ming Du, "Domestic Regulatory Autonomy under the TBT Agreement: From Non-discrimination to Harmonization", *Chinese Journal of International Law*, Vol. 6, No. 2, 2007, p. 274。

(一) 确定"公共道德""重要安全利益"等概念认定中的成员方剩余事项认定权

豪斯认为,理论上,若公共道德内容不具有普遍性要素,那么它几乎就是不受限制的。[1] 克里斯托夫认为,对援引公共道德例外权利的核心解释在于该权利是所有 WTO 成员方共享的。[2] 进一步地,史蒂夫认为确有必要将 GATT 1994 第 20 (a) 条例外规则国际化。[3] 具体而言,针对公共道德等概念定义,主要存在以下四种观点。

第一,原始主义(originalism)观点。在 GATS 中,公共道德例外条款于 1995 年签署,而 GATT 1994 中"公共道德"概念在 1947 年就已经存在。在对 GATT 1947 第 20 (a) 条的缔约历史和起草文件进行分析后,史蒂夫认为 GATT 1947 中的"公共道德"至少可以适用于酒精、麻醉产品、色情、赌博、枪战、亵渎神灵的文章、对动物不人道的产品、拳击电影等事项的贸易商。[4] 然而,"美国虾案"和"美国博彩案"反映了发展的条约解释的理念,对公共道德的考察并不局限于缔约时的客观情形。由此,原始主义并不被认可。

第二,普遍主义(universalism)观点。普遍主义要求公共道德为全体成员方共同认可的价值观念和实践。例如,包括对奴隶、种族屠杀和酷刑等事项。[5] 在该情形下,公共道德是由国际社会共同认可的规范。目前,全体成员方共同认可的价值观点只包括国际强行法与反人道主义罪行。这显然与国家对公共道德、国家安全等目标的保护需求相违背。

---

[1] 参见 Robert Howse, "The World Trade Organization and the Protection of Workers' Rights", *Journal of Small and Emerging Business Law*, Vol. 3, 1999, p. 169。

[2] 参见 Christoph T. Feddersen, "Focusing on Substantive Law in International Economic Relations: The Public Morals of GATT's Article XX (a) and 'Conventional' Rules of Interpretation", *Minnesota Journal of Global Trade*, Vol. 7, 1998, p. 115。

[3] 参见 Steve Charnovitz, "The Moral Exception in Trade Policy", *Virginia Journal of International Law*, Vol. 38, 1998, pp. 742-743。

[4] 参见 Steve Charnovitz, "The Moral Exception in Trade Policy", *Virginia Journal of International Law*, Vol. 38, 1998, pp. 705-717。

[5] 参见《联合国宪章》第 55 条。

第五章　重塑 WTO 争端解决机制　维护多边贸易机制的功能价值

第三，道德多数性或道德多样性（moral majority or multiplicity）观点。[1] 此观点并不要求公共道德具有普遍性，但在实践中，它至少应该是多数国家所共同认可的。当然，该观点可能会拒绝某个国家对公共道德的单边认定。然而，该观点可能不符合 GATT 第 14 条的文本含义，因为该条规定措施适用于"任何成员方"（any member），而非以复数形式表达的若干成员方。[2]

第四，单边主义（Unilateralism）观点。该观点表明公共道德可以由国家进行单边认定。尽管国家可以单边确定公共道德等概念，它也受到善意解释的约束。

如前所述，"美国博彩案"并没有解决一个基本定义问题：公共道德是普遍的道德原则，还是一个集体性道德原则？一种极端的情形是任何国家都可以单边地定义其自身的公共道德。马韦尔主张公共道德的定义必须包含一定数量的国家，但是并不必要是所有国家。他甚至提出一种观点，定义公共道德可以比拟构成习惯国际法的国家实践要求。[3]

当然，若是要求只有全球公共认可的道德才能被定义为"公共道德"，那么，公共道德例外条款几乎等于无效，因为只有包括屠杀、奴役等国际罪行才可构成公共道德。同时，该情形已然构成国际强行法，本身无须在 WTO 协定中以例外条款的方式规定，就能够发挥例外功能。[4]

马韦尔进一步指出，若是认定"单个国家"可以自我定义"公共道德"，那么国家可能会滥用例外条款，进而以保护公共道德为由变相地采取贸易限制措施。[5] "美国博彩案"专家组在认定美国主张构成公共道德例外

---

[1] 参见 Jeremy C. Marwell, "Trade and Morality: The WTO Public Morals Exception after Gambling", *New York University Law Review*, Vol. 81, 2006, p. 822。

[2] 参见 Jeremy C. Marwell, "Trade and Morality: The WTO Public Morals Exception after Gambling", *New York University Law Review*, Vol. 81, 2006, p. 822。

[3] 参见 Jeremy C. Marwell, "Trade and Morality: The WTO Public Morals Exception after Gambling", *New York University Law Review*, Vol. 81, 2006, pp. 819-826。

[4] 参见 Mark Wu, "Free Trade and the Protection of Public Morals: An Analysis of the Newly Emerging Public Morals Clause Doctrine", *Yale Journal of International Law*, Vol. 33, 2008, p. 232。

[5] 参见 Jeremy C. Marwell, "Trade and Morality: The WTO Public Morals Exception after Gambling", *New York University Law Review*, Vol. 81, 2006, p. 826。

时，也考察了其他WTO国家：以色列和菲律宾都基于道德对赌博相关的货物和服务进行限制，另有16个国家也已经限制或正在限制互联网赌博。[1]

对于"重要安全利益"的认定也是如此。以"网络安全"为例，正如特拉赫特曼所言，不同的国家应对网络恐怖主义的安全偏好是不同的，并且也不一致。[2] 网络小国对网络安全的认可和需求远小于网络大国。因此，在当前情势下，尚不存在对与网络相关的"重要安全利益"的一致性概念及其确切威胁程度的认知，安全相关的概念仍存在不确定之处。

以前述两类案件为例，笔者认为，在对"公共道德""重要安全利益"等概念的认定上，不管是自裁决属性还是非自裁决属性，在模糊之处或不确定之处，应该赋予国家相应的权限。换言之，国家对合法性目标具有符合条约解释的认定权。进一步地，对WTO协定的"公共道德"和"公共秩序"的理解，也可以参考国际私法对公共秩序（order public）的理解。在"婴儿监护案"中，众多法官在其单独意见中表明，在冲突法协议中，国家单独解释公共秩序例外是存在的，尽管该协议本身并没有明确规定例外条款。[3] 尽管国际私法的解释对WTO协定解释具有多大的影响并没有统一的观点，然而这至少表明采用与国内价值和法律相协调的例外解释方法是实践中的普遍做法。[4] 由此，笔者认为在给予成员方剩余事项认定权的前提下，成员方能够自主、善意地认定公共道德、公共秩序等概念。

（二）肯定文化多样性下的规制多样性

在"美国丁香烟案"中，上诉机构认定GATT 1994和TBT协定都反映出自由贸易与成员方"监管权利"（right to regulate）的平衡，WTO成员方以衡平的、非歧视的方式追求合法性目标，进而避免对贸易产生不利影响。

---

[1] 参见 Panel Report, "US-Gambling", WT/DS285/R, 10 November 2004, para. 6.473。

[2] 参见 Joel P. Trachtman, *The Future of International Law: Global Government*, Cambridge University Press, 2014, p.109。

[3] 参见 ICJ, "Case Concerning the Application of the Convention of 1902 Governing the Guardianship of Infants (Netherlands v. Sweden)", ICJ Rep (1958) 55, p.75。

[4] 参见 Nicolas F. Diebold, "The Morals and Order Exceptions in WTO Law: Balancing the Toothless Tiger and the Undermining Mole", *Journal of International Economic Law*, Vol.1, No.1, 2007, p.57。

第五章 重塑 WTO 争端解决机制 维护多边贸易机制的功能价值

考量 WTO 成员方追求合法性目标的前提应为尊重 WTO 成员方的文化多样性。

有观点指出,第二次世界大战后的国际经济体制是建立在"内嵌式自由主义"(embedded liberalism)根基之上的,它在国际经济体制中,允许宽松的、一致同意的观点,以及认可相当程度的规制多样性(regulatory diversity)。① 规制多样性也体现在 WTO 成员方的需求中,例如中国、俄罗斯、沙特阿拉伯、印度等国都有根据其传统而生成的政策和规制文化,这与所谓的西方模式并不相同。②"内嵌式自由主义"引起的规制多样性本身并不必然是以贸易保护为目的,它扎根于不同社会中内在的价值和信仰。③

至于 WTO 如何应对潜在的多元主义(pluralism)挑战,这属于其他领域的研究范围,例如国际法的碎片化研究。④ WTO 协定本身也不能解决文化或信仰差异的问题,它应该是价值中性的(value-neutral)。在现实生活中,考虑到国家主权,各国一般倾向于保障自身对公共道德的认定权。

然而,互联网等新技术是否会改变国家权限的边界呢?答案应是否定的。即使是主权概念也应在国内认知中得到确认,更何况尚不存在普遍性共识的公共道德概念。全球道德转换不可能在当代社会中实现,因为其特征在每个国家都是不同的。⑤ 这也是当前全球社会所面对的共性问题,不同类型的人群——电子国民(digital natives)与电子外国人(digital

---

① 参见 Robert Howse, "From Politics to Technocracy and Back Again: The Fate of the Multilateral Trading Regime", *American Journal of International Law*, Vol. 96, 2002, p. 96。
② 参见 Robert Howse, Joanna Langille, "Permitting Pluralism: The Seal Products Dispute and Why the WTO Should Accept Trade Restrictions Justified by Noninstrumental Moral Values", *Yale Journal of International Law*, Vol. 37, 2012, p. 428。
③ 参见 Robert Howse, Joanna Langille, "Permitting Pluralism: The Seal Products Dispute and Why the WTO Should Accept Trade Restrictions Justified by Noninstrumental Moral Values", *Yale Journal of International Law*, Vol. 37, 2012, p. 429。
④ 参见 Chairman of the Study Group of the Internatioanl Law Commission, "Fragmentation of International Law: Difficulties Arising from the Diversification and Expansion of International Law: Report of the Study Group of the International Law Commission", U. N. Doc. A/CN. 4/L682, http://untreaty.un.org/ilc/documentation/english/a-cn4_1682.pdf., 最后访问时间: 2016 年 12 月 20 日。
⑤ 参见 Bernhard Maier, "How Has the Law Attempted to Tackle the Borderless Nature of the Internet?", *International Journal of Law and Information Technology*, Vol. 18, 2010, p. 142。

immigrants)——暴露在不同的内容、图像和信息之下,并不必然要求共享相同程度的智识或对不良内容持有相同的观点。在虚拟空间中,不同层次的道德是共存的。①

正如迈克尔所言,不同社会的公民的文化和经验自然导致对特定类型规制的不同见解和偏好,强制WTO成员方更改偏好是不合理的。② 综上而言,成员方具有基于公共道德等合法理由对互联网信息进行审查的权利,但是互联网规制对贸易的负面影响不应超过必要性的范围。在必要性问题上,国际裁决机构应重视国家对规制措施的选择,特别是认可国家以符合其国情的方式保障其国家安全、公共道德和公共秩序。基于此,笔者认为,具有例外属性的条款的举证责任应落于与例外条款适用具有密切关联的成员方,换言之,TBT协定对例外情形适用的举证责任应与GATT 1994的规则相同。

(三) 重新审视"国家间的相似情形"术语

WTO协定的宗旨在于保障非歧视待遇。其中,核心的问题除解释歧视性义务外,现有的争端解决忽视对"相似情形"(similarly situated)的术语的认定。在抽象意义上,正义意味着对相同事物作相同处理、不同事物作不同的处理。③ 当前的争端解决实践过分倚重对非歧视待遇的认定,而忽视了相同事物与不同事物间的"本质性"辨认。

在"美国丁香烟案"中,上诉机构对与规制措施相关的香烟的物理特征、最终使用用途、消费者偏好和习惯、关税归类进行了分析。该案上诉机构认为,非贸易关切的措施对TBT协定第2.1条项下的国民待遇分析是有意义的,因为该规制措施影响了产品间的竞争关系。④ 它批评了专家组的

---

① 参见 Andrew D. Murray, *The Regulation of Cyberspace: Control in the Online Environment*, Routledge Publishing, 2007, p.210.
② 参见 Michael Ming Du, "Domestic Regulatory Autonomy under the TBT Agreement: From Non-discrimination to Harmonization", *Chinese Journal of International Law*, Vol.6, No.2, 2007, p.274.
③ 参见〔德〕卡尔·拉伦茨《法学方法论》,陈爱娥译,商务印书馆,2003,第290页。
④ 参见 Appellate Body Report, "US-Clove Cigarettes", WT/DS406/AB/R, 4 April 2012, para.119.

第五章 重塑 WTO 争端解决机制 维护多边贸易机制的功能价值

做法，认为专家组未能认定规制目标下的产品相似性。换言之，上诉机构认为，通过规制措施的本质分析，WTO 成员方可以在国民待遇的条款中对非贸易关切进行保护，而不必诉诸明确的一般例外条款。[1]

第一，对非歧视性义务的"相似情形"认定。"相似情形"概念遍布在 WTO 协定所有的非歧视性义务中。最惠国待遇和国民待遇条款广泛地使用"相似货物"（like products）、"相似服务"（like services）和"相似服务提供者"（like service suppliers）术语；[2] 在例外条款中，主要使用"相同的"（same）、"相似的"（like）或"类似的"（similar）术语。[3] 对于产品的相似性测试而言，WTO 争端解决实践已经发展出一系列较为成熟的裁决方式，但是对于其能否适用于国家的情形相似性问题上，目前仍是模糊的。进一步地，在解释相似产品时，上诉机构强调其必须基于逐案分析（a case-by-case basis）的方式，受到条约解释者单独的、自由裁量裁决的约束，并且并不存在适合所有案件的裁决方式。[4] 然而，逐案分析也应受到 DSU 第 3.2 条的约束，该条规定应对"多边贸易机制提供稳定性和可预见性"。

第二，对一般例外序言的"相同情形"认定。理论上，一般例外序言的"相同情形"应与"相似情形"要求有所不同。一般例外的序言规定，成员方的措施"不应在情形相同的国家间"造成歧视。上诉机构将序言的推理分为三个步骤，其中最后一个步骤是考察歧视是否发生在国家间的相同情形中。[5] 然而，该分析方式将"歧视"概念与"相同国家情形"分离。同时，专家组先对恣意的或不合理的特征进行考察，而非先考察是否构成国家间的相同情形。[6] 茱莉娅建议对"相似情形"的认定应考虑比较解释的

---

[1] 参见 Henrik Andersen, "Protection of Non-Trade Values in WTO Appellate Body Juriprudence: Exceptions, Economic Arguments, and Eluding Questions", *Journal of International Economic Law*, Vol. 18, 2015, p. 400。
[2] 参见 GATT 1994 第 1.1 条、第 3.2 条和第 3.4 条，GATS 第 2.1 条和第 17.1 条。
[3] "相同的"规定在 GATT 1994 第 20 条，"相似的"规定在 GATS 第 14 条，"类似的"规定在《卫生与植物检疫措施协定》（SPS）第 2.3 条。
[4] 参见 Appellate Body Report, "Japan-Beverages", WT/DS10/AB/R, 4 October 1996, p. 19。
[5] 参见 Appellate Body Report, "US-Shrimp", WT/DS58/AB/R, 12 October 1998, para. 150。
[6] 参见 Julia Ya Qin, "Defining Nondiscrimination Under the Law of the World Trade Ogranization", *Boston University International Law Journal*, Vol. 23, 2015, p. 261。

目的、相关的对比与审查标准的条件。① 就目前而言,弱化对"情形相同的国家间"的认定导致了规制措施更难以通过一般例外分析,明显减少了成员方的规制权,也损害了多元主义为基础的国际秩序。

在"欧盟荷尔蒙案"中,专家组首先认定若是其涉及"相同的物质"或"相同的负面健康影响",那么二者就是可比的。② 欧盟将此问题提请上诉,认为该共同要素不足以确保合理的可比性。上诉机构认为没有必要深度考察此问题,并指出:"当然,不同保护水平的情形不能进行比较,除非它们具有可比性,即除非他们提交的共同要素足以使其可比。"③ 在"澳大利亚三文鱼案"中,专家组集中关注澳大利亚对加拿大三文鱼进口限制的卫生风险,并且认定对加拿大三文鱼的进口与鲱鱼和长须鲸的进口是可比的,因为它们对澳大利亚三文鱼数量形成了相同类型的风险。上诉机构认可了该观点。④ 有鉴于此,对相似情形的分析,首先应确定两个成员方之间对特定事项的规制具有客观情况可比性。

由上可见,对一般例外条款序言的解释应更注重对"国家"是否处于"相似情形"的认定。因此,在WTO争端解决机构其后的相关裁决中,笔者认为,上诉机构和专家组应更加注重对"国家间的相似情形"的认定。例如,罗兰·巴特尔斯认为,在考虑情形时,应该结合不同国家的保护目标。例如,一个成员方禁止劳工产品的进口,那么与其情形相同的国家只限于在同等程度上禁止劳工产品进口的成员方。⑤ 对于互联网规制措施而言,这更具有明显的适用性。换言之,在进行一般例外条款的解释和适用时,应首先确定申诉方是否证明被诉方的互联网规制措施可适用于情形相同的国家。例如,欧盟国家更倾向于保护隐私权,而美国的文化传统更多

---

① 参见 Julia Ya Qin, "Defining Nondiscrimination Under the Law of the World Trade Ogranization", *Boston University International Law Journal*, Vol. 23, 2015, pp. 263-270。
② 参见 Panel Report, "EC-Hormones", WT/DS26/R, 18 August 1997, para. 8. 176。
③ Appellate Body Report, "EC-Hormones", WT/DS26/AB/R, 16 January 1998, paras. 216-217。
④ 参见 Appellate Body Report, "Australia-Salmon", WT/DS18/AB/R, 20 October 1998, paras. 143-177。
⑤ 参见 Lorand Bartels, "The Chapeau of the General Exceptions in the WTO GATT and GATS Agreements: A Reconstruction", *American Journal of International Law*, Vol. 109, 2015, pp. 112-115。

地强调表达自由,二者并非相同的情形。

(四) 认可疑义从轻等解释方法

关于司法能动主义问题,本质上,条约模糊性的解决仍应以国家同意为原则。国家同意依然是国际法的核心原则,[①] 由此衍生出了疑义从轻(in dubio minius)的解释方法。从这个意义上,上诉机构和专家组应以对条约缔约方最低干扰的方式解释模糊条款。[②] 在 WTO 法中,疑义从轻意味着模糊本身不应使成员负担更重的解释义务。然而,在很多情况下,疑义从轻的解释方法并不是上诉机构采取的路径。更深层次而言,遵循国家主权原则很少被 WTO 法使用。[③]

WTO 上诉机构在"欧盟荷尔蒙案"中提到作为条约解释工具的疑义从轻原则。该案上诉机构指出:"我们都不能简单假定主权国家旨在施加对自身更繁重的义务,而非更轻的义务。"[④] 在该案中,上诉机构也通过使用补充性解释的方法将疑义从轻原则视为条约解释规则。然而,上诉机构并没有在所有案件中都采取此解释原则。例如,在"中国视听产品案"中,上诉机构否认了疑义从轻解释原则的适用空间。[⑤]

因此,WTO 争端解决机制应重视国家同意的原则,并通过发挥疑义从轻解释原则保障成员的合法规制权。WTO 争端解决机构应平衡成员的国家主权及其作出的承诺。换言之,在条约文本模糊或冲突时,WTO 应通过疑义从轻解释原则平衡成员及其贸易商的利益。

---

① 参见 Duncan B. Hollis, "Why State Consent Still Matters-Non-State Actors, Treaties, and the Changing Sources of International Law", *Berkeley Journal of International Law*, Vol. 23, 2005, p. 1375。
② 参见 Ian Brownlie, *Principles of Public International Law*, Oxford University Press, 1990, p. 631。
③ 参见 Appellate Body Report, "EC-Hormones", DS26/AB/R, 16 January 1998, para. 165。
④ Appellate Body Report, "EC-Hormones", DS26/AB/R, 16 January 1998, para. 165.
⑤ 在"中国视听产品案"中,中国主张美国应该承担关于国内刑法事项的更重的负担,并且专家组只有在明确的、无异议的国家当事方同意的情况下得到授权。专家组指出,条约解释的习惯性规则要求条约解释者在解释相关条款时具备灵活性。然而,上诉机构指出,即使疑义从轻解释的原则与 WTO 争端解决相关,它在本争议中也没有任何适用的可能。

（五）发挥善意原则在争端解决中的作用

司法尊重（judicial deference）应成为解决文化多样性与规制多样性的重要工具。在国际裁决中，对国内决定的司法尊重能够确保国际性法院或仲裁庭在国际法律秩序下解决多元主义的难题，进而确保尊重各国的宪法传统、国内立法及政府的决策。① 司法尊重的具体表现为，在国际性法院或仲裁庭中，国家可作出与争议相关的事实决定。当然，对国家的司法尊重的程度必须与特定的语境相联系，因案件情形与特定法律条款的规定而有所不同。②

在"日本捕鲸案"中，日本主张，裁量余地原则（the margin of appreciation doctrine）已经成为国际法和国际关系的公理，构成对恶意的且无根据控告的合理保障，进而认为在决定科学必要性事项上国家具有裁量余地。日本援引了WTO"欧盟荷尔蒙案"上诉机构的裁决，指出在《卫生与植物检疫措施协定》下对国家措施审查的权力"并不能决定WTO成员方采取的风险评估是否正确，而是决定该风险评估是否得到一致的推理和足够数量的科学证据，并且，在此意义上，风险评估能被客观地正当化"。然而，澳大利亚指出，裁量余地原则是欧盟法院根据欧盟法发展出的概念，并非国际法规则，同时，《国际捕鲸管制公约》第8（1）条并非自裁决的条款。③ 最终，该案法官强调作为多边协定的《国际捕鲸管制公约》建立起相互间的义务，科学捕鲸活动的例外既不是自裁决性质的，也并不具有裁量余地。

裁量余地原则最初适用于影响人权的政府行为，欧洲人权法院赋予成员国一定的自由裁量权，因为成员国对决定特定事项具有相对有利的条件。④ 随

---

① 参见 Stephen R. Tully, " 'Objective Reasonableness' as a Standard for International Judicial Review", *Journal of International Dispute Settlement*, Vol. 6, 2015, p. 549。
② 参见 Stephen R. Tully, " 'Objective Reasonableness' as a Standard for International Judicial Review", *Journal of International Dispute Settlement*, Vol. 6, 2015, p. 549。
③ 参见 Oral Submissions for Australia, "Whaling in the Antarctic (Australia v. Japan)", Doc. 2013/7, 26 June 2013, para. 34。
④ 参见 European Court of Human Rights, "Brannigan and McBride v. United Kingdom", 17 EHRR (1994) 539。

后,裁量余地原则被运用于国家资源的分配和监督领域。① 当前,有学者认为裁量余地原则已经成为一般国际法。② 然而,国际法院已明确拒绝适用裁量余地原则。在"石油平台案"中,美国主张成员方具有善意地适用措施保护其必要安全利益的自由裁量权。然而,国际法院裁定,根据国际法,国家实施自卫措施应是有必要的,该要求是严格的和客观的,并未留下任何"裁量权"的空间。③

一般而言,裁量余地原则应与合理性(reasonableness)密切相关。实际上,合理性本身体现的是善意(good faith)的国际义务。善意不仅是一项解释原则,而且是一项国际法原则。善意解释也包括在善意履行(good faith performance)中。

虽然对"善意履行"并没有明确的定义,但若利用条约起草过程中的漏洞或模糊进行解释的行为就不应被视为是善意的。④ 在实践中,"与其使其无效,不如使其有效"(ut res magis valeat quam pereat)的条约即被视为是善意解释的例子。⑤ 总体而言,善意履行本身体现在以下几点。

第一,除明文规定外,善意履行否认 WTO 成员方对完全属于域外的事项主张管辖权。WTO 例外条款曾引发成员方关于是否可以保护其他成员方公共道德的争论,然而,目前它并没有明确规定予以认可。因此,根据善意原则,WTO 成员方不应对域外事项主张适用 WTO 例外条款。以安全例外为例,GATT 1994 第 21 条安全例外条款允许成员方采取其认为对保护其重要安全利益所必要的行为,并且允许成员方为实现在《联合国宪章》下维护国际和平和安全采取行动。该条款允许成员方保护自身的安全利益,但

---

① 参见 Stephen R. Tully,"'Objective Reasonableness' as a Standard for International Judicial Review", *Journal of International Dispute Settlement*, Vol. 6, 2015, p. 550。
② 参见 Ignacio de la Rasilla del Moral, "The Increasingly Marginal Appreciation of the Margin-of-Appreciation Doctrine", *German Law Journal*, Vol. 6, No. 7, 2006, p. 622。
③ 参见 ICJ, "Advisory Opinions and Orders, Case Concerning Oil Platforms (Islamic Republic of Iran v. United States of America)", https://www.icj-cij.org/en/case/90,最后访问时间:2018 年 1 月 2 日。
④ 参见 Jeff Waincymer, *WTO Litigation: Procedural Aspects of Formal Dipute Settlement*, Cameron May Publishing, 2002, p. 499。
⑤ 参见 Jeff Waincymer, *WTO Litigation: Procedural Aspects of Formal Dipute Settlement*, Cameron May Publishing, 2002, p. 499。

并不允许通过贸易的方式保护其他成员方或其国民安全,除非得到联合国安全理事会授权。①

第二,善意对待人权在 WTO 例外条款中的适用。例如,叶夫根尼·莫罗佐夫在其专著《互联网谬见:互联网自由的阴暗面》中的"开放网络、狭隘思维:互联网自由的文化间矛盾"一章中提到了文化对互联网自由的影响。②他指出,政府本身无法承担互联网规制的复杂工作,而是将部分监管责任和权力转移给私人公司。诸如谷歌、脸书等互联网中间商能够实现规制的主导权,这也意味着网络行为者能够获得全球关注。例如,人权集团就强烈依赖脸书、推特和其他商业运营方。③然而,一个很明显的问题是互联网自由对不同人而言,其含义是不同的,特别是针对安全和恐怖主义的事项。他进一步指出,若政府政策定义极度模糊的术语并在不同语境下选择适用,那么该政策的代价是高昂的。④ 它将无法协调文本与实践冲突、脱节的历史难题。由此,定义全球普遍适用的"互联网自由"几乎是不可行的。

国家主权是一国享有的基本权利,国家的民族自决权内在地承认了不干预原则。需要说明的是,即使是人权本身也具有差异性。人权本身就没有明确的定义,在不同的条约、体系和层面上更有差别。如前所述,欧洲人权委员会表明,在欧洲国家间的文化、历史和道德差异将被接受。⑤ 例如,"S.A.S诉法国案"涉及法国禁止公共领域使用面纱遮住全脸的穿着。申诉者认为该禁令违反了《欧洲人权公约》第 9 条的宗教自由权利。然而,

---

① 参见 Susan Ariel Aaronson, "Seeping in Slowly: How Human Rights Concerns are Penetrating the WTO", *World Trade Review*, Vol. 6, No. 3, 2007, pp. 431-432。
② 参见 Evgeny Morozov, *The Net Delusion: The Dark Side of Internet Freedom*, Public Affairs Publishing, 2010, pp. 205-244。
③ 参见 Evgeny Morozov, *The Net Delusion: The Dark Side of Internet Freedom*, Public Affairs Publishing, 2010, pp. 221-223。
④ 参见 Evgeny Morozov, *The Net Delusion: The Dark Side of Internet Freedom*, Public Affair Publishing, 2010, p. 225。
⑤ 参见 Andrew Legg, *The Margin of Appreciation in International Human Rights Law: Deference and Proportionality*, Oxford University Press, 2012; Henrik Andersen, "Protection of Non-Trade Values in WTO Appellate Body Juriprudence: Exceptions, Economic Arguments, and Eluding Questions", *Journal of International Economic Law*, Vol. 18, 2015, p.390; 王玉叶《欧洲人权法院审理原则——国家裁量余地原则》,中国台北《欧美研究》2007 年第 3 期, 第 485~511 页。

欧洲人权委员会认为，法国作为一个"社会"（society），可以选择保护人与人之间交往的原则，进而可以合法地对使用面纱遮住全脸的公共社交方式进行限制。[1] 而在其他国家中，禁止使用面纱的措施被认为是不正确的。在"雷拉·沙欣诉土耳其案"中，原告也主张基于国家传统（national traditions），国家与国家之间的规定是不同的。[2] 不仅在欧洲大陆，中国与美国在人权和社会正义的观点上也存在差异。[3]

同时，人权与WTO之间的重要不同之处在于，人权并不为国家创设任何权利。WTO是单独关税区之间的多边机制，只有成员方才具有在争端解决机构中的公认地位与陈述权（*locus standi*），而私人不能向专家组或上诉机构提出关于人权的申诉。[4] 因此，笔者认为，在人权义务仍未形成成员方共享的规制之前，WTO上诉机构和专家组应谨慎地将人权义务视为"相关国际法规则"。更进一步地，假设将其认定为"相关国际法规则"，上诉机构和专家组也应认可成员方在人权事项上的广泛的认定权。

本章小结

传统上，大多数观点认为，贸易领域争端解决是以一种不同于国际法院或欧盟法院的自成一格的方法展开的。[5] 然而，实际上，WTO争端解决机制所面临的危机也体现在国际法院、国际投资仲裁庭等国际裁决机构中。国际裁决规则的设置本身体现为国家间的权力政治。在规则确定后，国际裁决机构极易演化出自我偏好。为控制国际裁决机构偏离授权的自主行为，

---

[1] 参见 ECHR, "S. A. S. v. France（merits and just satisfaction）", No. 43835/11, 2014。
[2] 参见 ECHR, "Leyla Sahin v. Turkey（merits and just satisfaction）", No. 44774/98, 2005。
[3] 参见 Vicki Jackson, Mark Tushnet, *Comparative Constitutional Law*, Foundation Press, 2006。
[4] 当然，他可以通过提交法庭之友（*amicus curae*）的方式表达关切。但是该方式不具有正式的地位。参见 Henrik Andersen, "Protection of Non-Trade Values in WTO Appellate Body Jurisprudence: Exceptions, Economic Arguments, and Eluding Questions", *Journal of International Economic Law*, Vol. 18, 2015, p. 391。
[5] 参见 Friedl Weiss, "The WTO - A Suitable Case for Treatment? Is It 'Reformable'?", in Antonio Segura Serrano（ed.）, *The Reform of International Economic Governance*, Routledge Publishing, 2016。

国家在一定程度上呼吁强化对国际裁决机构的控制。因此，国际裁决机构的改革应以限制其过度的自主行为为出发点。2018年12月，中国和欧盟向WTO理事会提交的改革WTO方案仅从规则层面修改WTO争端解决机制，这无法满足所有WTO成员的需求，① 自然也无法获得通过。在下一阶段，WTO争端解决机制的改革可从以下层面出发。

第一，正确辨别改革WTO的合法性问题。2018年9月25日，美欧日第四次发布联合声明。声明指出，在WTO改革问题上，三方部长对改革的必要性持共同看法，并一致同意将就其监督和监督职能提出改革提案。同时，声明还提及第三国的非市场经济手段、补贴以及强制技术转让等行为。② 在某种意义上，美欧日三方声明并非真正以改革WTO为核心，而是以围绕所谓的第三国实践而展开，其立足点也是基于第三国实践。毫无疑问，这完全背离了改革的初衷，更无法实现完善更为公正、合理的裁决机制的最终目的。各国参与国际经济贸易领域的活动体现为重复博弈的特征，任何成员经济实力的增长都不应成为国际体制改革的前提。③ 无疑，改革的唯一目标是增强WTO及其争端解决机制的合法性。鉴于此，我国应加快对WTO及其争端解决机制合法性和有效性的研究，并以此为基础，积极提出中国方案。

第二，认真对待争端解决机制中的授权委托关系。WTO争端解决机构的自我扩权问题制约着争端裁决的认可度。为应对争端解决机构的国家关切，中国方案应建议发挥国家集体行动对争端解决机构的合法控制作用，避免WTO相关机构出现官僚主义，甚至是演化出违背国家同意的自我偏好。争端解决机构的职能应是公正、快速、准确地解决争议，而非过度寻求裁决的一致性和一贯性。唯有如此，争端解决机构的裁决才能真正因其说服力而获得成员国及其公众的自觉认可。

---

① 笔者注意到少数国家对国际机制的批评出自其私利动机。
② 参见USTR,"Joint Statement on Trilateral Meeting of the Trade Ministers of the United States, Japan, and the European Union", https://ustr.gov/about-us/policy-offices/press-office/press-releases/2018/september/joint-statement-trilateral，最后访问时间：2018年9月30日。
③ 参见孙南翔《唤醒装睡的美国：基于美国对华单边贸易救济措施的分析》，《国际经济法学刊》2018年第3期。

第五章 重塑 WTO 争端解决机制 维护多边贸易机制的功能价值

第三，改善 WTO 的呼吁和制衡机制。实践表明，如果成员能够使用低成本的呼吁机制，它将放弃以退出组织的方法重塑国际争端解决机制和国际关系。目前，在 WTO 体制内，中国应探寻发挥斡旋、调解、仲裁等多元化纠纷解决机制的作用的可能性，通过"用脚投票"的方式，约束不受限制的上诉机构和专家组的权力。同时，WTO 争端解决机构可将重要而富有争议的条约解释问题提交 WTO 相关委员会，激励成员集体参与，启动有权解释，避免上诉机构和专家组作出具有司法能动主义的裁决。

综上所述，当前美国正阻挠 WTO 争端解决机制的正常运转，导致争端解决机构的权威性和有效性受到严峻的挑战。不同于美国，欧盟和加拿大等成员支持多边主义，并提出各自的 WTO 改革方案。从根本上说，WTO 争端解决机构的改革不应仅限于少数发达国家成员的共识，而应满足其作为全球公共产品的功能价值。作为发展中国家最大的成员，我国应以中国实践和经验为基础，创造性地提出改革 WTO 争端解决机制及其他国际裁决机构的方案和路径。毫无疑问，这将是中国推动构建人类命运共同体的必然要求，也必定是中国对世界经济发展和全球经济治理的崭新贡献。

第六章　深化改革开放　消解美国经贸单边主义的消极影响

　　中国的市场经济模式不应成为美国实施单边经贸政策的理由。中美贸易争端与其说是美国与中国的价值观之争，不如说是守成大国和崛起大国的利益之争。实际上，美国故意错误地理解中国的市场经济，其深层次的原因在于试图遏制中国的发展。美国贸易代表曾指出，当其他国家拥抱新时代，其"全球经济合作"的需求是广泛参与更公正和更开放的多边贸易机制并追求市场导向政策，然而，中国理解的"新时代"是基于"中国特色的社会主义"。[①] 这显然是对中国参与全球合作的曲解。

　　在国内改革层面，中国与其他文明开放的国家相似，在支持贸易发展的同时，也注重用法治手段理顺政府和市场的关系，实现产权保护，并打造公平竞争的营商环境。[②] 在对外开放层面，中国郑重承诺，中国开放的大门只会越开越大。美国应摒弃非赢即输的旧观念。正如习近平总书记强调的，"要奉行双赢、多赢、共赢的新理念，扔掉我赢你输、赢者通吃的旧思维"。[③] 正基于此，我国应进一步深化改革开放，以此应对美国单边经贸政策的影响。

[①] 参见 USTR, "2017 Report to Congress on China's WTO Compliance", https://ustr.gov/sites/default/files/files/Press/Reports/China%202017%20WTO%20Report.pdf, 最后访问时间：2018年3月1日。

[②] 参见李林主编《中国依法治国二十年（1997—2017）》，社会科学文献出版社，2017，第205～225页。

[③] 参见习近平《携手构建合作共赢新伙伴 同心打造人类命运共同体——在第七十届联合国大会一般性辩论时的讲话》，《人民日报》2015年9月29日，第2版。

第一节　以落实公平市场竞争机制为手段
完善市场经济制度[①]

作为资源配置的有效方法，公平竞争是社会主义市场经济制度的基本原则，是市场机制高效运行的重要基础。自1992年我国正式确定建立社会主义市场经济体制以来，厘清政府与市场、国有企业与私营企业、国内企业和外资企业的关系一直是我国公平市场竞争机制发展的逻辑线。社会主义市场经济体制要求建设统一开放、竞争有序的市场体系，并使市场在资源配置中发挥决定性作用。

为此目的，2019年《中华人民共和国外商投资法》（以下简称"《外商投资法》"）和2016年《国务院关于在市场体系建设中建立公平竞争审查制度的意见》都致力于构建更加公平公正的市场竞争机制，进而完善中国特色的社会主义市场经济制度。

一　我国现行公平市场竞争机制存在的问题

公平竞争是市场经济的基本原则。自1992年确定建立社会主义市场经济体制以来，我国公平竞争机制的发展主要经历了三个阶段。特别是2016年以来，我国公平竞争审查制度得以机制化。

（一）我国公平市场竞争机制之发展

我国公平市场竞争机制发展的第一阶段是1992~2000年。在这个阶段，我国正式确定建立社会主义市场经济体制，并对社会主义市场经济机制进行不断的完善。1992年，党的十四大报告明确提出，我国经济体制改革的目标是建立社会主义市场经济体制。随后，全国人大及其常委会、国务院进行了广泛的市场经济立法，不少法律规定已经接近于公平竞争审

[①] 本部分为笔者与西南政法大学合作研究课题"公平市场竞争机制"的成果。参见唐如冰《论我国公平竞争审查制度的完善——以C市清理现行排除限制竞争政策措施为例》，《重庆理工大学学报》（社会科学版）2020年第3期，第141~149页。

查制度的要旨,相关工作机制方面也具有共通性。① 例如,1993年,我国颁布《中华人民共和国反不正当竞争法》,最早明确了政府不得滥用行政权力限制竞争的原则,该法第7条规定:"政府及其所属部门不得滥用行政权力,限定他人购买其指定的经营者的商品,限制其他经营者正当的经营活动。政府及其所属部门不得滥用行政权力,限制外地商品进入本地市场,或者本地商品流向外地市场。"

第二阶段是2001~2015年。在此阶段,我国加入世界贸易组织,并根据世界贸易组织协定的相关要求,发展和完善我国市场经济体制。2001年,我国加入世界贸易组织,按照世界贸易组织协定和我国的承诺,行政许可应当以透明和规范的方式实施,行政许可条件和程序对贸易的限制不能超过必要的限度。因此,自2001年起,国务院开始在全国范围内开展行政法规清理工作。例如,2001年,《国务院批转关于行政审批制度改革工作实施意见的通知》要求对当时全部行政审批事项逐一清理。该通知规定:"不符合政企分开和政事分开原则、妨碍市场开放和公平竞争以及实际上难以发挥有效作用的行政审批,坚决予以取消;可以用市场机制代替的行政审批,通过市场机制运作。"在清理行政法规过程中,我国坚持凡是通过市场机制能够解决的,应当由市场机制去解决;通过市场机制难以解决,但通过公正、规范的中介组织、行业自律能够解决的,应当通过中介组织和行业自律去解决。由此,我国公平市场竞争机制得以深化。

第三阶段是2016年至今。这个阶段我国以法律文件的形式确定了公平市场竞争机制的目标和实施路径。以公平竞争审查制度为例。2016年6月,国务院印发《国务院关于在市场体系建设中建立公平竞争审查制度的意见》,随后,国家发展改革委印发《关于贯彻落实〈关于在市场体系建设中建立公平竞争审查制度的意见〉委内工作程序的通知》,国务院办公厅印发《国务院办公厅关于同意建立公平竞争审查工作部际联席会议制度的函》。2017年10月23日,国家发展改革委、财政部、商务部、国家工商行政管

---

① 参见向立力《中国公平竞争审查制度的理论梳理、制度基础与机制完善》,《法治研究》2017年第3期,第102页。

理总局、国务院法制办五个部门联合印发《公平竞争审查制度实施细则（暂行）》。该实施细则确定了我国公平竞争审查制度的核心内容和实施步骤，成为我国现行公平竞争审查制度的主导法律文件。在此意义上，我国已建立起完善且相对成熟的公平市场竞争机制。

（二）我国公平市场竞争机制的意义与作用

市场经济是法治经济。以实现市场充分、有序竞争为目标，我国公平市场竞争机制的建立具有重要的价值和意义，从体系上厘清了政府与市场、国有企业与私营企业、国内企业和外资企业之间在市场经济中的地位和作用。

第一，公平市场竞争机制的核心在于厘清政府与市场的关系。尽管各国政府大多致力于发展市场经济，但作为有形之手，政府的作用仍能体现在市场经济的方方面面。当前，绝大多数国家仍存在较为普遍的政府干预行为。政府干预在一定程度上限制、扭曲了竞争。正基于此，公平市场竞争机制的目的是实现政府和市场职能的归位。政府不应该不合理地限制和损害竞争，更不能给予特定企业竞争优势。总体上，建立公平市场竞争机制，就是要使政府在制定有关政策时，充分考虑对市场竞争的影响，尽量减少对竞争的不必要限制。

第二，公平市场竞争机制的难点在于厘清国有企业和私营企业的关系。国有企业和私营企业是市场经济中的两类主体。国有企业是生产资料属于国家所有的企业，私营企业是生产资料属于个人所有的企业。理论上，国有企业与私营企业最大的区别就是所谓的控制权不同，但二者在行为上应是无差异的。有观点认为，国有企业的设立通常是为了实现国家调节经济的目标，起着调和国民经济发展的作用。然而，需要指明的是，作为市场的公平参与者，国有企业和私营企业在市场中应享有相同的待遇，并承担相同的义务，以此实现充分和有序的竞争。本质上，公平市场竞争机制应一视同仁地对待国有企业和私营企业。

第三，公平市场竞争机制的重点在于厘清国内企业和外资企业的关系。目前而言，外资企业包括中外合资、中外合作、外商独资企业。虽然国内企业和外资企业的注册地和控制者存在差异,但是二者都是社会主义市场经济制度中的重要参与者。作为平等的商事主体,二者应被一视同仁地对待。正基于此,公平市场竞争机制在一定程度上能够平等且公正地保障国内企业和外资企业的实体性和程序性权利与义务。

(三) 我国公平市场竞争机制的不足

虽然我国已经建立公平市场竞争政策,但在实际运行中,公平市场竞争机制仍存在一些不足,主要体现在以下三个层面。

1. 自我审查内部机制建设不足

《国务院关于在市场体系建设中建立公平竞争审查制度的意见》指出,公平竞争审查方式为政策制定机关的"自我审查"。自我审查制度采取自查自纠的方式解决审查问题,然而也存在隐忧。其一,政策制定机关难以全面掌握与审查相关的专业和技术能力。目前而言,公平竞争审查制度涉及的法律法规众多,"一线"政策制定者难以掌握所有的行为规范,甚至可能为了部门利益、地方利益乃至私利而罔顾竞争效果,实施反竞争的行为。[①]其二,政策制定机关缺乏开展体系化自我审查的动力。"一线"政策制定者可能不会很严肃地看待竞争评估,他们是政策制定者,又对政策负有审查义务,这种既是运动员又是裁判员的身份,很有可能会使评估流于形式。[②] 其三,现有的法律文件也缺乏厘清政策制定机构和执法机构之间的关系。例如,当政策制定机关审查政策之后,发现政策是否排除、限制竞争并不明确,或者有《国务院关于在市场体系建设中建立公平竞争审查制度的意见》未规定的排除、限制竞争的其他情况时,竞争执法机构的活动将难以展开。[③] 正基于此,有必要对自我审查制度进行规范和监督。

---

① 参见王贵《论我国公平竞争审查制度构建的基准与进路》,《政治与法律》2017年第11期,第16页。
② 参见王贵《论我国公平竞争审查制度构建的基准与进路》,《政治与法律》2017年第11期,第16页。
③ 参见黄勇、吴白丁、张占江《竞争政策视野下公平竞争审查制度的实施》,《价格理论与实践》2016年第4期,第34页。

第六章 深化改革开放 消解美国经贸单边主义的消极影响

2. 国有企业治理机制仍有待强化

国有企业是我国公平市场竞争机制关键且特殊的规制对象。在体制机制层面,我国国有企业与政府之间的关系较为密切。某种程度上,国有企业所有者缺位与监管缺失,国有企业与非国有企业效率差距明显、利润分配不均拉大收入差距[1],国有企业与政府关系尚未清晰界定等问题较为突出。在此层面,在公平市场竞争机制之下,有必要对国有企业的竞争机制进行深入分析和研究,制定一视同仁的市场规则。

3. 信息公开和公众监督机制有待规范

由于在市场机制中存在诸多的例外规定和特殊规则,整体上,我国信息公开机制仍有待加强。同时,我国在公众监督(包括外商投资联络点)等问题上进展也相对缓慢。《国务院关于在市场体系建设中建立公平竞争审查制度的意见》指出:"制定政策措施及开展公平竞争审查应当听取利害关系人的意见,或者向社会公开征求意见。有关政策措施出台后,要按照《中华人民共和国政府信息公开条例》要求向社会公开。"虽然国家发展改革委将公平竞争审查案例发布在其官方网站上,但是由于审查案例信息公开尚未规范化,不同审查主体撰写的案例公开文件差异较大,案例相关信息也存在缺失的情况。[2] 作为法治政府的必然要求,透明度和公众参与是公平竞争审查制度应追求和实现的目标。然而,现有的信息公开规范的不全面性,使得公平竞争审查制度的效果大打折扣,甚至也让公众和外商投资者对公平竞争审查制度的公正性产生疑虑。

二 优化我国公平市场竞争机制的实施路径

与国际最高标准相比,我国公平市场竞争机制仍存在一些缺陷。例如,尽管我国公平竞争审查制度发展迅猛,但由于该制度确立时间较晚,实施内容有待细化,同时也存在可操作性等问题。2018年,《国家发展改革委办

---

[1] 参见裴长洪、杨春学、杨新铭《中国基本经济制度——基于量化分析的视角》,中国社会科学出版社,2015,第218~222页。

[2] 参见朱静洁《公平竞争审查制度实施情况的实证研究——以国家发改委公布的59个审查案例为样本》,《竞争政策研究》2018年第4期,第129页。

公厅关于进一步加强委内公平竞争审查工作的通知》指出，应进一步夯实审查责任、规范审查工作、强化程序把关，提高审查质量和水平，确保制度落实到位，切实防止出台排除限制竞争的政策措施。结合上述不足，笔者认为下一阶段应从以下层面优化公平市场竞争机制。

（一）落实并强化第三方评估制度

公民权利是公共权力的来源和基础。以权利制约权力，实质上就是公民对政府的制约。现代社会法治理念要求从透明度和公开参与层面保障公民的知情权及其对公权力的监督。当前，公平竞争自我审查的弊端在于行政机关的政务运作信息缺乏传递性和互通性，难以被外界公众接收和知晓。[①] 有鉴于此，在保障透明度外，还应该引入第三方评估制度实现公平竞争制度的公正性和有效性。

2016年《国务院关于在市场体系建设中建立公平竞争审查制度的意见》要求各级人民政府及所属部门在定期清理规章和规范性文件时，一并对政策措施影响全国统一市场和公平竞争的情况进行评估。然而，第三方评估制度目前仍没有实质性的进展。特别是地方政府在认定是否需要进行评估时，倾向于提出否定意见。

实际上，第三方评估也是公众参与和监督的一种表现形式，第三方具有独立性和中立性，独立于政策制定机关。因此，对于公平竞争审查制度的构建来讲，引入第三方评估能激活市场，能在对政府行为进行合理规范的同时为市场释放出更多的空间。[②] 具体而言，第三方评估应强调和重视其独立性，并由具备专业知识的专家学者、法律顾问、专业机构等组成，以此实现对公平竞争制度的客观评价和监督。同时，第三方评估机构应保障审查机制的科学性和有效性，以科学严谨、实事求是的态度有效地评估涉及市场经济活动的行政法规、地方性法规、规章、规范性文件及其他政策措施。

---

① 参见张玉洁、李毅《公平竞争审查制度构建的价值维度与实践进路》，《学习与实践》2018年第6期，第6页。
② 参见徐则林《论第三方评估在公平竞争审查制度中的引入》，《广西政法管理干部学院学报》2017年第6期，第52页。

（二）实现公平竞争制度与国际最高标准的对接

中国的经济制度具有外向性。自 2001 年加入世界贸易组织以来，我国对外经贸领域也不断与国际标准对接。例如，2014 年，《国务院办公厅关于进一步加强贸易政策合规工作的通知》及《贸易政策合规工作实施办法（试行）》要求，各级政府及其所属部门在制定"贸易政策"之前都必须开展合规评估，以防与世界贸易组织规则相冲突。[①]

然而，当前的公平竞争审查机制与国际最高标准仍存在一定的差距。在实践中，许多国家和地区已经积累了丰富的竞争评估经验。例如，澳大利亚从 1995 年开始对所有法律进行竞争评估；韩国最初是通过立法优先咨询制度对拟订（或修订）法律草案进行竞争评估；经济合作与发展组织（OECD）成员国普遍利用"法律竞争影响核对清单"来识别反竞争的法律，还专门颁布了《竞争评估工具》（2007）、《竞争评估指南》（2010）、《竞争评估原则》（2010）、《竞争评估步骤》（2010）等文件，阐明了竞争评估范围、方法、流程等制度要素，为各国制度构建和实施提供参考。[②] 特别是经济合作与发展组织《竞争评估工具》指出，成员国应通过制定本国的"竞争核对清单"和"初始评估+全面评估"两步走的方式具体实施。该实施方法影响深远。因此，在下一阶段优化公平竞争审查制度的过程中，我国可参考国际最高标准和最新实践，从机构设置、评估理念和评审程序上，优化评审的制度，实现经济效益和社会效益的统一。

（三）细化并扩大公平市场竞争机制的规范作用

在与美国的经贸博弈中，我国应通过公平市场竞争机制加大对经贸领域的约束功能，推进我国法律域外适用的法律体系建设。例如，目前而言，我国对数据管辖问题采取了较为保守的数据存储主义。数据存储地管辖模

[①] 参见应品广、许梦楚《公平竞争审查制度对接高标准国际规则》，《WTO 经济导刊》2017 年第 4 期，第 59 页。

[②] 参见孟雁北《中国竞争倡导制度对国际经验的借鉴与创新——以公平竞争审查制度为例》，《中国市场监管研究》2008 年第 9 期，第 48 页。

式导致我国无法管辖对我国境内产生实质性影响的境外活动。我国《网络安全法》《电子商务法》等立法均只约束在我国境内的网络活动和电子商务活动。一方面，该立法模式无法抗衡美欧在第三国主张对我国数据的管辖权；另一方面，作为新兴的互联网大国，该立法模式相当于放弃了对我国企业在域外运营数据的管辖权。因此，我国应反思对经贸规则治理消极应对的理念与立场。①

作为公平市场竞争机制的法律文件，2019年《外商投资法》的出台受到国内外投资者的关注。从文本上看，该法的出台有其客观情势原因。某种程度上，该法对外商投资保护有余，而管理不足。因此，应通过原则性规定对过度外商投资保护进行限缩，特别是应将平等对待内外资企业作为该法基本原则。这样可使外资企业受到与内资企业相同的规制。同时，在未来发生争议时，也可避免外资企业过度主张超国民待遇，损害我国经济主权。

同时，在《外商投资法》颁布实施后，我国应尽快出台《外商投资法》实施细则，细化我国外商投资安全审查机制。虽然《外商投资法》规定我国可采取反制措施应对其他国家的投资保护政策，然而由于缺乏实施细则，并未形成威慑力。有鉴于此，我国应建立与美国新规相似的国家安全审查机制，以此应对中国企业在美国可能遭受的不公正待遇问题。同时，我国商务部门、科研院所应积极研究美国的立法动向和司法实践，我国商会和行业协会应为赴美投资者提供及时的法律和政策咨询意见。在确保合规的前提下，依法支持我国企业赴美投资。

当然，最为重要的是，应进一步提高民众对公平市场竞争机制的认同感，并激励外部监督。为实现该目标，我国国家发展改革委、国务院法制办、商务部、国家工商行政管理总局等部门可建立工作机制，通过制定实施细则进一步明确审查程序和机制，并加强宣传培训，增强全社会对公平

---

① 我国《网络安全法》第37条规定："关键信息基础设施的运营者在中华人民共和国境内运营中收集和产生的个人信息和重要数据应当在境内存储。"《电子商务法》第2条第1款规定："中华人民共和国境内的电子商务活动，适用本法。"从文本解释上，此处的中国境内的电子商务活动本身采取的是数据存储主义，而非数据控制主义。

竞争审查制度的认识和理解。① 唯有如此，我国公平市场竞争机制才能真正落到实处，消解美国单边经贸政策带来的不利影响，真正为社会主义市场经济体制的完善和发展保驾护航。

第二节 以中国自由贸易试验区（港）建设为重点实施高水平的自主开放政策

"中国开放的大门不会关闭，只会越开越大"，习近平总书记在党的十九大上向世界作出了郑重承诺。党的十九大报告展示了中国坚持改革开放的决心。自2013年以来，中国自由贸易试验区建设取得重大进展，形成了一批惠及全国的可复制、可推广的改革经验。为进一步加快建立开放型经济新体制，中国将探索建设自由贸易港。在"去全球化"思潮涌动的背景下，自由贸易港的建设不仅旨在打造全面开放新格局，更是应对单边政策的中国方案。2018年4月，《中共中央、国务院关于支持海南全面深化改革开放的指导意见》指出，海南省将逐步探索、稳步推进中国特色自由贸易港建设，分步骤、分阶段建立自由贸易港政策和制度体系。为此，本节拟以中国自由贸易试验区和自由贸易港建设既有成果和不足为切入点，以自由贸易港的功能定位、建设基础和发展方向等为基础，深入分析实施高水平的自主开放政策所面临的制度性难题，并提出相应的对策建议。

一 中国自由贸易试验区和自由贸易港的既有成果及不足

随着经济全球化和贸易一体化进程的推进，国家之间的经贸往来愈加密切，贸易活动不再局限于一个国家的国内市场，贸易对象也从单纯的商品逐渐拓展到资本、劳务、服务、智力成果。贸易自由化推动了全球经济的发展。亚当·斯密指出："如果外国的某种商品比我们自己生产的便宜，

---

① 参见胡祖才《保护公平竞争就是保护生产力——解读公平竞争审查制度》，《中国经贸导刊》2016年第21期。

我们最好就去生产别的有生产优势的产品,并用其中的一部分,换取国外那些便宜的商品。"① 本质上,自由贸易能够促进全球资源合理配置,并通过专业化分工与规模化生产使得各国均获得经济利益。然而,遗憾的是,自20世纪90年代以来,多边经贸磋商和谈判近乎颗粒无收。如贾格迪什·巴格沃蒂所言:"如果仅仅因为别人不愿意降低他们的贸易壁垒就也不降低我们自己的贸易壁垒,那么我们不仅会从贸易伙伴的壁垒中受损,而且会再一次从我们自己的贸易壁垒受损。"② 自由贸易港建设的目的在于打破现有的多边和双边谈判困境,实现更进一步的贸易自由化和便利化。

本质上,自由贸易港是一类特殊经济区域,在此区域内贸易限额、通常适用的关税以及其他通关手续不断得到放松或完全取消,其主要特征是"境内关外、功能突出、高度自由"。③ 在国际层面,以世界贸易组织协定为代表的传统多边贸易协定的开放程度相对有限,而自由贸易港的建设主要是打造服务、资本、劳务、技术自由流动的区域;在国内层面,自由贸易港的建设依托保税港区、自由贸易试验区等制度安排,自由贸易港的对外开放程度应显著高于现有的保税港区。因此,中国特色自由贸易港是在中国现有的对外开放体制的基础之上,实现货物和服务贸易全面自由化和便利化,以及资本、劳务、技术等生产要素流通自由化的特定区域。

实施高水平的自主开放策略是政策创新与制度创新的产物,符合中国国情和时代要求。其一,实施高水平的自主开放政策是新时代中国改革开放政策的有益探索。在改革开放之初,中国开始逐渐向世界打开国门,其中经济特区成为改革开放的重要尝试。④ 这被西方学者视为中国的政策试验

---

① 〔英〕亚当·斯密:《国民财富的性质和原因的研究》(下卷),郭大力等译,商务印书馆,2016,第79页。
② 〔美〕贾格迪什·巴格沃蒂:《今日自由贸易》,海闻译,中国人民大学出版社,2004,第105页。
③ 参见田珍《中国建设自由贸易港的战略意义与发展措施》,《国际经济合作》2017年第12期。
④ 参见叶静《分散性权威与政策跨国扩散——自由贸易区在中国的设立》,《世界经济与政治》2014年第7期。

第六章 深化改革开放 消解美国经贸单边主义的消极影响

型开放实践。[①] 通过政策试验,我国形成了有针对性的系统经验,并将行之有效的政策推广至全国。中国自由贸易港建设的宗旨在于打造对外开放新格局。换言之,其目的在于通过新一轮的改革开放试验及对成功经验的复制与推广,进一步释放中国经济的动能和活力。

其二,实施高水平的自主开放政策是中国推动国际经贸体系发展的重要工具。近年来,美国去全球化主义及其经贸单边主义政策严重威胁着多边经贸机制。从某种程度上,探索建设自由贸易港是中国为推进"一带一路"建设,加强国际产能合作与对接而主动进行的制度设计和政策机制设计。[②] 当前,我国经济实力表明,我国参与国际经贸规则制定的机遇已经出现。[③] 国际社会也期望中国承担更大的国际责任,提供更多的国际公共产品。[④] 因此,实施高水平的自主开放政策应着眼于应对经贸单边主义威胁,并为提振全球经济贡献出中国方案和中国力量。

总体上,实施高水平的自主开放政策是中国改革开放的必然要求,也是中国参与国际规则制定的时代要求。中国实施高水平的自主开放政策应围绕中国的具体国情,并结合自由贸易试验区、自由贸易港的现有成果以及国际经贸规则发展的趋势而展开。

理论上,自由贸易港具有比自由贸易试验区更高水平的开放程度。[⑤] 在实践中,自由贸易试验区已在制度创新、法治理念、营商环境等领域取得了一些成果。本质上,中国自由贸易试验区的制度建设是在 WTO 协定基础上建立的中国对外开放新机制,旨在推动国际经贸规则的发展与重构。近期,CPTPP 等自由贸易协定也积极推动国际贸易投资规则的重塑,[⑥] 涵盖了大量的 21 世纪经贸议题(见表 6-1)。因此,从当前国际经贸规则重构的趋势

[①] 参见 Sebastian Heilmann, "Policy Experimentation in China's Economic Rise", *Studies in Comparative International Development*, Vol. 43, 2007, p. 1。

[②] 参见余南平《中国自由贸易港建设:定位与路径》,《探索与争鸣》2018 年第 3 期。

[③] 参见 Stephen D. Krasner, "State Power and the Structure of International Trade", *World Politics*, Vol. 28, 1976, p. 317。

[④] 参见赵龙跃编著《制度性权力:国际规则重构与中国策略》,人民出版社,2016,第 23 页。

[⑤] 参见于佳欣、王敏《探索建设自由贸易港 助力全面开放新格局》,http://www.gov.cn/zhuanti/2017-10/22/content_5233719.htm,最后访问时间:2017 年 10 月 22 日。

[⑥] 参见贺小勇《TPP 视野下上海自贸区的法治思维与问题》,《国际商务研究》2014 年第 4 期。

出发，可以发现中国自由贸易试验区的既有成果及其不足，这为自由贸易港的制度设计提供了借鉴。

表6-1 21世纪经贸议题的重点领域

CPTPP	中国自由贸易试验区制度	核心内容
货物市场准入（含农产品）	—	税收措施、重要敏感货物产品的开放
海关管理与贸易便利化	通关便利化	海关程序
卫生与植物卫生措施	—	国际标准
技术性贸易壁垒	—	国际标准
投资	投资便利化，事中事后监管，企业登记简易程序等	市场准入的负面清单机制
跨境服务贸易、电信	—	通信等行业的开放
金融服务	—	金融等领域的开放
商务人员临时入境	—	人员自由进出境
电子商务	—	数据跨境流动、源代码披露
竞争政策	反垄断审查制度	市场竞争秩序
全面的知识产权保护	—	知识产权执法、商业秘密保护等
透明度、监管协调	—	良好监管实践
争端解决专家组	—	司法与准司法性的救济机制
国有企业，合作和能力建设、发展，中小型企业等	—	推动各成员经济的发展

资料来源：笔者自制

如表6-1所示，中国自由贸易试验区的既有成果主要体现在以下三个方面。第一，在通关便利化层面，中国自由贸易试验区实现了从注重事前审批转为注重事中事后监管，特别是实现了货物先进区后报关、无纸通关、一站式通关等创新制度。[①] 第二，在投资领域，中国自由贸易试验区建立了符合中国国情的市场准入负面清单机制。2017年版自由贸易试验区负面清

---

① 参见胡加祥等《上海自贸区成立三周年回眸》（制度篇），上海交通大学出版社，2016，第182~186页。

第六章 深化改革开放 消解美国经贸单边主义的消极影响

单将限制措施从 2013 年版的 190 项缩减到 95 项,大幅度提升了投资领域透明度、开放性和完整性。[①] 第三,在竞争政策领域,中国自由贸易试验区基本实现了对关系国计民生的敏感行业的审慎监管,运用安全审查制度、反垄断审查制度等法律工具,[②] 守住国家总体安全观的底线。同时,中国自由贸易试验区不断清理、废除妨碍统一市场的规定,实施彰显内外资一视同仁的公平竞争制度和规范。

虽然我国自由贸易试验区的建设取得了不少成果,然而迄今为止,我国批准建设的自由贸易试验区本质上仍然属于"海关特殊监管区"的概念范畴,是不同功能和特征的保税园区,与"最高开放层次"所要求的自由贸易港目标模式还有较大的差距。[③] 根本上,中国自由贸易试验区侧重于释放投资动能,主要突破了企业注册、投资审批等制度瓶颈,并为全面实施市场准入负面清单制度、中美双边投资协定谈判、外商法律制度修订积累了经验。

由于我国自由贸易试验区主要针对投资政策进行改革,因此,目前其进一步开放至少面临两个障碍。其一,区内的货物贸易、金融服务、航运服务等附加价值仍未充分释放。在外资准入方面,中国自由贸易试验区依然存在较多限制,禁止投资、股权限制和数量型经营限制等限制程度较高的措施占比偏高,对一些服务业部门(如金融、交通运输、快递等)外资准入限制也较高。[④] 其二,与 21 世纪经贸议题相比,自由贸易试验区规则涉及的主题仍然有限。特别是,中国自由贸易试验区在税收、经济自由度、离岸业务等方面与迪拜、中国香港、新加坡等自由贸易港相比并无优

---

① 参见管金平《中国市场准入法律制度的演进趋势与改革走向——基于自贸区负面清单制度的研究》,《法商研究》2017 年第 6 期。
② 相关法律性文件包括《自由贸易试验区外商投资国家安全审查试行办法》《中国(上海)自由贸易试验区反垄断协议、滥用市场支配地位和行政垄断执法工作办法》《促进中国(福建)自由贸易试验区市场公平竞争工作暂行办法》等。
③ 参见上海对外经贸大学自由贸易港战略研究院《关于建设自由贸易港的经验借鉴与实施建议》,《国际商务研究》2018 年第 1 期。
④ 参见李凯杰《中国自由贸易试验区向自由贸易港转变研究》,《国际经济合作》2017 年第 12 期。

势，缺乏国际竞争力。① 因此，中国高水平的自主开放政策应在 WTO 规则、自由贸易试验区经验的基础上，批判性吸收《美墨加协定》、CPTPP 等新型自由贸易协定的先进经验，重点满足开放型经济体制建设面临的新需要。

二 未来我国自主开放政策应解决的重点内容

从保税港区到自由贸易试验区，再到探索自由贸易港，我国逐步加快构建对外开放的新模式。② 本质上，自由贸易港的核心功能将是通过港口的优势地理位置，进一步发挥自由贸易港的"贸易+航运""贸易+保险""贸易+金融"等贸易附加值功能。为实现该目标，自由贸易港建设应以货物、人员、资金的完全自由流通，以及绝大多数商品免征关税为出发点。③ 归纳而言，中国实施高水平的自主开放政策应从以下四个方面入手。

第一，应减少海关、商检等程序。例如，自由贸易港的定位为"境内关外"，不仅针对进出口贸易，还涉及转口贸易。以上海为例，当前，若法定商检的产品货物只是经上海转运，在综合保税区中转时，可能只是在港口卸下来转船后又离境。但根据海关监管的现有规定，这些集装箱在上海港仍必须经过海关、商检等多重检查手续。事实上，这种产品货物与中国并没有发生实质性联系，也不会对中国产生负面影响。企业被迫办理进境备案清单和出境备案清单，耗时耗资，中转效率低下。④ 同时，在卫生与植物卫生措施、技术性贸易壁垒等领域，我国对国际和地区标准的认可与利用较少，检验检疫证书的跨国互认机制尚未建立，这些都影响着港区对转口贸易业务的吸引力。

第二，应解决货物贸易税费过高的问题。税收政策是自由贸易港建设的重要组成部分，是影响自由贸易试验区能否实现扩大对外贸易、促进产

---

① 参见盛斌《中国自由贸易试验区的评估与展望》，《国际贸易》2017 年第 6 期。
② 参见熊厚、孙南翔《自贸港探路全面开放新格局》，《人民日报》2017 年 12 月 5 日。
③ 参见汪洋《推动形成全面开放新格局》，《人民日报》2017 年 11 月 10 日。
④ 参见李凯杰《中国自由贸易试验区向自由贸易港转变研究》，《国际经济合作》2017 年第 12 期。

第六章 深化改革开放 消解美国经贸单边主义的消极影响

业结构调整、拉动经济发展的重要因素。税收的目的在于吸引外国商家或者投资者通过存储、制造和加工，发展商品贸易或转口贸易，以增加商业收入和繁荣港内的航运、保险、金融等行业，进而把贸易的附加值留下来。然而，现有自由贸易试验区内税收规则仍存在不足。具体而言，一是对转口贸易征收关税和管理费，特别是那些没有发生在中国境内的交易；二是与贸易相关的企业所得税税率过高，与中国香港、新加坡等在税收方面存在显著差距；[①] 三是贸易港口的市场秩序有待规范，我国港口仍存在要求船舶公司排他性地使用特定企业的服务，收取高额装卸作业费，强制拆箱理货等不合理交易条件。[②] 因此，中国实施高水平的自主开放政策还应重视执法的透明度，并实现良好的监管实践。

第三，应实现商务人员出入境便利化。从贸易自由化到服务自由化、投资自由化，再到人员自由化是港口经济发展的必由路径。根据 GATS 的规定，服务贸易的提供方式包括跨境交付、境外消费、商业存在和自然人流动。除跨境交付外，其余三种服务贸易行为都会发生人员流动。诸如物流、融资、保险、法律服务、仲裁、管理咨询、电子商务、产品认证等行业的商务人员需要频繁地出入自由港。目前，自由贸易试验区的外籍人员流动主要遵照《中华人民共和国出境入境管理法》《外国人在中国就业管理规定》等。以就业为目的到中国的外国人，必须先依据《外国人在中国就业管理规定》获得就业许可，才能得到相应的签证及居留许可。虽然近期简化了外国人来华工作的申请流程，但是外国人在华仍面临经济需求测试、签证制度、执业资格认证等职业难题。[③] 这也限制了自由贸易港涉外服务贸易业的发展。

第四，应探索建立司法与准司法的争端解决机制。与成熟的多边和区域性经贸安排相比，中国自由贸易试验区在争端解决层面的探索进展缓慢。自由贸易港是贸易资金流、订单流和货物流的中心，必然产生跨国甚至是

---

① 参见盛斌《中国自由贸易试验区的评估与展望》，《国际贸易》2017 年第 6 期。
② 参见《国家发改委：上海港天津港涉嫌违反〈反垄断法〉》，新华网，http://news.xinhuanet.com/legal/2017-11/15/c_1121961659.htm，最后访问时间：2018 年 1 月 1 日。
③ 参见吴文芳《上海自贸试验区的人员自由流动管理制度》，《法学》2014 年第 3 期。

多国争议。实践证明,自由贸易港所在地都是重要的仲裁地。然而,遗憾的是,我国企业和外资企业现阶段签订的各种涉外合同中,主要存在三类"90%"的现象:争端解决方案当中90%以仲裁为主;对于商事纠纷案件,中国企业90%选择国外仲裁机构来解决纠纷;在发生争议的情况下,中国企业90%以败诉告终。① 与此形成对比的是,即使在中国发生争议,绝大多数外国企业仍选择在伦敦、新加坡等地进行仲裁。毫无疑问,中国自由贸易港应补齐多元化纠纷解决机制的短板。

三 中国实施自主开放政策的制度性难题及其解决

升级海关、税收、人员流动、争端解决制度等是中国特色自由贸易港应着力探索的领域。在上述领域改革过程中,根据当前的立法权限、中央与地方事权划分等规定,中国实施高水平的自主开放政策仍存在不少制度性难题。

(一) 中国实施自主开放政策的制度性难题:以自由贸易港建设为例

1. 自由贸易港规则创设面临立法层面的障碍

自由贸易港的探索建设应坚持法治理念,实现依法设港、依法管港。在某种程度上,法治是实现经济发展的手段和工具,可以为国内外投资者提供合法的、理性的预期,营造稳定的、公正的市场环境。美国有评论声称:"中国政府的外商投资机制控制外商投资的方向和产业。"② 美国的说法是错误的,它将法律规范与政府行为混为一谈。但是,这也给我国相关部门提示,我国应继续坚持通过法治工具实现改革的目标,以合法手段实现合法的目的,以此有力地回应少数国家对我国市场经济体制的质疑。

在实践中,由全国人大常委会授权国务院暂时调整上海自由贸易试验

---

① 参见廖丽《"一带一路"争端解决机制创新研究——国际法与比较法的视角》,《法学评论》2018年第2期。
② United States Department of Commerce, "China's Status as a Non-Market Economy", https://enforcement.trade.gov/download/prc-nme-status/prc-nme-review-final-103017.pdf, 最后访问时间:2017年12月10日。

区内法律实施的方式曾引起学界的讨论。一些学者认为，该方法存在合法性瑕疵。具体而言，根据我国《立法法》的相关规定，在涉及"基本经济制度以及财政、税收、海关、金融和外贸的基本制度"等经济内容时，必须由国家制定法律。理论上，国务院在获得授权的前提下，可以根据实际需要制定行政法规，但是由全国人民代表大会向国务院和地方政府的法律授权不应超出国务院和地方政府的权力范围。① 当前，自由贸易试验区的制度创新已经超出行政机关的权限，部分豁免上海自由贸易试验区的一般性法律实施存在合法性问题。由此，有学者建议通过立法的方式确定自由贸易试验区或自由贸易港法律。②

然而，作为改革开放的试验田，自由贸易试验区和自由贸易港承载着诸多制度创新功能，特别是应保留回应商业行为创新需求的制度弹性。③ 若中国特色自由贸易港的法律设置采取国家立法方式，虽然能在法律上满足全面的合法性，然而却缺乏应对新问题的灵活性。换言之，通过国家立法方式确定运行规则将固化自由贸易港的制度，难以承担先行先试、机制创新的功能。因此，中国自由贸易港的建设应寻求另一种合法的、灵活的规制模式，以平衡立法修改时滞与商业行为创新需求间的冲突。

2. 海关行政权放宽面临知识产权执法趋严的压力

在自由贸易港的建设中，货物、资金、人员流动都与东道国监管密切相关。中国特色自由贸易港应解决的关键问题是我国政府监管权的重新配置。

传统上，自由贸易港应限制海关、税收等行政权，通过运用现代电子技术，实现区域内的最小化监管。一般而言，海关措施在港内不适用。根据国际实践，自由贸易港仅对严重违反我国境内法律和国际法的行为进行管辖。同时，在自由贸易港内，应对船舶移泊手续、货物跨关区流转、过

---

① 参见王建文、张莉莉《论中国（上海）自由贸易试验区金融创新的法律规制》，《法商研究》2014年第4期。
② 参见蔡金荣《授权国务院暂时调整法律实施的法理问题——以设立中国（上海）自由贸易试验区为例》，《法学》2014年第12期。
③ 回应型政策的分析，可参见〔美〕P. 诺内特、P. 塞尔兹尼克《转变中的法律与社会：迈向回应型法》，张志铭译，中国政法大学出版社，2004。

境业务资质等事项探索实行事中事后监管机制，特别是允许企业凭担保先行进行贸易，进一步缩减一线监管的对象。

根据国际趋势，在放开海关执法权的同时，发达国家正加强边境地区知识产权执法的力度。当前，双边、区域贸易协定中出现了大量针对出口和转运货物的边境措施的规定。例如，美国与韩国等双边自由贸易协定"知识产权"章节规定，缔约方主管部门依职权可对涉嫌假冒或可引起混淆的相似商标的货物或盗版货物的进出口商品、运输中的商品，或自由贸易区的商品启动边境措施。① 在区域贸易协定中，CPTPP 规定边境措施应针对进口、出口和转运环节的侵权商品。② 边境知识产权执法措施成为各国贸易政策协调的核心议题。在现有的自由贸易港内，即便是转口或转运部分，主管部门也要求货主必须提前备案具体货物性质，以免货物最终目的地因转口、转运货物涉及犯罪而造成转口、转运港的商业名誉损害。③ 由此，中国自由贸易试验区和自由贸易港的行政监管如何在放宽海关行政执法权的同时强化知识产权执法等活动，将是政策制定和实施中面临的两难。

3. 自由贸易港机构创新面临无法与制度创新相匹配的矛盾

自由贸易港的建设重点是进行制度创新，形成一批可复制、可推广的先进经验。在实践中，制度创新落地需要相应的机构创新。中国自由贸易试验区探索建立了统一的市场监管综合执法体系，在质量技术监督、食品药品监督、知识产权、工商、税务等领域实行统一执法，集中监管。然而，上述机构创新在实践中遇到了一些问题。目前遇到的主要问题是，由于自由贸易试验区内的市场执法团队已统一，而上级政府部门并未进行相应机构合并的改革，因此，基层执法人员需要同时完成上级多部门的工作部署，

---

① 参见 USTR, "U.S.-Korea Free Trade Agreement", https://ustr.gov/trade-agreements/free-trade-agreements/korus-fta, 最后访问时间：2017 年 12 月 10 日。
② 参见 New Zealand Foreign Affairs and Trade, "Comprehensive and Progressive Agreement for Trans-Pacific Partnership", https://www.mfat.govt.nz/assets/Trans-Pacific-Partnership/Text/18.-Intellectual-Property-Chapter.pdf, 最后访问时间：2018 年 4 月 15 日。
③ 参见上海对外经贸大学自由贸易港战略研究院《关于建设自由贸易港的经验借鉴与实施建议》，《国际商务研究》2018 年第 1 期。

任务量相对较大。同时，基层执法人员的知识储备和专业素养不足。例如，原先的工商执法部门人员短时间内难以掌握质量技术监督、食品药品监督、知识产权等领域的专业技术。①

除探索货物、资金、人员、税收等制度创新，中国特色自由贸易港也应充分明确机构改革的可能性和可行性，促使制度创新与机构创新相协调。2018年《国务院机构改革方案》涉及外事领域的机构改革相对较少。② 目前，与自由贸易港开放措施相关的行政权仍由多个部委共享。例如，外国人流动涉及公安部、外交部、国家安全部、科学技术部等多部门的行政权。在实践中，自由贸易试验区的大量创新措施属于中央事权，自由贸易试验区只能分头向国家各部委申请，形成重复劳动，导致效率较低，③ 这也是未来自由贸易港建设应重点关注并解决的问题。

在争端解决层面，中国自由贸易港建立临时仲裁、投资仲裁等机制仍存在难题。例如，虽然最高人民法院保障自由贸易试验区"三特定"仲裁制度，④ 然而司法解释或法律适用为制度创新提供的空间非常有限。我国仲裁法规定，仲裁协议必须包括选定的仲裁机构，有权管辖申请撤销仲裁裁决案件的法院为仲裁委员会所在地的中级人民法院。然而，临时仲裁不依附于仲裁机构，若仍以仲裁机构所在地为管辖权标准，则不符合纠纷解决灵活性的要求。毫无疑问，仲裁制度和机构的创新也是探索建设中国特色自由贸易港的应有内容。

（二）进一步发挥我国自主开放政策的效用

探索实施自主开放政策是我国全面对外开放新格局的鲜明展示，也是我国坚持社会主义法治道路的实践阐释。为了解决制度性难题，中国自主

---

① 参见李林、田禾主编《中国法治发展报告（2018）》，社会科学文献出版社，2018，第135页。
② 参见《国务院机构改革方案》，http://www.gov.cn/xinwen/2018-03/17/content_5275116.htm，最后访问时间：2018年4月15日。
③ 参见李光辉《自由贸易试验区——中国新一轮改革开放的试验田》，《国际贸易》2017年第6期。
④ 参见《最高人民法院关于为自由贸易试验区建设提供司法保障的意见》（法发〔2016〕34号）。

开放政策的实施应尤为重视法治手段,通过法律机制维护、保障、巩固先进经验和开放成果。

1. 明确特殊经济区域在国内法上的法律定位

以自由贸易港为例。就自由贸易港变通适用法律而言,目前主要有三种模式:第一种模式为通过国家立法的方式确定,例如,美国等国家采用制定自由贸易区法的方法确定港区的法律地位;第二种模式为地方性立法,例如,我国经济特区享有立法权;第三种模式为中国自由贸易试验区的人大授权立法的方式,即通过全国人大常委会授权国务院作出决定。具体而言,国家立法和地方性立法的方式使规范显得过于僵化,难以满足制度创新的现实需求;全国人大常委会授权国务院作出决定的方式仍面临合法性存疑。[①] 更何况,《立法法》第8条规定,"税种的设立、税率的确定和税收征收管理等税收基本制度""基本经济制度以及财政、海关、金融和外贸的基本制度""诉讼和仲裁制度"等事项只能制定法律。由于国务院在涉及税收、财政、海关、金融、法律适用等方面没有全面行政权限,全国人大常委会授权国务院决定自由贸易港内的法律制度和规范存在授权瑕疵。本质上,自由贸易港是对全国统一适用的法律法规的暂时变通。

因此,在立法层面,对自由贸易港的法律定位应回归《立法法》。《立法法》规定,全国人大及其常委会可以决定就行政管理等领域的特定事项授权在一定期限内在部分地方暂时调整或暂时停止适用法律的部分规定。由于国务院并没有全面的权限,因此,自由贸易港的法制建设只能从地方立法的角度出发,由全国人民代表大会及其常务委员会授权地方人大及其常委会暂时调整或暂时停止适用法律的部分规定。作为地方立法机构,地方人大及其常委会具有在本地区内的全面立法权限。当然,在时机成熟时,可修订《立法法》第74条,使得自由贸易港所在省市人大及其常委会获得与经济特区所在地人大及其常委会相同的授权立法权限,进而直接通过制定自由贸易港条例的方式巩固改革成果。

在立法授权下,自由贸易港还应探索与授权立法相匹配的机构创新。

---

① 参见李猛《中国自贸区授权立法问题研究》,《甘肃政法学院学报》2017年第2期。

第六章 深化改革开放 消解美国经贸单边主义的消极影响

第一，在监管机构层面，若自由贸易港设置管理委员会，那么应理顺中央政府、地方政府和自由贸易港管理委员会之间的法律关系。针对自由贸易试验区或自由贸易港管理委员会的地位，目前存在"政府派出机构""政府派出机关""商业自治组织"等观点。[①] 本质上，管理委员会是执行某项管理职能的组织机构。从法律定位和职责来看，自由贸易港管理委员会是执行上级政府管理权力的综合性机构。例如，管理委员会可完成工商、税务、环境保护、国土资源、质量检查、海关等行政管理工作。就商业需求而言，自由贸易港管理委员会应是自我管理的组织，能够较大程度地体现商事自由和商业自治。

因此，笔者建议，自由贸易港管理委员会应作为上级政府的派出机关，受上级政府监管；同时，它又是可以自己名义对外承担法律责任的机构，实现自我制度创新。有鉴于此，在自由贸易港的机构权限分配上，中央政府拥有设立审批权；地方政府负责整体规划和监管；自由贸易港管理委员会应是自我管理的机关，并被赋予在符合法律规定下的商业自治。

第二，在监管协调层面，自由贸易港的机构创新应解决公安部、商务部、海关总署、税务总局、国家市场监督管理总局等对自由贸易港管理机构的授权和监管问题。有学者指出，自由贸易港实行"境内关外"监管模式，除了涉及国土安全和移民等部门外，港区内部可不设政府机构或仅以最小化原则设置最为简化的政府机构。[②]

然而，自由贸易港的监管模式不应以消除政府职能行使为目标，而是应在知识产权边境执法趋严的背景下，通过深化体制机制改革建立集中统一的市场监管综合执法体系，提高监管效率。市场监管综合执法体系可大幅降低行政成本，进行精准化的监管，并实现行政服务的高效性。在实践中，由于自由贸易港的改革涉及多个部门，因此应避免部门博弈造成自由贸易港发展的速度和质量的降低。

---

① 参见王丽英《论中国（上海）自由贸易试验区管委会的法律地位》，《海关与经贸研究》2015年第6期。
② 参见上海对外经贸大学自由贸易港战略研究院《关于建设自由贸易港的经验借鉴与实施建议》，《国际商务研究》2018年第1期，第11页。

因此，笔者认为，促进部门合作的方法在于建立联席工作制度，集中解决自由贸易港的政策需求。同时，市场监管综合执法体系需要配备具备专业技术、具有多方位知识的执法团队，对自由贸易港执法人员的培训也必不可少。唯有如此，中国特色自由贸易港的制度创新才能真正落地。

2. 实行符合 21 世纪经贸需求的中国自主开放政策

归根到底，中国自主开放政策的成功依赖于实体规则的创新性和吸引力。因此，中国自主开放政策应以 21 世纪经贸议题为重点内容，实现对接国际最高标准的制度设计。

(1) 税收征收。在税收征收上，我国港口税费水平相对较高，因此，我国可在自由贸易港内实行税收优惠政策。一方面，对港内企业所得税和营业税的征收应遵循增量不征税或低税的政策，即凡是没有发生在大陆境内的交易不征税或低税，实质性缩减同中国香港、新加坡等国际自由港的税收差距；另一方面，针对公司所得税、印花税、营业税、利息税、资本利得税和股息预扣税以及各种准备金的缴纳等方面，我国可考虑给予贸易企业优惠，① 进一步释放投资活力。

(2) 检验检疫与国际标准。在检验检疫上，由于中国的国家标准与国际标准的差异，很多企业选择在新加坡、中国香港办理检验检疫、原产地认证等。由于自由贸易港"境内关外"的独特地位，自由贸易港可成为国际标准在我国使用的试验田。因此，笔者建议，我国可尝试全面承认不违反我国核心价值的国际标准，将自由贸易港打造为率先采用国际标准的特殊区域，激励国内外企业在港办理国际业务。

(3) 边境执法与知识产权。由于自由贸易港涉及大量的行政监管免除事项，我国特殊经济区域管理机构应会同商务部、海关总署、税务总局、当地人民政府等部门，梳理并公布对货物及其附加产品、投资、金融等事项的"监管清单"。"监管清单"至少涉及报关、检验检疫、认证、税收等事项。在"监管清单"之外，不进行任何行政监管活动。根据国际经验，自由贸易港的监管仅涉及必要的国土安全、卫生、知识产权等违法和严重侵权活动。

---

① 参见管金平《中国市场准入法律制度的演进趋势与改革走向——基于自贸区负面清单制度的研究》，《法商研究》2017 年第 6 期。

第六章 深化改革开放 消解美国经贸单边主义的消极影响

（4）商务人员临时出入境。在人员流动上，自由贸易港内应实行商务人员的临时入境许可。一方面，我国应该尽量简化就业许可手续，对出入境仅作安全审查和移民倾向审查，避免多部门管理，鼓励专业化、技术性或服务型人员的流动；另一方面，可借鉴大数据、人工智能等实现最小化安全检查手续，提高执法效率。例如，一些国家安检机制允许入境者事先提供网络个人信息，通过网络个人信息确定入境人员的危害性与移民倾向。① 换言之，通过增加政府对企业和商务人员的电子信息和证据的获得，减少安全检查时间，促进人员流动。

3. 提升我国在经贸纠纷解决中的主导权和话语权

实体性规则有赖于公正、及时的救济制度的保障。为满足当事方更为公正高效的争端解决的需求，中国自由贸易试验区、自由贸易港应积极探索建设国际争端解决中心。

第一，中国自由贸易试验区、自由贸易港应坚持创新仲裁制度。为服务自由贸易试验区的建设，上海国际仲裁中心等仲裁机构发布了新版的自由贸易试验区仲裁规则，创新纳入开放仲裁员名册、仲裁制度第三人等制度。

笔者认为，在商事仲裁外，自由贸易港的仲裁制度可以探索投资仲裁机制。《联合国国际贸易法委员会国际商事仲裁示范法》对"商事"的界定非常宽泛，允许将投资者与东道国争端纳入其中。因此，为对接国际最高标准，可以由全国人大常委会授权在自由贸易港终止实施《仲裁法》的涉外仲裁部分，适时引入联合国示范法，更大程度提升我国在投资争议解决中的话语权。②

第二，中国自由贸易试验区、自由贸易港可设立境外仲裁机构，③ 并建立非诉争端解决中心，特别是提供网上纠纷解决通道，提升纠纷解决的速

---

① 参见 Mark Johanson, "7 Questions about TSA's PreCheck Program Answered", http://www.perma.cc/NRD7-QS52，最后访问时间：2017 年 12 月 10 日。
② 参见孙南翔《探索中国自由贸易试验区仲裁制度的创新路径》，《人民法治》2018 年第 3 期。
③ 参见李庆明《境外仲裁机构在中国内地仲裁的法律问题研究》，《环球法律评论》2016 年第 3 期。

度和能力。2015年4月国务院批准《进一步深化中国（上海）自由贸易试验区改革开放方案》后，香港国际仲裁中心、国际商会仲裁院、新加坡国际仲裁中心等境外知名仲裁机构纷纷在自由贸易试验区设立办事处。但截至2018年，上述境外仲裁机构更多还只是停留在市场推广、协助境外受理案件在大陆开庭等领域。为发展涉外法律服务业，我国应适时允许境外仲裁机构在自由贸易港开展仲裁业务。同时，在满足特定条件的前提下，我国也可允许仲裁机构适用境外法律，[1] 提升投资者在我国解决争端的信心。

第三，中国自由贸易试验区、自由贸易港的争端解决机制可对接涉"一带一路"的争端预防和解决制度。随着"一带一路"倡议的实施，投资者、项目建设者、当事人、东道国政府之间可能发生争议。[2] 作为开放新高地，自由贸易港将设立服务"一带一路"地区的涉外企业和海外企业分公司。因此，自由贸易港的争端解决机制应主动积极化解"一带一路"商贸和投资争端，实现投资领域"走出去"和"引进来"的同步发展。在自由贸易港争端解决机制建设中，应依托我国现有司法、仲裁和调解机构，吸收、整合国内外法律服务资源，建立诉讼、调解、仲裁有效衔接的多元化纠纷解决机制。

第四，通过司法监督功能确保公正的、高水平的仲裁裁决。司法是实现自由贸易试验区和自由贸易港法治化发展的必要保障。[3] 因此，自由贸易港应建立公正高效的纠纷解决机制。[4] 在自由贸易港的法治保障中，司法机关可积极确保争端解决当事人的意思自治，鼓励使用协商、斡旋、仲裁等相结合的多元化纠纷解决机制，并将中国的调解经验介绍到涉外仲裁裁决制度中。当然，若自由贸易港内的仲裁裁决违反我国根本利益或公共秩序，我国法院应及时介入，依法维护我国司法主权。

毫无疑问，当今世界，贸易保护主义倾向抬头，"去全球化"思潮涌动。中国特色自由贸易港的建设承载着中国推进形成全面开放新格局的使

---

[1] 例如，中国（广东）自由贸易试验区的前海法院曾适用中国香港特别行政区法律。
[2] 参见张晓君、陈喆《"一带一路"区域投资争端解决机制的构建》，《学术论坛》2017年第3期。
[3] 参见刘敬东、丁广宇《自贸试验区战略司法保障问题研究》，《法律适用》2017年第17期。
[4] 参见袁杜娟《上海自贸区仲裁纠纷解决机制的探索与创新》，《法学》2014年第9期。

第六章 深化改革开放 消解美国经贸单边主义的消极影响

命,更是中国为应对当前世界局势提供的方案。与中国自由贸易试验区的建设相同,中国特色自由贸易港建设应因时、因地制宜,针对不同区域的资源禀赋和比较优势,打造符合区域经济发展的开放道路。实践中,金融开放[①]、数据跨境流动自由等领域也可成为中国特色自由贸易港探索的方向。当然,作为对外开放的举措,我国享有决定自由贸易港开放领域、程度、时间表和路线图的全面自主权。毫无疑问,只有坚持符合中国国情,坚持对接国际最高标准,中国自由贸易试验区、自由贸易港才能真正成为领航新一轮经济全球化的中国智慧、中国方案和中国力量。

第三节 以"一带一路"建设为契机 创新对外经济合作模式

为应对美国经贸单边主义的威胁,我国应该在对外经贸合作上寻求新的机会。"一带一路"倡议的推进提供了良好的契机。2013年9月和10月,习近平主席分别提出共建"丝绸之路经济带"和"21世纪海上丝绸之路"的倡议,得到国际社会的广泛关注和积极响应。"一带一路"沿线国家总人口近50亿,经济总量约39万亿美元,蕴含了巨大的经济发展潜力。七年来,"一带一路"建设在全球范围取得重大进展。无论是从发展规模和覆盖范围还是从国际影响力来评价,"一带一路"已成为当前全球经济发展的主要推动力。"一带一路"倡议的核心是推动中国与沿线国家开展经济贸易、投资、金融以及基础设施建设等领域的合作,国际贸易、投资、商事、海事规则等国际法律规则应成为"一带一路"法治化体系的制度内涵。[②]

美国新互惠主义限制了"非市场经济国家"缔约的能力。为避免受美国经贸协定的影响,我国应从策略上对《美墨加协定》"自由贸易协定"概念进行狭义界定,将其视为"解决传统货物贸易规则的法律文件"。通过限缩"自由贸易协定"概念,我国可从主体、形式和内容创新出发探索国际

---

① 参见裴长洪、付彩芳《上海国际金融中心建设与自贸区金融改革》,《国际经贸探索》2014年第11期。
② 参见刘敬东《"一带一路"法治化体系构建研究》,《政法论坛》2017年第5期。

经贸合作的新模式。具体而言，第一，主体的创新。我国可授权或指导相关部委、事业单位、社会团体、商会等与其他国家对应部门和组织开展合作，以半官方或民间往来的方式推动与其他国家的经贸互动。第二，形式的创新。我国可通过签署合作备忘录、行动计划、行为倡议或软法规范等方法强化与其他国家的经贸合作，进一步抵消新一代经贸协定"非市场经济国家"规则的不利影响。第三，内容的创新。传统的自贸协定涉及范围较广，鉴于与加拿大、墨西哥等经贸往来的重点领域为农产品、能源和自然资源等，我国可就上述核心领域与相关国家签署合作协议，而无须采取自贸协定的形式，进而规避信息披露等约束。由此，"一带一路"建设能够应对美国经贸单边主义的威胁，创新国际经贸合作新模式。

一 "一带一路"建设中面临的主要风险

我国投资者在参与"一带一路"建设时，也面临风险。这些风险制约着"一带一路"的有效推进。

（一）政治风险

"一带一路"建设涵盖了东南亚、南亚、西亚、中亚、中东、中北非以及欧洲若干国家和地区，其中以新兴经济体和发展中国家居多。上述地区是当今世界安全热点问题较为集中的地区，安全形势复杂严峻。"一带一路"沿线国家和地区的政权更迭、战争、社会局势动荡、恐怖袭击等，可能会对海外员工、财产、机构和组织的正常运行造成损害。例如，2015年11月，中铁建3名高管在马里丽笙酒店遭恐怖组织枪杀。

"一带一路"沿线国家都是所谓"转型国家"，正处于新旧体制转轨期、"民主改造"探索期和社会局势动荡期。通过经济全球化，西方发达国家的宪政文化观念传播至世界各地。在此背景下，广大亚非拉地区民众的"公民意识"慢慢觉醒。然而，一些国家民主体制不健全、移植西式民主"水土不服"、旧体制惯性强大等问题突出，政权更替频繁化、政局动荡常态化，对"一带一路"的投资项目构成系统性风险。例如，2015年1月，希腊左翼激进党联盟在大选中获胜，新政府随即叫停了中国远洋运输集团对比雷埃夫斯港的股权收购进程。

（二）法律风险

法律风险主要指国际投资者由于不遵守东道国当地法律制度或其他国家次级制裁规定等所造成的非商业风险。具体有如下三个方面。

第一，中国企业承担的法律风险主要是合规风险。要使中国企业的投资行为符合东道国的法律制度要求，前提是必须熟悉这些制度。"一带一路"沿线国家的法律体系非常繁杂，至少涉及三大法系、七大法源（法律传统、法圈）。三大法系为伊斯兰法系、英美法系以及大陆法系，七大法源包括印度教法、佛教法、苏联法、东盟法、阿拉伯国家联盟法、欧盟法、WTO 法。[1] 这给中国企业熟悉当地法律制度带来了较大困难。

第二，中国企业亦可能遭遇法律变动风险。"一带一路"沿线发展中国家法律不够健全和完善，这可能会极大地增加企业面临的投资风险和成本。同时，法律风险还表现在中国国内投资法制尚不够健全，严重滞后于实践发展的需要，譬如目前中国与企业"走出去"相配套的有关投资促进保护与管理方面的法律法规并不十分有效和明确。

第三，中国企业还可能因为在"一带一路"某些国家的投资触发美国单边禁止的经贸规定，而遭受美国等发达国家的二级制裁。例如，中兴在伊朗的经贸活动因违背美国出口管制法、国际武器管制条约等而遭受制裁。

（三）社会风险 [2]

1. 文化冲突

文化差异向来被视为构成投资领域法律外障碍的重要因素。由于语言障碍，我国海外投资者鲜能全面了解东道国的文化传统。以缅甸水电站项目为例，克钦人将密松视为文明发祥地，"二水环山"的密松河曲形象在当

---

[1] 参见何佳馨《"一带一路"倡议与法律全球化之谱系分析及路径选择》，《法学》2017年第6期。
[2] 参见张晓君、孙南翔《企业海外投资的非政府性障碍及中国的对策研究》，《现代法学》2016年第1期。

地民众心目中具有崇高的地位。当地民众反对密松水电站开工建设的理由包括项目建设将摧毁克钦本地文化、改变缅甸民众与河流相伴而生的传统文化。文化与民众日常生活休戚相关，在宗教国家中，相当一部分人还将宗教文化视为毕生的信仰。在海外投资过程中，中资企业由于缺乏对当地传统文化的关注和重视，不仅导致当地民众的内心反感，还会直接引发民众对企业的抗议行动。

2. 当地"经济贡献"

由于投资活动的跨国性以及设立企业的形式差异，当地民众对他国投资者的认同感普遍较低。若投资企业未能有力地推动地方经济发展，促进当地居民的就业，在贸易保护主义思想的鼓动下，民众经常会认为外国投资者是在抢夺本国资源，外国人会抢占本国人的工作岗位。我国对发展中国家的投资多是能源开发和基础建设工程承包等项目，主要输出资本和技术，属于资源密集型和资本密集型产业。由于产业特性，当地民众的从业人员覆盖面较窄。同时，在海外投资中，中资企业多组成国内项目团，由多家国内企业共同控股，而较少与当地企业进行联合。例如，在墨西哥高铁投标中，中铁建公司牵头数家中资企业远赴墨西哥建设高铁。当地"经济贡献"不足易引发民众滋生对中资企业的不满情绪。

3. 环境问题

在"一带一路"建设中，基础设施和能源领域始终是中国与沿线国家合作的优先领域，基础设施建设和能源开发又是生态环境风险的高发领域，面临可持续发展的严峻考验。从地域上看，陆上丝绸之路经过欧亚大陆腹地，是全球生态问题突出地区之一，而海上丝绸之路沿岸国家大多是发展中国家，同中国一样正面临发展带来的环境污染困扰，"一带一路"沿线国家整体上分散在环境脆弱地区。

自然资源开发具有收益高、环境敏感和经济利益冲突等特点，甚至在一些非洲国家，自然资源还曾引发国内战争或武装冲突。自2010年7月起，我国取代美国成为全球最大的能源消耗国。相应地，我国经济对原材料需求旺盛，众多中资企业在世界范围内以获取资源为目的寻找合适的厂址，其所获资源多数直接服务于我国经济发展。我国投资者在发展中国家遭遇的抗议也集中反映在能源投资领域。具体来说,遭抗议的投资领域主要分布在水利工程、采矿业、制造业和基础工程建设等行业。部分东道国民众认定中资企业开采资源是为了转嫁污染和环境治理成本,对当地的生态环境构成了威胁。环境保护威胁是引发中资企业非政府性障碍的主要形式。

4. 劳工关系

由于我国劳工制度与其他发展中国家的劳工制度存在差异,中资企业在海外投资中不擅长应对和解决海外投资中的劳工问题。因此,劳工关系在一定程度上加剧了中资企业与东道国民众间的矛盾。少数中资企业与当地劳动者之间的劳动争议时有发生,稍有差池就容易导致群体性行为,如罢工、游行等。国外的工会组织大多能影响企业的日常经营活动,甚至在劳动者罢工、抗议活动中发挥着举足轻重的作用,然而,多数中资企业未能与当地工会等组织搭建起有效沟通的平台。同时,国外的非政府组织经常在各大抗议事件中扮演主要角色,而中资企业也很少与相关的非政府组织沟通。在实践中,简单的劳工纠纷时常演变为具有巨大影响的抗议事件。

二 "一带一路"建设中的制度性框架与升级路径

2018年6月23日,习近平总书记在中央外事工作会议上指出,我国对外工作要牢牢把握服务民族复兴、促进人类进步这条主线。在新时代,根据这条主线,解决"一带一路"建设中的制度性问题,有如下建议。

(一) 积极提供"一带一路"涉外法律服务

在国外反倾销、反补贴、反垄断中,我国国有企业由于与政府的关系较为密切,非常容易被视为涉嫌从事违反倾销、补贴规则的行为。在实践中,我国法律实务部门、律师等可建议通过法律方式阻断国有企业和政府的关联证明,包括做好相关企业证据收集和保存工作。例如,美国商务部将我国商业银行认定为公共机构的依据之一是"美国商务部并未收到任何以完整流程形式记录行业贷款的申请、发放和评估的证据"。由此,证据资料准备不充分可能加大我国企业面临不利调查结果的风险,更容易受到美国经贸单边主义政策的影响。

近年来,随着跨国公司数量的增加,企业社会责任问题愈加受到关注。通过将企业视为"公民",作为"拟制人"的企业即可承担服务社会的功能。由此,在实践中,企业经营者的伦理责任和慈善责任应与经济责任、法律责任同步。

(二) 构建"一带一路"海外投资保险制度

国际投资担保的国内法制度,主要是指海外私人直接投资保险制度。目前,我国承保海外投资保险的机构是中国出口信用保险公司(以下简称"中信保"),其承保的风险范围涵盖汇兑限制、征收、战争及政治暴乱等。中国企业在"一带一路"沿线国家进行投资时,可以向其申请保险。投资过程中如果发生承保的政治风险并造成投资者的投资损失,该机构予以代位赔偿。

然而,据"中信保"官网统计,2016年中信保总承保金额为4731.2亿美元,其中,中长期出口信用保险新增承保金额226.1亿美元,短期出口信用保险承保金额3752.4亿美元。海外投资保险承保金额426.5亿美元,只占承保总额的9.01%。因此,"中信保"主要业务是"出口信用保险",而不是"海外投资保险"。按《2017年世界投资报告》公布的中国2016年1830亿美元对外投资总额计算,获得"中信保"承保的只占23.31%。[①] 由此可见,随着美国经贸单边主义政策的实施,特别是对中国企业的投资限

---

① 具体原因如下:第一,海外投资保险属政策性保险,我国《保险法》只调整商业保险,未涉及海外投资保险制度。海外投资保险制度与国内《保险法》中的商业保险区别较大,限制了海外投资保险业务的发展。第二,"中信保"的"海外投资保险合同"将其承保的风险分为基本政治风险及附加险。基本政治风险包括汇兑限制、征收、战争及政治暴乱;附加险包括营业中断(仅适用股权投资)和政府违约等。这些险种的内涵和外延不明确,缺乏可操作性。第三,在双边投资协定中,未明确国家特定机构与保险公司具有代位求偿权。多数双边投资协定(以下简称"BITs")将缔约国"代位机构"表述为"缔约国一方或其代表机构",即实施代位权的机构既可以是投资者母国政府职能部门,也可以是其授权的保险公司,留有选择余地。有些BITs把代位机构固定为"担保人、保险人"。如果我国海外投资保险制度采用"申保分离"模式,"审批机构"和"业务机构"都可以成为代位权实施主体,这种在BITs中把代位机构限定为"保险人"的约定直接排除了"审批机构"可能的代位资格,未能为将来的海外投资保险立法留有余地。参见王军杰《论"一带一路"沿线投资政治风险的法律应对》,《现代法学》2018年第3期。

制或次级制裁，我国应尽快构建"一带一路"海外投资保险制度，消除企业投资的后顾之忧。

（三）创建司法互助与互惠机制解决"一带一路"多元法治难题

成功的争端解决机制离不开高效、便利的司法合作与协助机制。"一带一路"沿线国家文化传统不同，法律制度各异，横跨大陆法系、英美法系、伊斯兰法系等世界三大法系，这就需要在"一带一路"沿线国家间开展并推动司法合作与协助，确保争端解决的最终成果落到实处，确保法律机制的明确性和可预见性。目前，我国司法部与100多个国家的司法部门进行联系。进一步地，我国还应该通过订立司法合作互助协定，与"一带一路"沿线国家开展司法合作，解决"一带一路"多元法治问题，以司法方式最大程度维护投资者的合法投资利益。

传统上，根据《中华人民共和国民事诉讼法》第281条和第282条的规定，外国法院判决在中国得到承认与执行就必须以存在国际公约、双边司法协助条约或者互惠为前提条件，还不能违反中国的基本法律原则、主权、安全和社会公共利益。2015年，我国《最高人民法院关于人民法院为"一带一路"建设提供司法服务和保障的若干意见》（法发〔2015〕9号）提出，应根据国际司法合作交流意向、对方国家承诺将给予我国司法互惠等情况，适当考虑由我国法院先行给予对方国家当事人司法协助，积极倡导并逐步扩大国际司法协助范围。由此，我国从事实上的互惠要求转向推定互惠。然而，当前问题在于大多数"一带一路"国家并未与我国实行同等的推定互惠制度。例如，我国民商事判决无法在俄罗斯得到承认和执行，这也导致我国投资者利益受损。因此，未来的司法合作、司法协助、民商事判决承认与执行仍任重道远。

（四）以升级中国区域贸易协定与双边投资协定的方式推动企业"走出去"

2008～2010年，亚洲开发银行曾专门对东亚6个国家的外贸企业展开问卷调查，结果显示，仅有约 28% 的受访企业利用过自贸协定关税优惠。①2015 年中国国际贸易促进委员会有关负责人指出，中国企业对中国—东盟自贸协定的利用率不足 17%。② 中国区域贸易协定与双边投资协定的利用率有待提高。

虽然《外国投资风险审查现代化法》等对中国企业海外投资构成潜在威胁并增加了额外的交易成本，但是毫无疑问，中国企业仍要将西方国家作为重要的目标市场。西方国家具有市场化程度高、营商环境好、具有先进技术和管理经验等优势，本质上，中国企业仍具有在西方市场获得短期盈利或长期竞争力的巨大利益。为此，中国应积极以升级中国区域贸易协定与双边投资协定的方式推动企业"走出去"。

当前，区域经贸协定是全球贸易治理机制的重要内容。为抗衡美国对中国的"规锁"，③ 中国应推动《区域全面经济伙伴关系协定》的签署以及《中日韩自由贸易协定》等的谈判并以此为模板，构筑数字贸易、对外投资和数据治理的中国范本，在法律上、舆论上和策略上应对美式范本的挑战。此外，中国与众多国家签署双边投资协定，并与德国、荷兰、葡萄牙、西班牙等主要国家在近 10 年内重新商签新协定。因此，一方面，中国要积极利用国民待遇、最惠国待遇和公平公正待遇主张中国投资者的合法利益；另一方面，中国也应积极推进中美、中欧等重要的双边投资协定谈判。在双边投资协定谈判中，我国可建议对安全及公共秩序审查作出具体安排，特别是界定并梳理安全和公共利益的核心内容，并通过强化安全审查的透明度和程序公正要求，避免东道国投资安全审查对中国投资者造成不利影响。特别是中国也可借鉴经济合作与发展组织对外国投资审查的四项指导

---

① 之所以出现上述情况，除了原产地证书耗费的时间和行政成本外，还有诸如最惠国税率与自贸协定优惠税率差距不大、出口加工区等其他优惠政策对自贸协定的淡化等原因。参见〔日〕河合正弘、〔英〕加乃山·维格那拉加主编《亚洲的自由贸易协定：企业如何应对》，王震宇等译，社会科学文献出版社，2012，第 40~50 页。
② 参见陈悦、张珊珊《专家指中国企业自贸协定利用率偏低 要用好原产地优惠》，中国新闻网，http：//www.chinanews.com/cj/2015/04-30/7246464.shtml，最后访问时间：2018 年 3 月 18 日。
③ 参见张宇燕、冯维江《从"接触"到"规锁"：美国对华战略意图及中美博弈的四种前景》，《清华金融评论》2018 年第 7 期，第 24~25 页。

第六章　深化改革开放　消解美国经贸单边主义的消极影响

规范,即非歧视性、透明度/可预测性、规制比例性和可负责性,[1] 以此获得公正合理的待遇。

本章小结

中国已经成为世界经济的压舱石。随着在世界经济中的地位不断提升,中国必将更加积极地参与全球治理,并代表新兴经济体和广大发展中国家争取更大的话语权。习近平主席强调:"在国际社会中,法律应该是共同的准绳,没有只适用他人、不适用自己的法律,也没有只适用自己、不适用他人的法律。适用法律不能有双重标准。我们应该共同维护国际法和国际秩序的权威性和严肃性,各国都应该依法行使权利,反对歪曲国际法,反对以'法治'之名行侵害他国正当权益、破坏和平稳定之实。"[2]

无疑,相互依赖的世界需要更多的国际机制。[3] "一带一路"建设、打造人类命运共同体、运行亚洲基础设施投资银行等中国方案及时地补充着现有的多边机制,促进全球各国人民共同发展。从根本上,在应对美国去多边化主义的挑战时,中国应积极利用国内国外两个市场,统筹使用国内法和国际法,切实解决人类发展之困,以实际行动超越"修昔底德陷阱"。

---

[1] 参见 OECD, "Guidelines for Recipient Country Investment Policies Relating to National Security", https://www.oecd.org/daf/inv/investment-policy/43384486.pdf, 最后访问时间:2019 年 3 月 7 日。

[2] 习近平:《弘扬和平共处五项原则 建设合作共赢美好世界——在和平共处五项原则发表 60 周年纪念大会上的讲话》,《人民日报》2014 年 6 月 29 日,第 2 版。

[3] 参见〔美〕罗伯特·基欧汉、约瑟夫·奈《权力与相互依赖》,门洪华译,北京大学出版社,2012,第 324~325 页。

结 论

正如塞缪尔·亨廷顿指出的，全球文明间战争的避免有赖于世界领袖接受并合作维持全球政治的多元文明性质。[①] 人类正在进入一个不同文明必须学会在和平交往中共同生活的时代，相互学习，研究彼此的历史、理想、艺术和文化，丰富彼此的生活。否则，在这个拥挤不堪的窄小世界里，便会出现误解、紧张、冲突和灾难。[②] 作为贸易文明的最大公约数，中国和美国应该以 WTO 协定为基础，解决认识分歧。在回应中美贸易争端关切时，美国应以多边贸易规则为基础进行理性对话和磋商，而非采取单边主义的措施。中国也应在国际法和国内法授权的范围内寻求合法的应对措施。作为世界上最为重要的发展中国家和发达国家，中国和美国应该携手共同营造尊法、守法、用法、护法的负责任大国形象。

正如习近平主席强调的："要奉行双赢、多赢、共赢的新理念，扔掉我赢你输、赢者通吃的旧思维。"[③] 中国外交部发言人指出，中国的创新成就一不靠偷，二不靠抢，而是 13 亿多中国人民靠智慧和汗水奋斗出来的。[④] 美国单方面指责中国的说法于法无据，更不具有合理性。美国应该抛弃不当的互惠要求，本着互利共赢的理念开展真诚的磋商和谈判。毫无疑问，只要中美双方本着互利共赢的理念，中美经贸合作的前景将足够宽广。

[①] 参见〔美〕塞缪尔·亨廷顿《文明的冲突》，周琪等译，新华出版社，2017，第 381 页。
[②] 参见 Lester Pearson, *Democracy in World Politics*, Princeton University Press, 1955, pp. 83-84。
[③] 习近平:《携手构建合作共赢新伙伴 同心打造人类命运共同体——在第七十届联合国大会一般性辩论时的讲话》,《人民日报》2015 年 9 月 29 日，第 2 版。
[④] 参见《2018 年 3 月 23 日外交部发言人华春莹主持例行记者会》，http://www.fmprc.gov.cn/web/fyrbt_673021/t1544956.shtml，最后访问时间：2018 年 5 月 6 日。

结 论

第一，从国际法角度解决美国经贸单边主义问题。

例如，就《美墨加协定》非市场经济国特殊规则而言，正如 WTO 上诉机构所主张的，不能把 WTO 法与国际法物理隔离起来（clinical isolation）。[①] 实践中，整个国际贸易法体系都是在国际公法层面运转的，不管是 WTO 法还是区域贸易协定，都是国际法的一个组成部分，或者说是一个部门。在国际法层面，《美墨加协定》"毒丸"条款等规则的合法性值得商榷。

任何一个国家不应不合法地以国内法和区域贸易协定约束多边贸易规则的效力。基于此，作为最大的发展中国家，中国应联合其他可能受歧视待遇影响的国家纠正《美墨加协定》中的错误规定，并公开其违法性。在实践中，受影响的国家可以考虑在 WTO 提起针对《美墨加协定》违法条款的申诉，以合法的手段维护发展的权利。若《美墨加协定》缔约方限制中国自贸协定的谈判，那么在尚未有效解决分歧的前提下，中国还可通过签署合作备忘录、行动计划或其他软法规范等方法探索创新国际合作机制。

第二，积极回应美国对中国所谓"非市场经济国"的不当指责。

在加入 WTO 谈判时，由于美国的强烈要求，《中国加入世界贸易组织议定书》承诺了一些超 WTO 义务，例如《中国加入世界贸易组织议定书》第 15（d）条。该条款规定其将在中国加入 WTO 15 年后终止，然而美欧至今仍未承认中国的市场经济地位，并在其立法和司法实践中继续将中国视为非市场经济国家或"市场严重扭曲"国家。[②] 根据《美墨加协定》规定，中国将难以与美国、墨西哥或加拿大启动区域贸易协定的谈判。近期，美国更是认为中国非市场经济规则是威胁 WTO 的核心理由。

实际上，在"复关"和"入世"谈判中，中国实行社会主义市场经济制度已得到美国等国家的认可，并因此在《中国加入世界贸易组织议定书》中实现了谈判方与中国权利和义务的平衡。WTO 并没有对非市场经济成员

[①] 参见 Appellate Body Report, "United States — Standards for Reformulated and Conventional Gasoline", WT/DS2/AB/R, 20 May 1996, p. 17。

[②] 参见 European Commission, "Commission Staff Working Document on Significant Distortions in the Economy of the People's Republic of China for the Purposes of Trade Defence Investigations", http://trade.ec.europa.eu/doclib/docs/2017/december/tradoc_156474.pdf, 最后访问时间：2018 年 5 月 6 日。

进行定义，而只是明确各市场主体的公平竞争权利。一国规制措施本身体现了作为集体的国家的观念与偏好，WTO 协定并不能强制成员更改其偏好。因此，中国市场经济地位无须得到任何国家的单边承认，中国市场经济的发展模式应由中国的国情决定。事实上，中国经济已基本成为市场经济，主要表现在：中国所有制结构的重大变化与企业市场主体地位的确立，绝大多数商品和服务的价格已经由市场决定，劳动力就业已经完全由市场供求关系决定，以及要素市场的发育很大程度上已经由市场配置。由此，中国应积极回应其他国家对中国所谓"非市场经济国"的指责，以改革开放的成果反驳西方少数国家的不实言论。

综上所述，国际贸易协定不存在对市场经济体制的定义与标准。当前，美国、欧盟等采取国内法或联盟法的方法界定市场经济体制，其合法性受到质疑。在实践中，美国标准和欧盟标准也不一致。因此，实际上，对市场经济体制的界定本身是话语权之争。有鉴于此，我国政府可支持并引导相关科研院校等拟定一套市场经济体制的评价体系，并由商务部适时发布市场经济体制的中国标准，进而从舆论上阐明《美墨加协定》"非市场经济国家"认定的不当性。

国有企业是市场经济体制中的核心关切。《美墨加协定》中的竞争中立规则本质上并非中性的，它限制了国有企业的发展权。实践中，不管是世贸组织还是经济合作与发展组织，它们对国有企业的约束都是从竞争行为本身进行规制，重点在于维护公平的竞争条件。因此，针对其他国家对国有企业的关切，我国可主动认同经济合作与发展组织关于国有企业透明度规则的主张，提倡从规范国有企业行为出发维护和完善国内外市场的竞争条件。

第三，用法治的理念维护中国与其他国家的经贸关系。

虽然中国市场经济模式并不为 WTO 协定所约束，但是中国市场经济体制的具体制度受到 WTO 协定和区域贸易协定的约束。本质上，虽然任何国家都有权利选择适合其自身国情的经济制度，但这并不意味着中国将会实行贸易保护主义措施。根据 WTO 协定，中国政府以及行使政府职能的国有企业均不应以违背 WTO 协定的方式扭曲市场。在实践中，WTO 上诉机构反复强调，政府不应该以影响竞争条件的方式扭曲市场。① 基于此，中国市场经济的发展应以坚持维持和发展公平的市场经济条件为基础。

中国未来的经济体制改革应坚持市场取向，建立自由的企业制度和竞争性的市场体系是改革成功的关键。② 中共十八届三中全会作出的《中共中央关于全面深化改革若干重大问题的决定》明确提出，经济体制改革的核心问题是处理好政府和市场的关系。其中，经济体制改革的重要方向是明确市场在资源配置中起决定性作用。本质上，中国社会主义市场经济体制与产权保护、政企分离、自由竞争并不相悖。因此，中国应根据既定的路线图、时间表推进国内的经济体制改革，并坚持对外开放，推动形成全面开放新格局。中国不应为应对美国的战略遏制而放缓自身改革开放的步伐。发展才是硬道理。推动全球化不仅有利于中国的发展，更有利于世界各国人民团结一心，构建更加紧密的命运共同体。由此，在应对美国单边主义挑战时，中国应紧密联合其他国家，坚定维护多边贸易机制，发出捍卫全球化的时代强音。

第四，中国应坚定不移地维护国际法治的权威性。

作为最大的发达国家和发展中国家，美国和中国应通过善意协商的方式，通过国际法治解决彼此的关切。从根本上，WTO 以及区域贸易协定所应实现的目标是保障公平的竞争条件，而非对特定国家或特定实体规定歧视待遇。

在国内改革层面，中国与其他文明开放的国家相似，在支持贸易发展的同时，也用法治的手段理顺政府和市场的关系，实现产权保护，并打造公平竞争的营商环境。③

中国已经成为世界经济的压舱石。随着在世界经济中的地位不断提升，中国必将更加积极地参与全球治理，并代表新兴经济体和广大发展中国家争取更大的话语权。当然，这并不意味着中国要寻求霸主国家地位及其蕴

---

① 参见 Appellate Body Report, "Korea — Various Measures on Beef", WT/DS169/AB/R, 11 December 2000, p.43.
② 参见吴敬琏《当代中国经济改革教程》，上海远东出版社，2010，第409~410页。
③ 参见李林主编《中国依法治国二十年（1997—2017）》，社会科学文献出版社，2017，第205~225页。

涵的全球公共品供给者的主导地位。① 中国向来是国际贸易法治化的支持者、捍卫者。正如习近平总书记强调的，在国际社会中，法律应该是共同的准绳。我们应该共同维护国际法和国际秩序的权威性与严肃性，反对歪曲国际法，反对以"法治"之名行侵害他国正当权益、破坏和平稳定之实。② 无疑，相互依赖的世界需要更多的国际机制。③ 推行"一带一路"倡议、打造人类命运共同体、创建亚洲基础设施投资银行等中国方案及时且有效地补充着现有的多边机制，促进全球各国人民共同发展。从根本上，为应对美国逆全球化主义和单边措施的挑战，中国应与所有爱好和平和发展的国家及其人民一起高举国际法治的旗帜，坚定捍卫多边经贸机制。

---

① 参见蔡昉《金德尔伯格陷阱还是伊斯特利悲剧？——全球公共品及其提供方式和中国方案》，《世界经济与政治》2017年第10期，第4页。
② 参见习近平《弘扬和平共处五项原则 建设合作共赢美好世界——在和平共处五项原则发表60周年纪念大会上的讲话》，《人民日报》2014年6月29日，第2版。
③ 参见〔美〕罗伯特·基欧汉、约瑟夫·奈《权力与相互依赖》，门洪华译，北京大学出版社，2012，第324~325页。

参考文献

一 中文文献

〔德〕卡尔·拉伦茨：《法学方法论》，陈爱娥译，商务印书馆，2003。

〔美〕阿尔伯特·O. 赫希曼：《退出、呼吁与忠诚——对企业、组织和国家衰退的回应》，卢昌崇译，经济科学出版社，2001。

〔美〕戴伦·霍金斯等：《国际组织中的授权与代理》，白云真译，上海人民出版社，2015。

〔美〕杰克·戈德史密斯、埃里克·波斯纳：《国际法的局限性》，龚宇译，法律出版社，2010。

〔美〕肯尼思·N. 华尔兹：《人、国家与战争——一种理论分析》，倪世雄等译，上海译文出版社，1991。

〔美〕罗伯特·基欧汉、约瑟夫·奈：《权力与相互依赖》，门洪华译，北京大学出版社，2012。

〔美〕塞缪尔·亨廷顿：《文明的冲突》，周琪等译，新华出版社，2017。

〔美〕约瑟夫·E. 斯蒂格利茨：《让全球化造福全球》，雷达等译，中国人民大学出版社，2013。

〔日〕山口重克主编《市场经济：历史·思想·现在》，张季风等译，社会科学文献出版社，2007。

〔英〕安德鲁·朗：《世界贸易法律和新自由主义：重塑全球经济秩序》，王缙凌等译，法律出版社，2016。

〔英〕亚当·斯密：《国民财富的性质和原因的研究》（下卷），郭大力等译，商务印书馆，2016。

〔美〕布鲁斯·阿克曼：《我们人民：宪法的变革》，孙文恺译，法律出版社，2009。

〔法〕M.维拉利：《国际法上的善意原则》，刘昕生译，《国外法学》1984年第4期。

安佰生：《WTO安全例外条款分析》，《国际贸易问题》2013年第3期。

蔡昉：《金德尔伯格陷阱还是伊斯特利悲剧？——全球公共品及其提供方式和中国方案》，《世界经济与政治》2017年第10期。

蔡昉：《中国改革成功经验的逻辑》，《中国社会科学》2018年第1期。

蔡金荣：《授权国务院暂时调整法律实施的法理问题——以设立中国（上海）自由贸易试验区为例》，《法学》2014年第12期。

曾令良：《论诚信在国际法中的地位和适用》，《现代法学》2014年第4期。

程恩富、谢长安：《"历史终结论"评析》，《政治学研究》2015年第5期。

达巍：《美国对华战略逻辑的演进与"特朗普冲击"》，《世界经济与政治》2017年第5期。

戴慧：《再看关乎贸易的中国市场经济地位问题》，《中国经济时报》2018年7月30日，第5版。

房东：《对"文本"的扬弃：WTO条约解释方法的一种修正——以服务贸易具体承诺表的解释为分析起点》，《法律科学》2011年第3期。

顾宾：《论WTO稀土案裁决报告的明显失误和亟宜纠正》，《国际经济法学刊》2015年第3期。

管金平：《中国市场准入法律制度的演进趋势与改革走向——基于自贸区负面清单制度的研究》，《法商研究》2017年第6期。

韩逸畴：《退出，呼吁与国际法的演化和发展——基于阿尔伯特·赫希曼的理论视角》，《法律科学》2015年第2期。

何志鹏：《"WTO法是模范国际法"的语义分析与现实观察》，《国际经济法学刊》2015 年第 3 期。

何志鹏：《国际法治：一个概念的界定》，《政法论坛》2009 年第 4 期。

侯洵直：《国际条约对第三国的效力问题》，《政治与法律》1986 年第 5 期。

胡加祥等：《上海自贸区成立三周年回眸》（制度篇），上海交通大学出版社，2016。

金卫星：《中美经贸关系的历史轨迹（1979—2016）》，《美国研究》2018 年第 4 期。

李丹：《"去全球化"：表现、原因与中国应对之策》，《中国人民大学学报》2017 年第 3 期。

李光辉：《自由贸易试验区——中国新一轮改革开放的试验田》，《国际贸易》2017 年第 6 期。

李凯杰：《中国自由贸易试验区向自由贸易港转变研究》，《国际经济合作》2017 年第 12 期。

李林主编《中国依法治国二十年（1997—2017）》，社会科学文献出版社，2017。

廖丽：《"一带一路"争端解决机制创新研究——国际法与比较法的视角》，《法学评论》2018 年第 2 期。

刘敬东：《"市场经济地位"之国际法辨析——〈加入议定书〉与中国"市场经济地位"》，《国际经济法学刊》2015 年第 1 期。

刘敬东：《WTO 法律制度中的善意原则》，社会科学文献出版社，2009。

刘岳川：《投资美国高新技术企业的国家安全审查风险及法律对策》，《政法论坛》2018 年第 6 期。

刘中伟、沈家文：《跨太平洋伙伴关系协议（TPP）：研究前沿与架构》，《当代亚太》2012 年第 1 期。

裴长洪、付彩芳：《上海国际金融中心建设与自贸区金融改革》，《国际经贸探索》2014 年第 11 期。

裴长洪、刘洪愧：《习近平经济全球化科学论的学习与研究》，《经济学动态》2018 年第 4 期。

裴长洪：《法治经济：习近平社会主义市场经济理论新亮点》，《经济学动态》2015 年第 1 期。

彭德雷：《2016 年后的"非市场经济地位"——争论、探究与预判》，《国际贸易问题》2015 年第 6 期。

齐飞：《WTO 争端解决机构的造法》，《中国社会科学》2012 年第 2 期。

曲波：《禁反言在国际法中的适用——以领土争端案为例》，《法学杂志》2014 年第 8 期。

沈铭辉：《"竞争中立"视角下的 TPP 国有企业条款分析》，《国际经济合作》2015 年第 7 期。

盛斌：《中国自由贸易试验区的评估与展望》，《国际贸易》2017 年第 6 期。

石广生主编《中国加入世界贸易组织谈判历程》，人民出版社，2011。

孙南翔、张晓君：《论数据主权——基于虚拟空间博弈与合作的考察》，《太平洋学报》2015 年第 2 期。

孙南翔：《美国经贸单边主义：形式、动因与法律应对》，《环球法律评论》2019 年第 1 期。

孙南翔：《WTO 体制下国内治理的"正当程序"规则研究》，《国际经济法学刊》2014 年第 1 期。

孙南翔：《裁量余地原则在国际争端解决中的适用及其拓展》，《国际法研究》2018 年第 4 期。

孙南翔：《互联网规制的国际贸易法律问题研究》，法律出版社，2017。

孙南翔：《论"发展的条约解释"及其在世贸组织争端解决中的适用》，《环球法律评论》2015 年第 5 期。

孙南翔：《〈美墨加协定〉对非市场经济国的约束及其合法性研判》，《拉丁美洲研究》2019 年第 1 期。

孙南翔：《超越先例作用力：基于 WTO 争端解决实践的研究》，《武大国际法评论》2015 年第 1 期。

孙南翔：《从限权到赋权：面向未来的互联网贸易规则》，《当代法学》2016年第5期。

孙南翔：《国家安全例外在互联网贸易中的适用及展开》，《河北法学》2017年第6期。

孙南翔：《唤醒装睡的美国：基于美国对华单边贸易救济措施的分析》，《国际经济法学刊》2018年第3期。

孙南翔：《跨区域贸易安排的勃兴与中国的因应》，《汕头大学学报（人文社会科学版）》2015年第2期。

孙南翔：《认真对待"互联网贸易自由"与"互联网规制"——基于WTO协定的体系性考察》，《中外法学》2016年第2期。

孙振宇：《WTO多哈回合谈判中期回顾》，人民出版社，2005。

田丰：《解决中美贸易争端的探讨》，《国际经济合作》2017年第9期。

田珍：《中国建设自由贸易港的战略意义与发展措施》，《国际经济合作》2017年第12期。

王贵：《论我国公平竞争审查制度构建的基准与进路》，《政治与法律》2017年第11期。

王浩：《特朗普政府对华战略调整的双重逻辑及其互动》，《世界经济与政治》2018年第3期。

王衡：《WTO服务贸易承诺减让表之解释问题研究——以"中美出版物和视听产品案"为例》，《法商研究》2010年第4期。

王建文、张莉莉：《论中国（上海）自由贸易试验区金融创新的法律规制》，《法商研究》2014年第4期。

文洋：《WTO改革：新压力与新机遇》，《学习时报》2018年12月17日，第2版。

吴敬琏：《当代中国经济改革教程》，上海远东出版社，2010。

吴文成：《组织文化与国际官僚组织的规范倡导》，《世界经济与政治》2013年第11期。

吴文芳：《上海自贸试验区的人员自由流动管理制度》，《法学》2014年第3期。

吴志成、吴宇:《逆全球化的演进及其应对》,《红旗文稿》2018年第3期。

向立力:《中国公平竞争审查制度的理论梳理、制度基础与机制完善》,《法治研究》2017年第3期。

谢海定:《中国法治经济建设的逻辑》,《法学研究》2017年第6期。

熊洁、万容:《从北美自由贸易协定到美墨加三国协定》,《学习时报》2018年10月29日,第2版。

徐树:《国际投资仲裁中滥诉防范机制的构建》,《法学》2017年第5期。

薛力:《是"全球化中的涡流"而非"逆全球化"》,《世界知识》2018年第23期。

杨国华:《为什么WTO是模范国际法》,《国际商务研究》2016年第6期。

尹继武、郑建君、李宏洲:《特朗普的政治人格特质及其政策偏好分析》,《现代国际关系》2017年第2期。

余南平:《中国自由贸易港建设:定位与路径》,《探索与争鸣》2018年第3期。

袁杜娟:《上海自贸区仲裁纠纷解决机制的探索与创新》,《法学》2014年第9期。

袁鹏:《四百年未有之变局:中国、美国与世界新秩序》,中信出版集团,2016。

张乃根:《反思WTO法:二十年及未来——兼评"WTO法是模范国际法"》,《国际经济法学刊》2015年第3期。

张宇燕、冯维江:《从"接触"到"规锁":美国对华战略意图及中美博弈的四种前景》,《清华金融评论》2018年第7期。

张宇燕、高程:《美国行为的根源》,中国社会科学出版社,2016。

张月姣:《亲历世界贸易组织上诉机构》,社会科学文献出版社,2017。

赵建文:《条约法上的善意原则》,《当代法学》2013年第4期。

赵瑾:《全球化与经济摩擦——日美经济摩擦的理论与实证研究》,商务印书馆，2002。

赵柯：《试论大国经济外交的战略目标——美国经济外交与大英帝国的崩溃》，《欧洲研究》2014年第4期。

赵龙跃编著《制度性权力：国际规则重构与中国策略》，人民出版社，2016。

赵维田：《中国入世议定书条款解读》，湖南科学技术出版社，2005。

赵维田等：《WTO的司法机制》，上海人民出版社，2004。

左海聪、林思思：《2016年后反倾销领域中国（非）市场经济地位问题》，《法学研究》2017年第1期。

二　外文文献

A. Von Bogdandy, I. Venzke, *In Whose Name? A Public Law Theory of International Adjudication*, Oxford University Press, 2014.

Albert O. Hirschman, *Exit, Voice and Loyalty: Responses to Decline in Firms, Organizations, and States*, Harvard University Press, 1970.

Alberto Alvarez-Jimenez, "The WTO Appellate Body's Decision-Making Process: A Perfect Model for International Adjudication?", *Journal of International Economic Law*, Vol. 12, 2009.

Alexander M. Feldman, "Evolving Treaty Obligations: A Proposal for Analyzing Subsequent Practice Derived from WTO Dispute Settlement", *N. Y. U Journal of International Law and Politics*, Vol. 41, 2009.

Alisha Husain, "Framing the International Standard on the Global Flow of Information on the Internet", *Interdisciplinary Journal of Human Rights Law*, Vol. 3, 2008.

Amitav Acharya, "How Ideas Spread: Whose Norms Matter? Norm Localization and Institutional Change in Asian Regionalism", *International Organization*, Vol. 58, 2004.

Andreas Kulick, *Reassertion of Control over the Investment Treaty Regime*, Cambridge University Press, 2017.

Andrew Emmerson, "Conceptualizing Security Exceptions: Legal Doctrine or Political Excuse?", *Journal of International Economic Law*, Vol. 11, No. 1, 2008.

Andrew Kent, "Disappearing Legal Black Holes and Converging Domains: Changing Individual Rights Protection in National Security and Foreign Affairs", *Columbia Law Reivew*, Vol. 115, 2015.

Andrew Legg, *The Margin of Appreciation in International Human Rights Law: Deference and Proportionality*, Oxford University Press, 2012.

Bernard Hoekman, "Carlos A. Primo Braga, Protection and Trade in Services: A Survey", *Open Economies Review*, Vol. 8, 1997.

Bernard Hoekman, "Proposals for WTO Reform: A Synthesis and Assessment", *Minnesota Journal of International Law*, Vol. 20, 2011.

Bernard Hoekman, "The World Trade Order: Global Governance by Judiciary?", *European Journal of International Law*, Vol. 27, 2016.

Bernard Hoekman, Will Martin, Aaditya Mattoo, "Conclude Doha: It Matters!", *World Trade Review*, Vol. 9, No. 3, 2010.

Bobjoseph Mathew, *The WTO Agreements on Telecommunications*, Peter Lang Publishing, 2001.

Bradly J. Condon, "Captain America and the Tarnishing of the Crown: The Feud between the WTO Appellate Body and the USA", *Journal of World Trade*, Vol. 52, 2018.

Bradly J. Condon, "Does International Economic Law Impose a Duty to Negotiate?", *Chinese Journal of International Law*, Vol. 17, 2018.

Bradly J. Condon, "Treaty Structure and Public Interest Regulation in International Economic Law", *Journal of International Economic Law*, Vol. 17, 2014.

C. O'Neal Taylor, "The U. S. Approach to Regionalism: Recent Past and Future", *ILSA Journal of International and Comparative Law*, Vol. 15, 2009.

Charles S. Pearson, *Free Trade, Fair Trade? The Reagan Accord*, University

Press of America, 1988.

Clare Frances Moran, "Crystallising the International Rule of Law: Trump's Accidental Contribution to International Law", *Washburn Law Journal*, Vol. 56, 2017.

Curtis A. Bradley, Jack L. Goldsmith, "Presidential Control over International Law", *Harvard Law Review*, Vol. 131, 2018.

D. E. Denning, "Power over Information Flow", in Ramesh Subramanian, Eddan Katz (eds.), *The Global Flow of Information: Legal, Social and Cultural Perspectives*, New York University Press, 2011.

Dani Rodrik, "How to Save Globalization from Its Cheerleaders", *Journal of International Trade and Dispute*, Vol. 1, 2007.

David Sloss, "Judicial Deference to Executive Branch Treaty Interpretations: A History Perspective", *NYU Annual Survey of American Law*, Vol. 62, 2007.

David Unterhalter, "Allocating the Burden of Proof in WTO Dispute Settlement Proceedings", *Cornell International Law Journal*, Vol. 42, 2009.

Denise Prevost, "States' Regulatory Autonomy to Protect Societal Values by Legitimate Regulatory Distinctions", in Leila Choukroune, *Judging the State in International Trade and Investment Law*, Springer Publishing, 2016.

Diane A. MacDonald, Christine M. Streatfeild, "Personal Data Privacy and the WTO", *Houston Journal of International Law*, Vol. 36, 2014.

Evgeny Morozov, *The Net Delusion: The Dark Side of Internet Freedom*, Public Affairs Publishing, 2010.

Federico Ortino, *Basic Legal Instruments for the Liberalization of Trade: A Comparative Analysis of EC and WTO Law*, Hart Publishing, 2004.

Fredrick M. Abbott, "A New Dominant Trade Species Emerges: Is Bilateralism a Threat?", *Journal of International Economic Law*, Vol. 10, 2007.

Frieder Roessler, "Changes in the Jurisprudence of the WTO Appellate Body during the Past Twenty Years", *Journal of International Trade Law and Policy*, Vol. 14, 2015.

Gabrielle Marceau, Joel P. Trachtman, "A Map of the World Trade Organization Law of Domestic Regulation of Goods: The Technical Barriers to Trade Agreement, the Sanitary and Phytosanitary Measures Agreement, and the General Agreement on Tariffs and Trade", *Journal of World Trade*, Vol. 18, 2014.

Giandomenico Majone, "Two Logics of Delegation: Agency and Fiduciary Relations in EU Governance", *European Union Politics*, Vol. 2, 2001.

Gregory Shaffer, Henry Gao, "China's Rise: How It Took on the U. S. at the WTO", *University of Illinois Law Review*, Vol. 2018, No. 1, 2018.

Hamid Mamdouh, "Services Liberalization, Negotiations and Regulation: Some Lessons from the GATS Experience", in Aik Hoe Lim, Bart De Meester (eds.), *WTO Domestic Regulation and Services Trade: Putting Principles into Practice*, Cambridge University Press, 2014.

Hannes L. Schloemann, Stefan Ohlhoff, "'Constitutionalization' and Dispute Settlement in the WTO: National Security as an Issue of Competence", *American Journal of International Law*, Vol. 93, 1999.

Harold Hongju Koh, "The Trump Administration and International Law", *Washburn Law Journal*, Vol. 56, 2017.

Henrik Andersen, "Protection of Non-Trade Values in WTO Appellate Body Juriprudence: Exceptions, Economic Arguments, and Eluding Questions", *Journal of International Economic Law*, Vol. 18, 2015.

Ian Brownlie, *Principles of Public International Law*, Oxford University Press, 1990.

Ignacio de la Rasilla del Moral, "The Increasingly Marginal Appreciation of the Margin-of-Appreciation Doctrine", *German Law Journal*, Vol. 6, No. 7, 2006.

Ilaria Espa, Philip I. Levy, "The Analogue Method Comes Unfastened — The Awkward Space between Market and Non-Market Economies in EC-Fasteners (Article 21.5)", *World Trade Review*, Vol. 17, 2018.

Jacob Katz Cogan, "Competition and Control in International Adjudication", *Virginia Journal of International Law*, Vol. 48, 2008.

Jaemin Lee, "Skepticism, Unilateralism or Ultimatumism: Trump Administration's Trade Policy and the Korea-U. S. FTA", *Asian Journal of WTO & International Health Law and Policy*, Vol. 12, 2017.

Jagdish Bhagwati, "Departures from Multilateralism: Regionalism and Aggressive Unilateralism", *Economic Journal*, Vol. 100, 1990.

Jagdish Bhagwati, *Termites in the Trading System: How Preferential Agreements Undermine Free Trade*, Oxford University Press, 2008.

James Bacchus, "Lone Star: The Historic Role of the WTO", *Texas International Law Journal*, Vol. 39, 2004.

James J. Nedumpara, Archana Subramanian, "China's Long March to Market Economy Status: A Study of China's Protocol of Accession and Member Practices", in James J. Nedumpara, Weihuan Zhou (eds.), *Non-Market Economies in the Global Trading System: The Special Case of China*, Springer Publishing, 2018.

James Thuo Gathii, "The Neoliberal Turn in Regional Trade Agreements", *Washington Law Review*, Vol. 86, 2011.

Jeff Waincymer, *WTO Litigation: Procedural Aspects of Formal Dispute Settlement*, Cameron May Publishing, 2002.

Jennings Watts, *Oppenheim's International Law*, Oxford University Press, 1992.

Joel P. Trachtman, "International Legal Control of Domestic Administrative Action", *Journal of International Economic Law*, Vol. 17, 2014.

Joel P. Trachtman, *The Future of International Law: Global Government*, Cambridge University Press, 2013.

Joost Pauwelyn, "Enforcement and Countermeasures in the WTO: Rules Are Rules — Toward a More Collective Approach", *American Journal of International Law*, Vol. 94, 2000.

Joseph Weiler, "The Transformation of Europe", *The Yale Law Journal*, Vol. 100, No. 8, 1991.

Julia Ya Qin, "'WTO-Plus' Obligations and Their Implications for the WTO Legal System: An Appraisal of the China Accession Protocol", *Journal of World Trade*, Vol. 3, No. 3, 2003.

Julia Ya Qin, "Defining Nondiscrimination Under the Law of the World Trade Organization", *Boston University International Law Journal*, Vol. 23, 2015.

Karen J. Alter, "Agents or Trustees? International Courts in Their Political Context", *European Journal of International Relations*, Vol. 14, 2008.

Kent Jones, *The Doha Blues: Institutional Crisis and Reform in the WTO*, Oxford University Press, 2010.

Klabbers, "Jurisprudence in International Trade Law: Article XX of GATT", *Journal of World Trade*, Vol. 26, 1992.

Lawrence B. Solum, Minn Chung, "The Layers Principle: Internet Architecture and the Law", *Notre Dame Law Review*, Vol. 79, 2004.

Lorand Bartels, "Article XX of GATT and the Problem of Extraterritorial Jurisdiction: The Case of Trad Measures for the Protection of Human Rights", *Journal of World Trade*, Vol. 36, No. 2, 2002.

Luigi Crema, "Subsequent Agreements and Subsequent Practice within and outside the Vienna Convention", in Georg Nolte (ed.), *Treaties and Subsequent Practice*, Oxford University Press, 2013.

Manfred ELSIG, "The World Trade Organization's Legitimacy Crisis: What Does the Beast Look Like?", *Journal of World Trade*, Vol. 41, 2007.

Manfred Elsig, Thomas Cottier, *Governing the World Trade Organization: Past, Present and Beyond Doha*, Cambridge University Press, 2011.

Marion Panizzon, *Good Faith in the Jurisprudence of the WTO*, Hart Publishing, 2006.

Mark A. Lemley, "The Law and Economics of Internet Norms", *Chicago-Kent Law Review*, Vol. 73, 1998.

Mark Huber, Greg Tereposky, "The WTO Appellate Body: Viability as a Model for an Investor — State Dispute Settlement Appellate Mechanism", *ICSID Review*, Vol. 32, 2017.

Mark Wu, "Free Trade and the Protection of Public Morals: An Analysis of the Newly Emerging Public Morals Clause Doctrine", *Yale Journal of International Law*, Vol. 33, 2008.

Mark Wu, "The 'China, Inc.' Challenge to Global Trade Governance", *Harvard Journal of International Law*, Vol. 57, 2016.

Meredith Kolsky Lewis, "Dissent as Dialectic: Horizontal and Vertical Disagreement in WTO Dispute Settlement", *Stanford Journal of International Law*, Vol. 48, 2012.

Meredith Kolsky Lewis, "The Lack of Dissent in WTO Dispute Settlement", *Journal of International Economic Law*, Vol. 9, 2007.

Meredith Kolsky Lewis, "The Prisoners' Dilemma Posed by Free Trade Agreements: Can Open Access Provisions Provide an Escape?", *Chicago Journal of International Law*, Vol. 11, 2011.

Meredith Kolsky Lewis, "The Trans-Pacific Partnership: New Paradigm or Wolf in Sheep's Clothing?", *Boston College International and Comparative Law Review*, Vol. 34, 2011.

Michael Cartland et al., "Is Something Going Wrong in the WTO Dispute Settlement?", *Journal of World Trade*, Vol. 46, 2012.

Michael J. Hahn, "Vital Interests and the Law of GATT: An Analysis of GATT's Security Exception", *Michigan Journal of International Law*, Vol. 12, 1991.

Michael Ming Du, "Domestic Regulatory Autonomy under the TBT Agreement: From Non-discrimination to Harmonization", *Chinese Journal of International Law*, Vol. 6, 2007.

Michelle T. Grando, "Allocating the Burden of Proof in WTO Disputes", *Journal of International Economic Law*, Vol. 9, 2006.

Mike Moore, *Doha and Beyond: The Future of the Multilateral Trading System*, Cambridge University Press, 2004.

Mohamed Shahabuddeen, *Precedent in the World Court*, Cambridge University Press, 1996.

Nadia Gire, "The Trans-Pacific Partnership Agreement: A Revival in United States Trade Policy Reform", *Currents: International Trade Law Journal*, Vol. 20, 2012.

Nicolas F. Diebold, "The Morals and Order Exceptions in WTO Law: Balancing the Toothless Tiger and the Undermining Mole", *Journal of International Economic Law*, Vol. 1, 2007.

Pieter Jan Kuijper, "From the Board: The US Attack on the WTO Appellate Body", *Legal Issues of Economic Integration*, Vol. 45, 2018.

Panagiotis Delimatsis, *International Trade in Services and Domestic Regulations*, Oxford University Press, 2007.

Petros C. Mavroidis, "If I Don't Do It, Somebody Else Will (Or Won't): Testing the Compliance of Preferential Trade Agreements with the Multilateral Rules", *Journal of World Trade*, Vol. 40, 2006.

Petros C. Mavroidis, "The Gang That Couldn't Shoot Straight: The Not So Magnificent Seven of the WTO Appellate Body", *European Journal of International Law*, Vol. 27, 2016.

Rafael Leal-Arcas, "Proliferation of Regional Trade Agreements: Complementing or Supplanting Multilateralism?", *Chicago Journal of International Law*, Vol. 11, 2011.

Raj Bhala, "National Security and International Trade Law: What the GATT Says, and What the United States Does", *University of Pennsylvania Journal of International Economic Law*, Vol. 19, 1988.

Richard H. Steinberg, "Judicial Lawmaking at the WTO: Discursive, Constitutional, and Political Constraints", *American Journal of International Law*, Vol. 98, 2004.

Ritwik Bhattacharya, "Three Viewpoints on China's Non-Market Economy Status", *Trade, Law and Development*, Vol. 9, 2017.

Robert Howse, Joanna Langille, "Permitting Pluralism: The Seal Products Dispute and Why the WTO Should Accept Trade Restrictions Justified by Noninstrumental Moral Values", *Yale Journal of International Law*, Vol. 37, 2012.

Robert Howse, Hélène Ruiz-Fabri, Geir Ulfstein, Michelle Q. Zang, *The Legitimacy of International Trade Courts and Tribunal*, Cambridge University Press, 2018.

Robert Howse, "The World Trade Organization 20 Years on: Global Governance by Judiciary", *European Journal of International Law*, Vol. 27, 2016.

Robert W. McGee, "The Moral Case for Free Trade", *Journal of World Trade*, Vol. 29, 1995.

Rolf H. Weber, *Regulatory Models for the Online Word*, Kluwer Law International, 2002.

Rolf H. Weber, Mira Burri, *Classification of Services in the Digital Economy*, Springer Publishing, 2013.

Ross P. Buckley, *The WTO and the Doha Round: The Changing Face of World Trade*, Kluwer Law International, 2003.

Rostam J. Neuwirth, Alexandr Svetlicinii, "The Economic Sanctions over the Ukraine Conflict and the WTO: 'Catch-XII' and the Revival of the Debate on Security Exceptions", *Journal of World Trade*, Vol. 49, No. 5, 2015.

Shin-yi Peng, "Cybersecurtiy Threats and the WTO National Security Exceptions", *Journal of International Economic Law*, Vol. 18, 2015.

Shin-yi Peng, "GATS and the Over-the-Top Services: A Legal Outlook", *Journal of World Trade*, Vol. 50, 2016.

Shin-yi Peng, "Regulating New Services through Litigation? Electronic Commerce as a Case Study on the Evaluation of 'Judicial Activism' in the WTO", *Journal of World Trade*, Vol. 48, No. 6, 2014.

Sivan Shlomo-Agon, "Clearing the Smoke: The Legitimation of Judicial

Power at the WTO", *Journal of World Trade*, Vol. 49, 2015.

Shoaib Ghias, "International Judicial Lawmaking: A Theoretical and Political Analysis of the WTO Appellate Body", *Berkeley Journal of International Law*, Vol. 24, 2006.

Stephen R. Tully, "'Objective Reasonableness' as a Standard for International Judicial Review", *Journal of International Dispute Settlement*, Vol. 6, 2015.

Steve Charnovitz, "The Moral Exception in Trade Policy", *Virginia Journal of International Law*, Vol. 38, 1998.

Sungjoon Cho, "The Demise of Development in the Doha Round Negotiations", *Texas International Law Journal*, Vol. 45, 2010.

Surendra Bhandari, "Doha Round Negotiations: Problems, Potential Outcomes, and Possible Implications", *Trade Law and Development*, Vol. 4, 2012.

Susan Aaronson, "Why Trade Agreements are not Setting Information Free: The Lost History and Reinvigorated Debate over Cross-Border Data Flows, Human Rights, and National Security", *World Trade Review*, Vol. 14, 2015.

Thomas Cottier, "The Common Law of International Trade and the Future of the World Trade Organization", *Journal of International Economic Law*, Vol. 18, 2015.

Tim Wu, "The World Trade Law of Censorship and Internet Filtering", *Chicago Journal of International Law*, Vol. 7, 2006.

Timothy Meyer, "Saving the Political Consensus in Favor of Free Trade", *Vanderbilt Law Review*, Vol. 70, 2017.

Tom Ginsburg, "Bounded Discretion in International Judicial Lawmaking", *Virginia Journal of International Law*, Vol. 45, 2005.

Trachtman, "Trade and…Problems, Cost-Benefit Analysis and Subsidiarity", *European Journal of International Law*, Vol. 9, 1998.

W. S. Minor, "Public Interest and Ultimate Commitment", in C. J. Friedrich (ed.), *Nomos V: The Public Interest*, Atherton Press, 1962.

Weihuan Zhou, Delei Peng, "EU-Price Comparison Methodologies (DS516): Challenging the Non-Market Economy Methodology in Light of the Negotiating History of Article 15 of China's WTO Accession Protocol", *Journal of World Trade*, Vol. 52, 2018.

Yves Bonzon, "Institutionalizing Public Participation in WTO Decision Making: Some Conceptual Hurdles and Avenues", *Journal of International Economic Law*, Vol. 11, 2008.

后 记

"流光容易把人抛，红了樱桃，绿了芭蕉。"一晃已工作四个春秋有余。在此期间，我时常陷入一种惶恐与不安的状态。一是北京前辈、专家和学者众多，每一次请教和交流，我都会茅塞顿开并感慨自身知识之贫乏；二是单位历史悠久、地位崇高，每发只言片语都担心未能达到中国社会科学院科研人员的应有水准；三是首都拥堵的交通和匆忙的生活节奏也使我疲惫不堪、乱了阵脚。

这种惶恐与不安在本书写作过程中逐步放大。一来，由于中美经贸摩擦本身是个结构性问题，如果缺乏宏观的历史眼光，我将难以识别美国行为的根源与本质。二来，中美经贸关系相关的信息、素材仍处在不断发布和酝酿之中。我希望本书文献能够更多元、内容能够更丰富、观点能够更深刻，然而，对于我的水平、能力和视野而言，这又近乎是不可能完成的任务。

本书的撰写肇始于刘敬东研究员的督促。他建议我追踪中美经贸摩擦与世贸组织改革的相关成果。自 2016 年 10 月开始，我有幸跟着张月姣大法官学习，并系统梳理了 WTO 协定以及国际投资仲裁的相关内容。张月姣大法官的为人、治学为我辈树立了榜样，她长期鼓励我多勤奋思考、多了解国情、多接触实践，真正做一个对国家和社会有贡献的人。在 2019 年 1 月的"当前国际法热点问题"研讨会上，我以本书初稿向中国社会科学院学部委员余永定研究员请教，他建议我尽快将此书出版。于是，本书的修改进程随即加快。

对作者而言，或许任何书稿的完成都只代表着一段短期任务的结束，

后 记

同时又是新征程的开端。由此，所有的遗憾才能得以释怀和弥补。本书部分成果得到国家社科基金青年项目"国际裁决的合宪性问题研究"、中国社会科学院-澳大利亚社会科学院合作研究项目"中澳服务贸易的法律框架及其升级路径——以教育和电信领域为研究对象"的支持。同时，本书部分内容与观点已在《环球法律评论》《拉丁美洲研究》等刊物上发表。结合最新情势变化，我又对所有已发表内容进行了增补和修订，期望能够在更宏观的视野以及更详尽的问题讨论中分析美国经贸单边主义。

自2016年进入中国社会科学院国际法研究所工作以来，我得到了法学研究所、国际法研究所诸多前辈和老师的帮助和提携，特别是陈甦研究员、陈国平研究员、莫纪宏研究员、周汉华研究员、柳华文研究员、李洪雷研究员、刘敬东研究员、蒋小红研究员、廖凡研究员、支振锋研究员、黄晋研究员、张文广研究员、毛晓飞研究员、何晶晶研究员等，他们的指导、提点时常激励着我踏踏实实地进行科研工作。我的导师唐青阳教授、张晓君教授等也一如既往地给予我诸多关心。"学贵得师，亦贵得友。"与傅攀峰、钟英通、周亚光、韩逸畴、刘雪红等学友的交流和讨论也激起我扎根学术的热情。同时，我要特别感谢为本书出版辛勤付出的芮素平等老师。我从他们身上学到了"认真对待每一个文字"的严谨作风。在此致以诚挚的谢意！

我最应该感谢我的家人。自2006年赴重庆求学起，我每年与父母团聚的时间变得屈指可数。然而，父母包容了我的任性和追求，并一直鼓励我成为善良、正直、有用的人。同时，也非常感谢我的爱人李璐。每每忆及，唯有加倍努力，才能不辜负家人的付出与期待。

图书在版编目(CIP)数据

美国经贸单边主义及国际应对/孙南翔著.--北京：社会科学文献出版社,2021.3（2021.12 重印）
（中国与国际经济法治）
ISBN 978-7-5201-7137-3

Ⅰ.①美… Ⅱ.①孙… Ⅲ.①对外经贸合作-研究-美国②国际经济法-研究 Ⅳ.①F171.24②D996

中国版本图书馆 CIP 数据核字（2020）第 158432 号

·中国与国际经济法治·
美国经贸单边主义及国际应对

著　　者 / 孙南翔

出 版 人 / 王利民
责任编辑 / 芮素平
责任印制 / 王京美

出　　版 / 社会科学文献出版社·联合出版中心（010）59367281
　　　　　　地址：北京市北三环中路甲 29 号院华龙大厦　邮编：100029
　　　　　　网址：http://www.ssap.com.cn

发　　行 / 市场营销中心（010）59367081　59367083
印　　装 / 北京虎彩文化传播有限公司

规　　格 / 开　本：787mm × 1092mm　1/16
　　　　　　印　张：17　字　数：260 千字
版　　次 / 2021 年 3 月第 1 版　2021 年 12 月第 2 次印刷
书　　号 / ISBN 978-7-5201-7137-3
定　　价 / 98.00 元

本书如有印装质量问题，请与读者服务中心（010-59367028）联系

▲ 版权所有 翻印必究